U0112621

THE URBAN LIFE
OF
THE SONG DYNASTY

李春棠 著

大宋梦华
宋朝人的城市生活

岳麓书社·长沙

图书在版编目（CIP）数据

大宋梦华：宋朝人的城市生活 / 李春棠著. -- 长沙：岳麓书社, 2021.10（2023.4重印）
ISBN 978-7-5538-1512-1

Ⅰ. ①大… Ⅱ. ①李… Ⅲ. ①社会生活－历史－研究－宋代 Ⅳ. ①D691.9

中国版本图书馆CIP数据核字(2021)第131752号

DASONG MENGHUA:SONGCHAO REN DE CHENGSHI SHENGHUO

大宋梦华：宋朝人的城市生活

李春棠 著

岳麓书社出版发行

地址｜长沙市岳麓区爱民路47号
承印｜长沙鸿发印务实业有限公司

开本｜880mm×1230mm 1/32　印张｜12　字数｜260千字
版次｜2021年10月第1版　印次｜2023年4月第4次印刷
书号｜ISBN 978-7-5538-1512-1
定价｜88.00元

如有印装质量问题，请与本社印务部联系
电话｜0731-88884129

序

历史学属于高层次文化，然而它并不远离社会大众的视野。因为它面对的就是社会生活，是永无穷尽的昨天的社会生活。尽管每个不同的时代，都有特殊的生活规范与特殊的运行规律，但是昨天与今天之间毕竟有着不可割断的联系。许多正反、成败与悲喜的历史过程，许多真伪、善恶与美丑的历史比较，都能够为后人所理解和借鉴。所以人们从垂髫时代起，就开始在历史大观园里探游。社会物质生活水平越高，闲暇越多，人们猎取历史知识的兴趣就越浓厚。早些年，在香港闹市的缝隙间营筑了一座袖珍的"宋城"；后来，在古都开封又开辟了一条更宋代化的"宋街"。有的人去北京八达岭体验一番长城的历史氛围，觉得还不过瘾，竟要沿着长城全线去访古探幽。可见，在现代人们的生活情趣之中，探寻历史的奥秘，领略历史生活的风情，占有越来越重要的地位。

历史学如何适应这种正在增长的社会文化需求呢？

有的学者正在写作实践中探索新的路子。笔者也常常与一些同行讨论这个问题。看来，除拓宽研究领域以外，更新研究方法、寻找新的写作形式，也是一个十分紧迫的任务。

传统的史学方法，反映了历代不同阶段的水平，也留下了许多有益的经验和启迪。近几十年来，我们学习与运用辩证唯物主义、历史唯物主义这个科学的方法论，逐渐走出了旧的传统，但是，走得并不轻松。许多隐含历史惰性的习惯、观念，还紧紧地缠绕着我们。有一种观念以为，只有在狭小专业沙龙中慢啜的著述才是学问。这就是把历史学引进狭巷的重要原因之一。那种以为挤干了水分的朴学才是真学问的观念，往往使文章写得枯涩、滞板，如同城隍庙里的坐偶，生趣阙如。本文作为一个小序，不能专此深论。

为什么不能向司马迁学习，把一部究天人之际的鸿篇巨制写得生动活泼、通俗易懂，推向更广阔的社会呢？当今之际，至少在写作形式上必须结束那种单调的、乏味的特点，体裁、手法都应逐渐地丰富起来，使史学园苑也出现千姿百态、色彩纷呈的景象。

出于这种期愿，笔者愿意努力一试，希望学术性的历史选题也能步入较多的读者的生活。于是，在写作方法上力求有所更张，既不能单纯依仗枯涩的逻辑论证，也不能停留在历史现象的平面铺叙，而是试图做到使历史逻辑的阐发融于历史画面的流动之中。其实，这不是单纯的技巧问题，而是需要使丰沃的历史生活的美得到适当的艺术表现。在这里，艺术的成分不是装饰，不仅仅是为了加强可读性，而应该是尽可能使历史生活本身的美表现得更鲜明、更真切一些。那么，这种写作形式属于什么体裁？当然不是正襟危坐的专论，不是述而不作的记事，不是浅平简洁的史话，更不是松散飘逸的随笔。它，或许兼而有之，于是成就了一种随和、轻松的读物。

随着社会文化水平的提高，社会大众文化需求的支撑点也会逐步向高坡移动。不能老以为，大众需要的历史性读物总是"杨家将"。

写人物生平与朝代兴衰，也许更有利于探寻新的路子。可是笔者选择了辐射方位极广、立体式的城市生活。

最近半个世纪，城市的发展突飞猛进，大量的人口涌入城市。我们这个泱泱大国，生齿最繁，人口基数比许多西方国家大几倍、几十倍甚至上百倍。要使众多的人口从农村进入城市，那是一个艰难得很的浩大工程。可是受改革开放的春风春雨的催发，原有的城镇飞速发展，新兴的城镇如雨后春笋般勃兴。

城市的发展全方位地牵动着社会生活的各个层面，衣食住行、工作学习、休息娱乐都在变，一些传统的关系、传统的观念也在变，于是人们自然而然地关注起城市本身的变迁。

其实，城市只是一个历史的过客。在漫长的原始时代，人类奔突在莽莽榛榛的荒原上，没有城市。在遥远的未来，当高科技装备了各个领域，城市与乡村的差别逐渐淡化、消失，城市也就消失了。然而，城市这个历史过客至关重要，它负载着人类文明乘风破浪航行了几千年，它的每个历史脚印，就是每个时代的缩影。

我国城市的起源与流变是一部充满神奇色彩的历史。这里，我们只摘取了两宋时期（960—1279）这个片段进行考察。这三百多年间的城市发展，正处在一个转型的历史阶段。各种历史的力量在相互冲撞碰击，社会生活的许多侧面，发生了显著的变异、断裂，异彩纷呈，富有魅力。历史在随着奔竞的脚步向前走。这也是本书捕捉的主题。围绕这个主题，我们把笔触伸向了宋朝城市的经济、文化、民俗以及政治等各个领域，试图展现一幅连缀的生活长卷。然而，这并非要对所有的部位进行全面扫描。

理想的目标从来就不能一蹴而就，笔者乐于做一颗问路的投石，但愿有更多的人走出新路。

目　录

引　言

　　10世纪后期至12世纪初，世界上最大最繁华的城市，不在黑暗的欧洲，不在酣睡的美洲，也不在尼罗河、恒河以及两河流域那些曾经拥有过古老文明的地方，而是在滔滔黄河的下游南岸。它就是我国北宋王朝的首都东京开封，也有人称它为汴京。这个聚集了一百多万人口的巨大社区，以"惊人耳目""长人精神"的无穷魅力（《东京梦华录序》），屹立于时代文明之巅。

　　沉湎于享乐安逸的北宋王朝，后来被女真贵族的拐子马踏碎了。12世纪前叶至13世纪后叶，位于钱塘江口的杭州，作为南宋王朝的首都临安，取代了开封的地位，成了天下第一大城市。历史上声名最著的大旅行家马可·波罗从意大利威尼斯来到东方，他亲身领略了杭州的风采之后，便以极大的热情赞美这个"堪为世界城市之冠"的"天城"，称之为"令人心旷神怡熏熏欲醉"的人间天堂。（《马可·波罗游记》）

　　两宋三百多年间，东京、临安这两个超级城市，人口的高峰都远远超过了百万大关。风光旖旎的苏州、富饶锦绣的成都、位于南北东西交叉口上的交通枢纽鄂州（包括南市）以及濒临蓝色大海的巨港泉州，其居民数量也先后跳跃到四十万、五十万的水平线上。此外，北宋的西京洛阳，北京大名，长江岸边的江宁（南宋叫建康），湘江之畔的潭州，东南沿海的福州、广州等一批古老而又有新发展的城市，其居民数量也都达到过十万以上或者更多。

至于人口在一万至十万之间的城市，北宋不会少于一百个。如宿州城，建隆元年一场大火灾就烧了民舍万余区，受灾人口就有几万。（《宋史》）开宝七年（974），亳州永城县城火灾，烧民舍一千八百余区。人口在一万以下的城镇，总数大约三千个。

宋朝城市就基本功能而言可以分成两大类：一类是县以上政权机构所在的城市，它们是一个政治隶属关系的城市系列，但其中大多数已经发展成为具有政治、经济、文化多种功能的综合性城市；另一类是以工商活动为基本特征的镇集，它们不可能超脱于封建统治，但又不是封建政权结构中必不可少的一个层次，它们的存在，不是政治的需要，而是经济发展的结果。

县以上的政治隶属城市有多少？

根据《元丰九域志》的记载，北宋神宗时，全国行政区划为：京府4个，次府10个，州238个，军37个，监4个，县1135个，州所辖监30个。

但并不是各级政权所在地都是城市。广南西路昭州的昭平县，县治在漓江岸畔的荆棘丛中。这里"止有三家茅屋及一县衙，真所谓三家市也。有舟人登岸饮酒，遂宿茅屋家。夜半，觉门外托托有声。主人戒之曰：'毋开门，此虎也。'奴起而视之，乃一乳虎将数子以行"（《岭外代答》）。当然，这种极为荒凉的县治，只是边远地区的特殊情况，绝大多数县以上政府所在地都是城市。

在统计县（或相当县）以上城市时，有几种情况必须注意：

第一，一般情况下，府治、州治、军治所在的城市与一个县治重叠。如太原府治与阳曲县治在同一个城市之中。

第二，有13个州府城市重叠两个县治。如东京开封府重叠着开封县治与祥符县治。

北宋佚名《江帆山市图》（局部）

第三，有11个军州监城市没有与县治重叠。例如秦凤路的岷州、兰州等城市没有县衙。

考虑以上三种情况，当时县（或相当县）以上城市数量应为：

1135（县）-13+11+30（州辖监）=1163

除了极少数像昭平县那样的，县以上城市总量在1150个以上。当然，这是个不稳定的量，到了北宋末年，县以上城市在1200个以上。

工商业镇集有多少？

关于北宋小镇的数量，笔者曾根据清光绪八年（1882）金陵书局刊印冯集梧校订的《元丰九域志》统计，熙宁、元丰年间（1068—1085）共有1884镇。1984年，王文楚、魏嵩山点校本《元丰九域志》出版，笔者根据这个本子再次统计，小镇总数为1880个。不过，关于镇的记载，此书仍有遗漏，当时小镇总数肯定超过1900个。

南宋没有镇的全面统计材料。总的来说，南宋商品货币的活动并没有比北宋减弱，镇的发展状况不会在北宋的基础上倒退。姑且以1900个镇扣除金王朝所占地区的小镇数量，南宋小镇的总量至少有1200个。

关于集市，宋朝一般简称市。北方多称草市；南方，有的称墟市，有的叫步，也有叫草市的。少数的集市颇具规模，如荆湖南路的楮洲市，可以与大县城匹敌。但一般集市是比镇更小的社区，它们处于从农村社区向城市社区过渡的形态。

根据《咸淳临安志》《景定建康志》《宝庆四明志》和

《嘉定赤城志》等地方志的记载，估计南宋有4000多个集市，从而推测北宋的集市大约有五六千个。

在自然经济居于支配地位的条件下，宋王朝的统治区域内，涌现了如此众多的城镇集市，正是宋朝城市发展的一种主要表现。

就城市的数量规模而言，大宋帝国不仅超过了以往任何朝代，而且远远超出了同时代的任何国家和地区。例如11世纪的俄罗斯地区共有86个城市，13世纪达到250个，最大的城市基辅不过数万人，还有将近10个大城市，人口只有1万到2万。11—13世纪，西欧城市的居民数量，一般是0.5万至1万人。直到16、17世纪，拥有4万人口的伦敦就已经是个庞然大物了。

对于宋朝城市发展水平最能作出真切比较的，还是马可·波罗。他来自西欧，又被忽必烈任命干了三年扬州总督。他还风尘仆仆游历了中国的许多城市。这位威尼斯商人的儿子用欧洲人的眼光来看中国的许多城镇，对比更加明晰。他到了苏州，就说："苏州城，漂亮得惊人。""这里人口众多，稠密得令人吃惊。"就连二三流的城市襄阳，他也说，这是"一个相当大的城市"，"一个相当大的商业重镇"。（《马可·波罗游记》）

在当时西方人的眼里，一两万人的城市已经很大了，三四万人口的城市就大得出奇。当马可·波罗来到四五十万人口的苏州，怎能不惊得目瞪口呆？到了临安，他简直要晕倒了。因为当时西方人心目中的天堂，绝对不会有这般气派。

城市，是人口、财富、智慧与享乐的集中，它是人类文明的主要生息地，又是文明的主要载体。文明不喜欢鲁滨孙离群索居式的孤独漂流，也不大欣赏平静绿洲上的牧歌生活，它爱交流，爱竞争，爱嬉闹，爱冲撞。越是在相互依赖、相互砥砺、相互角逐的关系之中，它越能焕发精神，越能发展自己。

宋朝成千的大小城市，不再是一些沉寂的政治孤堡，它们通过商品与文化的纽带，联结着，奔竞着，像一支庞大的船队，遥遥领先地驱驰在人类历史的征途上。

如璀璨群星的宋朝城市，其内部的风貌如何？我们以北宋东京开封城作为考察的主要对象，因为首都是戴在帝国头上的皇冠。

公元前4世纪至公元前3世纪，这个处在"四战之地"缺少屏障的古老城市，是魏国的都城大梁。经过千百年岁月的撞击与改造，它延续下来。到了五代（907—960），特殊的历史机遇使它先后成了后梁、后晋、后汉与后周四个局促而短暂王朝的都城。宋太祖赵匡胤在一场戏剧性的兵变中仓促地抢夺了皇位，当时有人建议把都城迁到长安、洛阳，经过一番犹豫之后，他决定继续以开封作为帝国的首脑都市。

宋朝，除首都东京以外，还设立三个陪都：西京河南府、北京大名府、南京应天府。

东京居住着以皇帝为首的庞大的权力集团，他们把持一个十分完备的庞大的官僚机器，卵翼着一个异常庞大的分享特权的寄生阶层。

因此，供养和保护帝室龙种、王公贵胄、高官大宦以及他们成群的嫔妃妻妾、子孙苗裔，便是件头等大事。至于居住在这城市里没有官符的富家巨室，自然也必须考虑满足他们享受性的消费需要与安全保证。

对于安全问题，限于当时的生产技术水平，最有效的办法就是修筑固若金汤的高大城墙与护城壕沟。这一点，赵匡胤不必从头做起。东京城就像大围子套小围子、小围子套细围子，已经有了三层城墙。最里层是环护皇宫的皇城，周长5里，折今2300米。中间一层叫子城、牙城，又叫内城，周长20里，折今9200米。后梁、后晋、后汉的君主们，乃至后周的开国君主郭威，都在这个狭小的城池里将就地做皇帝，气势颇为局促。到了后周世宗柴荣时代，因他是一个颇具开拓精神的君主，政治上、军事上都有所作为，就为这个拥挤不堪的京都再筑了一层外城，又叫罗城、新城，周长48里232步，折今22436米。

对于这三层城墙，北宋时虽然累加修葺，却没有大事扩展。神宗元丰元年（1078），费了400多万个工，外城增长也不到2里。直到北宋末年，打算再筑一道更大的外城，周长80里。但还没来得及仔细筹划，风云突变，就把这个念头吹得无影无踪了。然而，市区的扩大已成为事实。

自唐朝以来，南方农产品的输送已成了帝国首都长安的生命线。由于供应上的不便，致使武则天、唐明皇这些颇有头脑的君主不断地走出函谷关，到东边洛阳来过日子，最明显的好处是可以节省一大笔运输费用。宋太祖在这一点上算盘打得更精，连洛阳也不去，选择了开封。

　　通过汴河、蔡河、五丈河与广济河（又叫金水河）四条动脉，调集各地物资，每年从南方运送到东京的粮食多达600多万石。加上附近农村送来的粮食和其他农产品，数量十分可观。各地的特产佳品，又源源不断向这里输送，真是"集四海之珍奇，皆归市易，会寰区之异味，悉在庖厨"（《东京梦华录序》）。特权阶层、富裕阶层的胃口，可以得到充分的满足。

　　东京外城总共开了十三座城门（包括水门），东南西北四面的正门分别叫新宋门、南薰门、新郑门与新封丘门。皇帝为了表现自己的至高无上，出出进进只走四座正门，称为御道。

　　中国大部分地区处于北温带，居住建筑的最佳模式是坐北朝南。除了契丹族辽朝君主们坐西朝东以外，中原王朝的帝王们都接受坐北朝南的模式。他们高坐在金銮殿上，面朝南方，于是获得"南面之尊"的雅号。那么东京这四座正门，最为气派的自然数南薰门了。

　　进了南薰门往北走，穿过内城的朱雀门直达皇城的宣德门，纵列着一条笔直而宽大的御街，极为壮观。御街全长七八里，宽200余步（其他大街宽30步）。1步5尺，御街宽度则为1000多尺。根据吴承洛推算，宋朝一尺相当30.72厘米，那么，御街最少有307米宽。这是古今中外罕见的特大型号的街道。

　　"御"者，皇帝专用之谓也。这条御街十分鲜明地表现了以皇帝为代表的等级秩序。街中心的御道供皇帝专用，一般情况下禁止其他行人车马通行。御道左右两侧，各有一条用砖石排砌的御沟。沟里植种莲荷，沟岸边交错地栽种桃、李、梨、

《清明上河图》中的城门

杏。御沟之外安装了一排红漆栏杆，划出了左右两条人行车马道，叫御廊。

一条三百米宽的御街就分割成了水陆五股，其中三股陆道，都是堂而皇之的交通大道，显出了帝国的赫赫威严。御廊边上就是临街的店铺、民居以及有关官署。在这些店铺民居之前，还有杂错的摊棚，商贩们十分活跃，而且逐渐向御廊深处侵入。直到北宋最后十多年，才下令禁止在御廊中设摊交易，并且又布设了一道黑漆栏杆，保证车马的畅通。

"东风好作阳和使，逢草逢花报发生。"花信风吹过，生机十分旺盛的桃、李、梨、杏，眨眼间就勃发了。红白相间，一片锦绣。真宗朝宰相陈执中的《御沟柳》写道："一日春来一度新，翠花长得照龙津。"站在龙津桥上，满眼娇卉，寒意尚未消尽的御街变得十分温暖、十分精神。徒步在这七八里的长街上，呼吸着沁人心脾的花香，慢慢观赏沿街的景物，更是一种特殊享受。

依其自然标志，御街可以分为三段。

南段，自南薰门往北走，直到内城朱雀门前的龙津桥。这段街区距离最长，大约五里。街旁民居店铺鳞次栉比，人烟稠密，特别是朱雀门外的果子交易与纸画买卖，十分兴隆。

看街亭是个特殊的景致。皇帝出行，前前后后簇拥着一支庞大的随行队伍。皇帝坐在玉辂里，虽然尊崇无比，但是从唐太宗起直到宋徽宗，这辆陈旧不堪的玉辂始终没有更换，吱呀吱呀，摇摇晃晃，颠簸得够呛。加之坐在上面老是看到车前马屁股，索然无味。每到此处，皇帝就叫停车，登上看街亭，一来可以小憩一番，二来看看随行车马的壮观，使他感到陶醉。

街西有个延真观，迎接四方道民；街东有个五岳观，"最为雄壮"，是一个更能吸引善男信女的大庙宇。五岳之说，原始于西汉武帝。到了北宋，五岳具体所指为：东岳泰山，南岳衡山，西岳华山，北岳恒山，中岳嵩山。传说这五座山岳上住着一些与人间生死祸福有关的神祇。宋真宗是道教的狂热鼓吹者，到了他的治下，五岳的山神们算是交上好运了。各岳主管神祇都获得了圣帝的美号：东岳为天齐仁圣帝，南岳为司天昭圣帝，西岳为金天顺圣帝，北岳为安天元圣帝，中岳为中天崇圣帝。获此殊荣，仪态、气势就非同一般了。五岳圣帝在各自的管区都有独立的香火，可东京城五岳观却要请他们五位来这里联合办公。一个圣帝已经够气派的了，五个凑到一块，气势之大、香火之旺，便可想而知。

这段街区里，另一个重要的所在就是太学。王安石变法时，对这所最高学府进行了改造，生员达到两千人。太学的上舍和内舍设在此处。北宋末年，生员增到三千人。它是当时世界上第一流的学府，也是宋王朝培养人才和储备人才的主要场所。莘莘学子在此攻读，御街的光彩自然大增。

这段街区以及与它相连的许多街巷，白天黑夜都不得清静。商贩的叫卖，僧道的吟唱，学子的诵读，乃至妓女们的打情骂俏，都搅和在一种高妙的协奏声中，表现了中国城市前所未有的进步。

御街的中段，自朱雀门以北，直到州桥。这是御街最短的一段，不到一里，然而却是东京城里最热闹的商业街区之一。

市街旁密集着各色店铺，出名的有车家炭店、李家香铺、张家酒店、曹婆婆肉饼店、李四分茶店、薛家分茶店和鹿家包子店。州桥南端西面与曲院街街口的拐角上的遇仙楼正店名声

《清明上河图》中的街道

最大，它的建筑结构也十分特别，前面是楼厅，后面有个高台，京城里的人叫它"台上"。这是个第一流的大酒家。

最令人神往的是州桥夜市，它是东京著名的景观之一。

州桥，又叫天汉桥，位于御街与东西御道的交叉口上。汴河从桥下穿过。从地理位置看，它处于全城中心，又是交通要口，因此热闹非凡。州桥是座平桥，桥下有不少石柱支撑，桥上可以通过重车。仁宗时曾下令禁止在京城所有桥梁上搭设摊铺，以免妨碍车马通行。可是到了北宋后期，这道禁令已成一纸空文。《清明上河图》中的狭窄虹桥上就有一些撑着大伞篦棚的摊贩。州桥的桥面比虹桥宽大得多，而且平坦，商贩们在此抢个码头，生意当然红火。

到了晚间，州桥上灯火明亮，煎炒、熬炖、蒸煮、凉拌等食物香气扑鼻，不少美食家蜂拥而至。在这里，受顾客喜爱的食物有鸡皮、腰肾、鸡碎、旋煎羊、白肠、鲊脯、爊冻鱼头、獾儿、野狐肉以及肚肺、鳝鱼。冬天，有盘兔、旋炙猪皮肉、野鸭肉。另外有辣脚子姜、辣萝卜、砂糖冰雪冷元子、水晶皂儿、生腌水木瓜、梅子姜、芥辣瓜儿、香糖果子、杏片、荔枝膏、甘草冰雪凉水、越梅、金丝党梅以及香枨元等等。

加上桥南桥北的一些饮食店铺，高档的、中档的以及价格低廉的各色食品，应有尽有。不管冬日夏月，直到半夜三更，都可以到这里来大饱口福。这种人声鼎沸的夜生活，彻底打破了严禁夜市的古老传统。

御街的北段，自州桥往北，直达皇城宣德门前。

街两旁也有不少店铺，像唐家金银铺、梁家珠子铺等都是

《清明上河图》中的虹桥

头等的大铺户。

　　这里离皇宫很近。北宋后期除了在宣德门广场左右布设了尚书省、中书省、门下省、枢密院与秘书省等最高官署以外，还在这段街区两侧安置了几座次一等的衙门：太常寺，礼乐祭祀中心；都进奏院，中央发给地方、地方呈进中央的报告文书的总联络处；都亭驿，对辽外事办公厅兼宾馆；大晟府，音乐研究中心。

　　这几个衙门职权都不大，但与皇家的活动有相当密切的关系，便也抢占了好码头。

　　大晟府是宋徽宗崇宁年间（1102—1106）新建的机构，著名词人周邦彦担任提举官。这位大词人特别强调词的音乐成分，对词的格律化、规范化作出了重大贡献。同时，有关他同宋徽宗赵佶及李师师情场纠葛的传说，又使他在风月史上声名远播。其实，透过这桩出奇的艳事，可以看到传统观念一种特殊形式的扭曲。

在这段街区中，还有景灵东宫、景灵西宫对街相望。这是两座皇家家庙性质的大庙宇，死了的皇帝都在此设有专殿，供着塑像，按时祭享。

这个街区最大的特点是店铺不避开官衙，官衙不赶跑店铺，两者相映成趣。

在现代读者看来，商店与机关、学校、寺庙杂处交错，是司空见惯的事。可是，历史画卷留下的真迹说明，并非从来就如此。在宋朝之前，却是另一种风貌。

先秦以来，我国古代城市的基本模式是一种严密封闭的街区结构。以唐朝的长安、洛阳为例，除了用高大的城墙封闭整个城市以外，在城内，皇宫被封闭。百来个居住区——坊，三两个商业区——市，又分别用围墙各自封闭起来，白天开放，黄昏关闭。坊与坊之间有若干条横直大街，大街两旁没有商店，也没有普通的民居。只有三品以上的高级官僚府第才能临街开门。汉朝临街开门的资格是万户侯。走在这些大街上，听不到叫卖，听不到吟诵，当然更听不到打情骂俏。

这种城市的形制充分说明当时的商品交换极为有限。唐朝的长安就只有东市与西市两个商业市场，而且只做大半天生意。

商品交换的发展是决定社会交往发展水平的主要条件。人们之间如果不需要，或者很少需要物质的、精神的交换，彼此就必然生活在一种互不相干的冷漠之中。唐朝以及以往的城市，基本陷于这种冷漠。除了那些五陵少年疯疯癫癫以外，多数居民，特别是下层居民的生活，相当冷寂。没有交换关系的强烈熏陶，下层居民难以体验和认识自身的价值，只能充当统治阶级的附庸。

严密封闭的街区结构的松弛、裂变，在唐朝后期就开始了，这是一个缓慢的过程，直到北宋中期，坊市制才彻底崩溃。从此，城市里所有通衢小巷都成了市场，而且夜市不禁。就连东京这条最庄严肃穆的御街，也变得熙熙攘攘，喧闹嘈杂，完全从冷漠中走了出来。这是我国城市发展史上具有里程碑意义的一次大变革。

清冯宁《仿杨大章宋院本金陵图卷》（局部）

权力的游戏

最显赫的家族

宋朝城市中最尊贵、最富有、最具有权势的家族，自然是赵家皇室。

皇室总是繁衍最快的家族，因为他们可以享受到其他任何家族不能享受的一些特权与优待。凡宗室，从五岁开始就由官府发给薪俸津贴。

据粗略统计，仅北宋一百六十多年间，赵家皇族被封为亲王、郡王的龙子龙孙（包括死了被追封的），除去八位皇帝不算，总共123人。再加上获得其他爵位和各种官职的，高坡滚雪球，一代一代滚下来，便成了一个臃肿不堪的群体。

据宋宗正寺《仙源类谱》记载，生活在北宋末年徽宗、钦宗两朝的宗子，太祖一脉，"令"字行有564人，"子"字行1221人；太宗一脉，"士"字行1499人，"不"字行达2130人。仅此四个字行的宗子就有5414人。（《文献通考》）加上他们的家属，这是一支多大的队伍！

宗子主要居住于东京与北京大名府，拥挤不堪。后来蔡京建议把他们分散到西京河南府与南京应天府及其附近各州，并在沿黄河两岸方便的州府安置。

在处理宗室问题上，宋王朝吸取了汉晋唐代以来的教训，不让宗室介入政权的实质性活动。唐朝，担任宰相的宗子达十一人。而宋王朝立下的规矩是，一般不允许宗室成员担任亲民官，更不准担任中枢紧要官职，给予他们的只是较为优厚的经济利益与表示尊崇政治地位的武职虚衔。于是，他们便成了一个坐享其成的寄生群体。

北宋王朝的开国君主赵匡胤有一段特殊经历。

公元959年，后周世宗柴荣临死前，提拔三十三岁的赵匡胤担任殿前都点检（禁军最高指挥官）。柴荣的用心十分明显，大有托孤之意，希望这名亲信不辜负他的宠信与厚托，保护他年幼的儿子继承大统。柴荣死，七岁的柴宗训便当了皇帝。可是不到半年，就在公元960年的正月，通过一场短平快的政变，也就是历史上著名的陈桥兵变，赵匡胤轻而易举地夺取了小皇帝的皇位。

皇帝宝座实在太令人陶醉了，许多掌握了相当权力的野心家总想染指这个座位。赵匡胤之前，五十多年间就像走马灯似的换了五个王朝十四个皇帝。皇冠竟又是如此容易掉落，也真不是滋味。于是赵匡胤与他的智囊团绞尽脑汁，要消除重演黄袍加身的各种隐患。在这一点上，赵匡胤成功了。但是，他的皇位终于还是落到最亲近的兄弟手里，而且死得有些不明不白。

赵匡胤有四个儿子，长子德秀与三子德林都已夭折，剩下了老二德昭与幼子德芳。按一般惯例，应该在这两个儿子中选

宋太祖像

择一个来继承皇位，可是赵匡胤迟迟没有册立太子，甚至没有给两个儿子加封王号。

史书上说，赵匡胤的母亲留下遗言，要这位开国君主把大位传给弟弟赵光义。赵匡胤同意了，便立下"金匮之盟"。这也可能是后来取悦于赵光义的人编造的谎言。不过，赵匡胤迟迟没有指定皇位继承人，不管是有意还是无意，都给赵光义留下了一个机会。

开宝九年（976）冬，东京城里发生了一场悄悄进行的权力更替。一个大雪纷飞的深夜，抱病的赵匡胤召赵光义进宫，他们在一个不允许其他人进入的大卧房里酌酒对饮，只见烛光摇曳，斧影晃动。

当晚，赵光义留宿禁中。快天亮时，赵光义正式宣布，哥哥已经驾崩，由他在灵前接皇帝位。

这个如此重大的事件，在北宋的实录、国史中都没有记载，真是不好理解。此事的记述，反而首见于文莹和尚在熙宁年间撰写的《续湘山野录》。赵匡胤究竟是怎么死的，一直是个历史疑案。

此后，皇位一直被赵光义及其子孙所占据，直到南宋高宗赵构，终于又把皇位传给了赵匡胤的七世孙赵伯琮。皇位的接力棒回归到了宋太祖一脉。三百多年间，皇帝大位始终由赵匡胤兄弟的家族垄断，尽管也有过一些令皇族心酸的痛苦经历。

北宋有九个皇帝，南宋的皇帝也是九个。不过高宗赵构在位期间，出现过一段夺权的小插曲。

宋太宗像

建炎三年（1129）二月，女真军队从河南打过淮河，长驱直入。当时驻跸在扬州的大宋皇帝赵构如惊弓之鸟，来不及跟身边的两位宰相汪伯彦、黄潜善打招呼，只带着王渊、康履等几名亲信仓皇出逃，坐小船过长江逃到镇江，后来又马不停蹄，经苏州，过崇德，一直逃到杭州。

那天，汪伯彦、黄潜善正率领一些大员听和尚说经，结束后，大家一起进餐，忽然听到堂吏高呼："皇帝走了！"真是晴天霹雳！这两个患"恐金病"的草包宰相立即上马去追赶南逃的皇帝。顿时，扬州城里大乱。

人们呼号着、奔突着涌向城门，挤着的、踩着的、死伤不少。连皇帝使用的仪仗器物都全部被丢光。只有太常少卿急急忙忙背了北宋九位皇帝的神主牌跑出来，一路上跌跌撞撞，竟把太祖赵匡胤的神主牌丢了，真是狼狈至极。

军民们对这场可耻的溃逃愤恨切齿，赵构不得不罢免了这两个窝囊宰相。

三月初五，御营统制官苗傅与刘正彦等利用军卒民众的不满情绪，猝然发动兵变，杀了刚刚任命的签书枢密院事兼都统制王渊，又逼着赵构交出宦官康履，枭其首，并且进一步逼着赵构退位，拥立赵构三岁的儿子赵旉为皇帝，请孟太后垂帘听政。

这是一场没有充分准备的政变，也没有精明的首脑人物来驾驭这场突变。更糟糕的是，在群众抗金情绪高涨这个大背景之下，他们扳掉赵构，没有更好地团结群众抗金，反而极力主张与金议和。在他们看来，赵构竟是与金议和的一个障碍。这个愚蠢的主张倒帮了赵构的大忙。

尽管贪生怕死的赵构令人失望，但他毕竟是赵家皇族的嫡脉，能够以赵家皇帝的身份作为团结大家抗金的一面旗帜。于是吕颐浩、张浚、韩世忠等抗金派人士起兵勤王，刚好一个月就收拾了这场兵变。四月初五，赵构恢复皇位。

这样，如果把这个小皇帝算上，南宋有十个皇帝。

从宋朝皇位的传递可以看出，当时国家权力组织的政治体系是不大规范的，但是，从总体上看，宋朝皇位的传递还是比较平稳的，没有大流血。

在理论上，皇帝是普天之下至高无上的主宰，对于所有臣民，他握有生杀予夺的大权。不过，实际生活中，并非所有的臣民都是那么心甘情愿或诚惶诚恐地匍匐在他的脚下。前面所说的苗傅、刘正彦，因为手下有些兵卒，就敢于冒犯至尊。

对皇帝最迷信的是农民，因为他们头脑局限在极小的范围内，容易成为迷信的驯服工具。然而造反最多的也是农民，当他们被压榨，被饥寒困逼，实在走投无路时，便把心目中的皇帝偶像敲碎了。他们拥立自己的君王，著名的有四川的李顺，被拥为"大蜀王"；河北的王则，被拥为"东平郡王"；两湖的钟相称"楚王"；杨么气魄更大，号称"大圣天王"。尽管这些农民君王没有逃脱失败的命运，但确是对神圣的大宋皇帝的严厉挑战。

对赵宋皇家威胁最大的是契丹贵族与女真贵族。特别是后者，他们终于敲碎了北宋王朝，乃至使赵佶、赵桓父子双双成为最卑贱的俘虏。

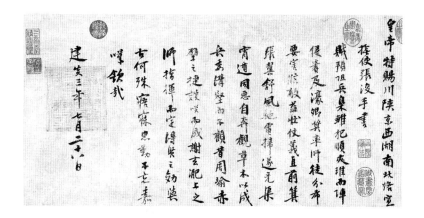

宋高宗勅张浚手书

　　两宋三百多年间，皇帝的龙庭虽然堂皇富丽，有时却也不免令人心惊肉跳。面对里里外外的挑战，封建卫道者们便想尽一切办法来修补装饰这个至尊的权威。在儒家经典里，在经过重大整合的新儒家学说——"理学"的教科书中，维持以皇帝为代表的纲常，始终是第一要义。因此，美化皇帝、推崇皇帝的理论建设与宣传一直没有放松。

　　为了在广大的群众中更容易树立起皇帝的偶像形象，御用宣传家还利用佛教、道教的影响，给某些皇帝贴上神的标签。他们说真宗赵恒是来和天尊，仁宗赵祯是赤脚大仙，神宗赵顼是冲妙孚真人。（《湖海新闻夷坚续志》）

　　今天的读者看到这种蹩脚的宣传一定会发笑，不过在一千多年以前，大多数中国人信仰崇拜的天地严严实实地被神灵占领。你说宋仁宗是赤脚大仙下凡，绝不会有多少人表示怀疑，当时人们对神灵仙人的崇敬，远远超乎对世俗人的敬仰。

皇城之大，毕竟在方圆几里之间，长年窝在宫墙之内，总不免有蜷缩之感。何况，就是在皇宫之内，也并非所有去处都允许皇帝自由来去。元朝初年，一个南宋的老太监谈到临安皇宫内有个葫芦井，井边钉了一块金字大牌，上写："皇帝过此，罚金百两。"连葫芦井都不准皇帝靠近，约束也实在太多。有作为的君主，或者说对皇位的久长与否忧患意识更强的君主，也许更想出去看一看臣僚的私下生活，访一访民间的疾苦。然而这不是随意做得到的。皇帝居于权力巅峰，按理说，他应该是一只最自由的飞鸟，实际上，在个人行动方面，他却是最不自由的。约束他行止的一条最大的绳索，并不是安全问题，而是权力本身。

作为帝国权力的象征与权力的总汇，他必须接受一整套维护权力的严密礼制的约束。一年里，除了礼制所允许的出宫以外，只能老老实实待在宫里。只有那些不大循规蹈矩的帝王，才有勇气私自走出宫门。

皇帝私访是不便张扬的活动，多数是为了暗中窥视某些动向，也有一些需要遮人耳目的不光彩行为。

北宋末年，徽宗赵佶色胆包天，偷偷溜出宫城，假扮成豪富商人，直入烟花柳巷，拜倒在妓女李师师的石榴裙下。这段风流韵事，自南宋一直到现在，不少文人骚客为之歌吟咏唱，编剧本，写小说，已是尽人皆知。搞史学的，倒是不爱提它。其实，从当时整个社会风气的宽广背景以及从赵佶个人的生活态度、生活意趣考察，见诸野史的这桩艳事并不一定是虚构

宋徽宗像

的。荒唐皇帝在荒唐的风气中干些荒唐事，合乎逻辑。

这是一种特殊旨趣的私访，至少它表明宋朝城镇的市井生活富有魅力，充满诱惑。

喜欢出宫的，还是要数赵匡胤。"太祖初即位，亟出微行。"（《续资治通鉴长编》）他本来就是个走南闯北的好汉，黄袍加身以后，不乐意这一道宫墙把自己与社会隔断。他倒不是眷恋市井的繁华，而是一些历史的阴影使他难以在深宫里酣睡。刚刚过去的五十多年里，在令人眩晕的军事游戏中频繁更换着皇位的主人，这是他最要记住的历史一课。他自己没费多大气力得来的黄袍，是不是也可能同样轻易失去？这种深深的担忧使他常常在宫中坐不住。

有一天，赵普刚刚收到两浙王钱俶送来的十瓶海物，放在廊庑间，还没有来得及收拾，赵匡胤来了，赵普只得如实禀告。皇帝说："这一定是上等海物，何不打开看看？"把瓶子打开，全是金灿灿的黄金，赵普十分惶恐地告罪："臣如果知道是黄金，一定会上告官家，拒绝接受的。"赵匡胤哈哈大笑说："你只管收下，人们都说国家的事尽由你这位书生出点子呢！"（《涑水记闻》）

赵普时刻担心皇帝的突然驾临，每次退朝回家，总不敢脱卸衣冠。有一天，纷纷扬扬的大雪飘到深夜。他心想：皇帝该不会再出宫来了吧？正要卸装歇息，忽然又听到叫门，急忙跑去打开大门，只见赵匡胤果然立在风雪之中。

不一会儿，晋王赵光义也来了。他们围坐在大堂中，把皇

明刘俊《雪夜访普图》

帝、王公的架子丢在一边，堆起木炭烤肉。赵普的妻子忙着行酒，赵匡胤称呼她为大嫂，君臣三人活像一家兄弟。

赵普问："夜深寒甚，陛下为什么出来？"

赵匡胤说："我睡不着，一榻之外，都是别人家的地盘。"

就在这天夜里，他们君臣三人商定了剪除割据势力的"先南后北"方针。（《邵氏闻见录》）

赵匡胤的出宫微行，使他了解了大臣的动静，寻找到了决策的智慧。

关于他弟弟赵光义在位时的微服出访，则另有一个生动的故事。

东京城里发生了一桩血案。一个乞丐在某家铺户乞讨，没有得到满足，便倚门大骂。铺户主人出来赔礼，仍然久久不能平息。上百个围观者都对这个乞丐的无理取闹愤愤不平。突然，有人从人群中跳出来，用刀将闹事的乞丐刺死，把刀丢下走了。

天色渐暗，缉捕们一直没有抓到那个杀死乞丐的凶手，不得不将这件轰动市井的血案报告皇帝。

赵光义听说有人竟敢在京都大街上白天杀人，十分震怒，严令搜捕，期在必得。开封府诚惶诚恐，只得下死力追查。

过了些日子，开封府尹报告说，原来是铺户主人不堪乞丐辱骂而杀了乞丐，可以结案了。

赵光义非常高兴，对府尹说："你能如此努力，很好！但是请为朕再复查一遍，以免冤枉了百姓。下次把杀人的刀子带来。"

没过几天，府尹再来向皇帝汇报案情，并且把杀人的凶器带来了。

赵光义说："彻底弄清楚了吗？"

府尹答道："完全弄清楚了！"

赵光义便叫身边的小内侍把自己的刀鞘取来，而后把刀套入鞘内，正好吻合。这时，皇帝拉长了脸，拂袖而起，说："你们这样办事，怎么会不妄杀老百姓？"（《铁围山丛谈》）

微服私访能了解的情况虽然十分有限，但是亲自调查研究，毕竟可以从这些窗口看到许多事物的本来面目，可以剥落一些臣下汇报的粉饰伪装。更重要的是，可以使皇帝本人开阔眼界，减少困居一隅的盲目性，这是北宋初期皇帝表现得生龙活虎的一个重要因素。

遗憾的是，赵光义在位后期就不再坚持这种好的作风了。后来的皇帝，则更次之。

皇帝私访对多数臣民的生活并不会造成直接影响，可是当他公开地、堂而皇之地走出皇宫，那就是另一番景象了。

当时，皇帝出宫主要有三种情况：第一是御驾亲征，太祖、太宗和真宗都有过这种经历；第二是临幸贵族大臣私第，多半是慰问性、安抚性的行动，以示优宠；第三是有宗教色彩的政治活动，例如到相国寺、玉清昭应宫等庙宇烧香，或者参加一些例行的祭祀活动。

最为壮观的皇帝出行，要数祭天的南郊大礼。根据礼制规定，每年冬至，在首都南郊的圜丘祭祀昊天上帝。这是当时最受重视的大典之一。每隔三年，皇帝要亲自参加祭典，称为"亲祀"。这种大型的祭祀活动便成了当年城市生活的重大事件。

冬至前三天，皇帝先去太庙行礼。当天夜里，他就住在大庆殿。顾名思义，这是大庆大典使用的宫殿。在北宋皇城的宫殿中，它规模最大，里里外外可容下几万人。这一天夜里，殿庭中已经按出行队列秩序摆好了各种仪仗、器物、车辆，一直排列到宣和门外。同时自宰相以下，参加祭典的百官也穿好了祭服，在宫内等候，更有几万名皇家禁卫军全副武装环护着皇宫。

翌日清晨，各处的职事人员分头驱赶闲杂人众。不过，御街两侧还是有不少群众在等待观看这场庄严肃穆的高规格的大出行。仁宗以后，皇帝出行的仪仗队伍达20061人。徽宗建中靖国元年（1101）多达21575人。（《宋史》）规模之宏大，形式之多样，确实令人瞠目。

皇帝大出行，实际上是一次观赏性很强的大游行，成了城市居民的一种特殊娱乐。

走在仪仗队伍最前面的是六头大象，左右各三。它们脑门上挂着紫罗绣襜当胸，腔后的彩索上挂着铜铃、杏叶与红犀牛尾拂，背上设置木质莲花座、金蕉盘。每头大象背上骑一名军卒，并由四名军卒牵引。它们悠悠晃晃，慢慢踏来，叮咚的铜铃声，把长达十里的宏大队伍源源不断地引入御街。

跟随在大象之后的是六名高级官员，称为"六引"。走在前面的是开封府令，走在第二的是开封府牧。这两个官位实际上常常空缺着，代之以官品较低的开封府尹（从三品）或权知开封府，他们代表东京市政府。走在第三的是大司乐（正四品，崇宁年间新置的官位），代表礼仪祭祀中心太常寺。走在第四的是少长傅（正二品），代表高层元老。走在第五的是御史大夫（从二品），代表中央司法系统。六位大官里走在最后的是兵部尚书（从二品），代表中央的行政系统。他们都在各自仪仗队的簇拥下昂首而过。

随后，迎着凛冽寒风而来的是十二面黑色大旗。每面一人把持，一人托起，四人相护。而后是四骑押牙，八名手持丈八镂槊的金吾骑士。随之而来的是四名左右金吾上将军（从三品）、四名将军（从四品）、两名左右大将军（正四品），他们都由手持长矛的侍卫护持，一个个高头大马，戎装新灿，显得刚武威严。

到此为止，还只不过是大队伍引路的前导。可以想象整个大出行的气派。

旗帜总是令人敬仰的。它是一种号令，一种威严，一种灵魂。在这次大游行中，前前后后就有不少令人亢奋的、出奇的彩帜。

在朱雀旗队、龙旗队中有朱雀、青龙、风伯、雨师、雷公、电母、五星、北斗、摄提等诸色牙旗。

在引驾旗队中，有天王旗两面，十二星辰旗十二面，天下太平旗一面，五方龙旗五面，金鸾、金凤旗各一面，狮子旗两面，君王万岁旗一面，日、月旗各一面，日月合璧旗一面，苣文旗两面，五星连珠旗一面，祥云旗两面，长寿幢两幅。

在金吾细杖旗队中，有青龙白虎旗各一面，五岳神旗、五方神旗、五方龙旗、五方凤旗各五面。

当时的旗帜大都是镶牙边的三角旗。颜色有红、黄、蓝、白、青、黑，旗上分别绣着不同图饰。它们分别由许多将士簇拥，迎风招展，蔚为壮观。

车队素来是最吸引人的一部分，它们不仅显示乘车人的地位与富有，而且往往反映出一个时代的科学技术水平。宋朝皇帝大出行中有一支特殊的车队。其中，就有指南车一辆。这是一辆红色大车，由四匹大马并驾，驾士三十人，车厢画有青龙白虎，上面立着一个木头做的仙人，不管车子怎么转运，木人的手永远指向南方。这是当时一个十分了不起的科技成果。此外，还有一辆记里鼓车，也是红色大车，四马并驾，车厢壁上绘有花鸟，车厢上层也立着一个木人。车每行一里，木人击鼓；每走十里，第二层有个木人击镯。这种记里鼓车，齿轮相套，计算准确，工艺水平很高，实际上就是后来机械钟表的原型。

车队中还有白鹭车、鸾旗车、崇德车、虎皮轩车等，各有驾士十八名。还有耕根车、进贤车、明远车、黄钺车、豹尾车等，也有用三头牛驾导的次属车辆，真是目不暇接。

最堂皇的是金、象牙、革、木四辂，以及四辆副辂。这些都是圆穹顶、四壁相遮的皇家专用豪华车舆。每辆由两匹马踏路，四匹马驾车。宣和年间（1119—1125），各辂配置驾士150人，副辂100人。

皇帝乘坐的玉辂是整个队伍的中心，它由六匹青色大马牵引。宣和年间簇拥在玉辂周围的扶驾8人，驾士234人，骨朵直卫士134人，行门35人，陪乘将军2人，后面还跟着一辆副玉辂及一辆大辇。在一千多年前，再也找不出比这更气派的了。

为了壮其声势，仪仗队伍中还配备了一支庞大的乐队。它分为前后两部。前部共有楅鼓、节鼓、大鼓、小鼓、羽葆鼓、铙鼓290面，金钲24件，长鸣、中鸣、横吹、拱辰管共600件，箫、笳、篥等乐器共890件，歌咏队48人。后部有鼓吹歌唱总共438人。这前后两支乐队吹打起来，把整个东京城都震动了。

浩浩荡荡的皇帝出行大队穿越御街，出南薰门到青城斋宫，住一宿。第二天正是冬至，夜半三更起驾，到圜丘祭坛行礼。折腾一天，又回到青城。

第四天，对昊天上帝表示了敬意的人世间的上帝便带着两万人马，循原路漫游回宫。既是复归，似乎没有初出那样肃穆，于是御街两旁的看客就比较松弛。高贵人家搭上华丽的看棚，鳞次栉比。中下人户只得挤在那些缝隙里，挤在人堆里，赏一赏这三年一遇的盛况。

坐在玉辂里的皇帝，既是被万民瞻仰的对象，又是观赏万民的看客。他有多少机会能够如此尽情地欣赏这些虔诚的庶众子民呢？

大规模的皇帝出行既是礼制上的需要，同时也给一些官僚带来好处。南郊祭祀之后，根据恩荫之法，皇帝会把大批官位赏赐给大臣的子弟甚至门客。然而，郊祀最大的作用，还是以

北宋佚名《大驾卤簿图》（局部）

这种特殊的游行方式大树特树皇帝权威，强化帝王的尊严。认为"彼可取而代之"的项羽式人物实在太少太少，就连"大丈夫当如此"的刘邦式人物，在市民中恐怕也不会多。在神化了的天子面前，绝大多数子民的心中只留下肃敬、畏惧。

权力喜欢表现在一些大场面之中，宋朝皇帝的仪仗队就是超等的权力外铄。权力也喜欢表现在豪华的消费之上，古今中外许多居于权力巅峰的人，往往把历史所允许的物质条件滥施于穷奢极侈的生活，享尽人间富贵。不过，作为开国君王的赵匡胤，在生活消费上倒是特别注意节制。

钱塘江畔的吴越王钱俶慑于北宋王朝的威势，亲自来到东京朝拜赵匡胤，并且献上了一条罕见的超级犀角腰带。赵家皇帝却说："朕已经有了三条宝带，与你这条不同。"钱俶一惊，倒想见识见识，便请皇帝陛下拿出来看看。赵匡胤说："朕的宝带，一条是汴河，一条是惠民河，一条是五丈河。"（《宋朝事实类苑》引《杨文公谈苑》）这虽然是政治性的揶揄，却表明宋王朝的第一位君主确实不曾把注意力放在高消费之上。

乾德二年（964），北宋扫平了后蜀，亡国之君孟昶来到东京，献上一个尿壶，装饰着七彩珠宝。赵匡胤十分震怒，一巴掌把它劈到地上，叫左右把它砸碎。他声色俱厉地对孟昶说："一个便器尚且这般奢华，那么你用什么器具来贮藏食物？如此骄奢淫逸，怎么能不亡国？"（《宋朝事实类苑》）这几句话，与其说是痛斥那位已经亡国的蜀主，不如说是赵匡胤从孟昶亡国的历史教训中看到了保持节俭作风的巨大价值。

宋太祖住在东京皇宫里的十七八年，生活确实相当节俭。所有殿阁张挂的帷幕都没有加饰文采。他的寝殿里居然还挂着青布缘边的苇草帘子，活像一个乡下的小财主。他乘坐的车子与服饰都以素净为尚。某一天，他还拿出麻织的鞋子与麻布做成的下裳赐给左右亲信，郑重其事地说："这是朕穿用过的。"（《宋朝事实类苑》引《圣政录》）看来他是在臣下间传播这种俭朴的风尚。

大凡艰苦创业的开国君主都比较容易了解节俭生活的价值，赵匡胤如此，赵光义也基本上是如此，以畋游声色为戒。

就连第四位皇帝仁宗也还在一定程度上保持了节俭的余风。仁宗病了，几位大臣进到他的寝殿，只见器用服饰简洁质朴，唾壶痰盂都是素漆的，进药的瓷盏也是素净的，御榻上的被褥都是已经发暗的黄色粗绸制品。（《归田录》）

到了北宋后期，商品的流动大大加快，城市居民的物质生活有了较大提高。在这个背景下，皇宫中的生活绝对不可能还保持北宋前期的俭朴风尚。加之宋徽宗赵佶又是历史上有名的风流皇帝之一，在蔡京、王黼这些佞臣的诱导下，其生活极尽奢靡荒淫。

蔡京在神宗时期就挤入了上层圈子，担任过中书舍人。在派系斗争的风云变幻之中，他一度被挤出东京。到了徽宗赵佶即位之初，再一次被罢职，离开京城居于杭州。由于蔡京勾搭上宦官童贯，通过这条内线，使赵佶听了不少关于他的好话。当时，两位宰相韩忠彦与曾布已势成水火。曾布与蔡京本来就混迹于王安石营垒，如今听说皇帝对蔡京颇有好感，曾布想，何不做个顺水人情；加之把蔡京弄回东京，还有可能纳入自己的势力范围，一起对付韩忠彦。于是他向赵佶进言，建议把蔡京召回朝廷。

蔡京果然又回到了中央，被任命为翰林学士承旨，成了赵佶的高级秘书与顾问。不到半年，打倒了韩忠彦，蔡京被提升为尚书左丞，进入了宰相班子。曾布失算了，他没有想到蔡京很快就反目，对他发动了进攻，只个把月时间就把他也赶下了台。

于是，蔡京晋升为尚书右仆射兼中书侍郎，后来又为尚书左仆射兼门下侍郎，成了首席大臣。

二十多年，蔡京也是四起四落，但是他毕竟经营了一批势力。他的三个儿子与一个孙子都做到了大学士，另一个儿子还成了驸马。徽宗七次临幸蔡京府第，由此可见蔡京受赵佶的恩宠何其大。反过来，蔡京对赵佶的影响更大。政局的腐败，其根子主要还在蔡京这里。他不仅把派系政治推行到高峰，而且倡导"丰亨豫大"的生活方式，使赵佶陷入了不能自拔的泥坑。

经过熙宁、元丰年间王安石变法，宋王朝国库中积累了大量财富。蔡京常常对赵佶说："现在积攒下来的钱币超过五千万，大可以广乐制礼。"于是以制礼作乐为名大兴土木，一个花样接着一个花样，郊祀、元宵灯节都是规模空前的，一个东京城搞得热火朝天。

北宋东京城的皇城面积不大，远远比不上长安、洛阳的皇城规模，赵匡胤等住得舒坦自在，对于赵佶来说，就感到太狭促了，加上蔡京们的挑唆，头等的大事便是扩展皇宫。

首先建了一个新延福宫，与原来皇宫大小差不多。从政和七年（1117）开始，命宦官梁师成主持，又在京城的东北部筑山，号曰"万岁山"，又叫"艮岳"，艮岳正门叫阳华门，所以又叫"阳华宫"。"搜远方珍材，尽天下良工绝技而经始焉"（《阳华宫记》），搞了十多年，直到北宋覆亡才停工。

艮岳周回十多里，为北宋皇宫的三四倍。但是比起西汉的上林苑、甘泉苑、西郊苑以及隋炀帝的西苑来说，艮岳规模小得多。

不过，上林、甘泉这些园林大多在自然风景区的基础上加工筑造，而北宋的艮岳全靠人工堆砌穿凿。况且，当时东京城及其城郊已是人口稠密、寸地如金，不像汉朝隋朝长安洛阳郊区那样宽松，开辟一个周围十多里的艮岳，其人力物力的耗费也是相当惊人的。

艮岳之中峰峦起伏，曲池环绕，其最高峰达90步，折约136米，岭上有个介亭，依亭分东西二岭，直接南山。南山的东边，布设有萼绿华堂、书馆、八仙馆、紫石岩、栖真嶝、览秀轩、龙吟堂。南山的南面，则是寿山的两峰并立，另有雁池、噰噰亭。北边是绛霄楼。南山之西，有药寮、西庄、巢云亭、白龙沜、濯龙峡、蟠秀、练光、跨云亭、罗汉岩。再西有万松岭。

万松岭畔有倚翠楼，上下设两阁。阁下开凿了一个大方沼。沼中有两洲，东洲叫芦渚，洲上有浮阳亭。西洲叫梅渚，设雪浪亭。水向西流入凤池，向东流入雁池。沼中有二馆：东馆叫流碧，西馆叫环山。此外还有二阁，叫巢凤与三秀。东边雁池后有挥雪厅，再由石阶上至介亭。

介亭左面有极目亭、萧森亭，右面有丽云亭、半山亭。向北俯瞰，引景龙江江水，流往山涧。再往西去，是漱琼轩。山石之间，有炼丹凝真观、圜山亭。下视江水，可见岸边高阳酒肆以及清渐阁。北岸有胜筠庵、蹑云台、萧闲馆、飞岑亭。江水支流曲绕，另有回溪、山庄。

在南山之外，还有一脉小山横亘二里，叫芙蓉城，穷极巧妙。景龙江之外，诸多馆舍，更为雅致。北边有一个硕大的曲江池，池中有个蓬壶堂。（《宋史》）

艮岳中，集四方的怪竹奇石、嘉木艳葩以及各种珍禽走兽。例如正门阳华门，夹道种植荔枝树80余株，甚至还栽种了椰子树。这些都是地道的南方植物，没有一定的气温雨水条件是不会结果的。然而，据说赵佶每召集僚臣来游览，都由内侍摘下荔枝相赐。（《铁围山丛谈》）这可真是奇迹，不知花费了多少功夫。

为了满足赵佶的珍奇之需、花石之好，竟然在苏州、杭州设立应奉局、造作局，最早由阉宦童贯主持，后来归苏州暴发户朱勔经营。

最初，江南进献的花石，每次不过三四品、五六品。后来日益加多，极事搜觅。在淮水与汴河里，专门运送花石的船只，舳舻相衔，竟成了祸国殃民的"化石纲"。

风闻士庶之家有一石一木可供赏玩者，便派军兵闯入，用黄色封条标记，成了皇帝御前之物。主家尚要特殊保护，稍有马虎，就可能加上大不恭之罪名。到了运取这些花石之日，从门窗搬不出去的，便把院墙推倒，把房屋拆毁，主家甚至还要受到各种刁难。不少家庭为此破产，有的卖儿卖女尚了不清这场劫难。

花石纲从江南运到东京又是一场灾难。截堵其他的船只，欺凌沿途州县，弄得鸡犬不宁。宣和五年（1123），朱勔弄到一块太湖石，有几丈高，几丈宽，"大舟排联数十尾，仅能胜载"（《尧山堂外纪》）。上千人拉纤，凿城坏桥，拉了几个月才到东京。赵佶十分欣赏，赐名曰"敷庆神运石"。还有一株陈朝桧，高五六丈，树干围九尺，枝叶覆荫几百步。运送这株桧树又不知流了多少人的血泪，郁积了多少人的怨恨。正如赵匡胤斥责孟昶时所说，如此骄奢淫逸，怎么能不亡国？

通过正常商业渠道的高消费，可以刺激生产的发展，成为社会发展的一种动力。利用政治权力滥取的高消费，往往是酿成政治上心肌梗死的重要病因，使庞大的封建政权骤然面临大难，不死也要脱一层皮。陈叔宝、隋炀帝、李隆基、赵佶的经历都作了这种历史注解。

显赫的赵氏家族就因赵佶这个不肖子孙的荒诞无稽招来大祸，丢掉了半壁江山。

北宋赵佶《文会图》（局部）

君臣的博弈

　　围绕在赵氏皇族周围，东京城里还居住着一群谋士与官僚。他们不仅傲居于坊巷街曲，在城市生活中占有显赫的地位，同时他们的生活与角逐又关系到宋王朝的命运。

　　北宋初年，政坛上最耀眼的明星是赵普。他并非赵匡胤宗族，原是幽州人，随父辈徙居洛阳，在后周担任下级官职。一次特殊的机遇，他与赵匡胤的父亲赵弘殷（后周高级将领）建立了密切的关系，赵匡胤也十分欣赏他的才智。后来赵匡胤移镇宋州，便辟赵普为高级幕僚，担任书记。陈桥兵变，赵普是主要的策划者之一，从而也成了北宋的开国元勋。

　　太祖初登基时，他的老母杜太后说："赵书记，且为尽心，吾儿未更事也。"可见赵普与赵匡胤一家的亲密关系。乾德二年（964）赵普拜为宰相。

　　但是，御史中丞雷德让弹劾赵普，说他擅自买了别人的屋宅，而且聚敛财货。赵匡胤大发脾气说："鼎铛尚且有耳！你不知道赵普是我的左右手吗？"于是命令卫士拖着这个不知趣的御史中丞在大厅里转了好几圈。（《邵氏闻见录》）

　　赵普是赵匡胤的头号智囊，"泊赞枢机之务，屡陈帷幄之谋"（《宋大诏令集》），许多重大决策都闪烁着赵普的智慧之光。

赵匡胤向赵普请教："为什么唐季以来，几十年间帝王换了八个姓氏，战乱不已？有什么办法使天下息兵，使国运久长？"赵普说："社会纷乱，主要是地方节镇的权势太大，君弱臣强。如今要想长治久安，别无奇策，只有削弱他们的实权，经济上控制他们的收入，军事上收缴他们的精兵，天下自然太平了。"话还没有说完，太祖说："卿不要再说了，我已经明白。"

赵匡胤似乎明白了，但具体行动起来，又还不太明白。他多次提出要让符彦卿担任禁军统帅。符彦卿何许人也？自后唐起他就军武有名，统带羽林军。后晋时封祁国公、同平章事，后汉时封魏国公，兼中书令。后周时封淮阳王、卫王、魏王。北宋开国，又加封他为守太师，并统率军队。赵普认为符彦卿名位已盛，不能再委以兵权。赵匡胤不接受这个意见，而且颁发了符彦卿统率军队的命令。不过，这个命令又落到了赵普手中，他揣在怀里去见赵匡胤。皇帝问："又是为符彦卿的事情而来？"赵普说："不是。"

因别以事奏，乃出彦卿宣进之。上曰："果然。宣何以复在卿所？"韩王（赵普）曰："臣托以处分之语有未备者，复留之。惟陛下深思利害，勿为后悔。"上曰："卿苦疑彦卿，何也？朕待彦卿至厚，彦卿能负朕邪？"韩王曰："陛下何以能负周世宗？"上默然，遂中止。（《涑水记闻》）

元胡廷晖《宋太祖蹴鞠图》

石守信、王审琦等，是赵匡胤的老部下，又在陈桥兵变中立了大功，于是由他们统率禁军。赵普多次建议调换他们的职务。太祖说："他们绝对不会叛变，卿何必担忧？"赵普说："臣也不担心他们本人叛变。然而仔细观察这几位，皆非统御之才，恐怕很难驾驭其部下，万一其部属作乱，他们也就身不由己了。"在赵普的反复启发下，赵匡胤终于下决心收缴兵权。于是，富有戏剧性而又富有人情味的著名一幕——"杯酒释兵权"上演了。在十分和谐融洽的气氛中，赵匡胤剥夺了石守信、王审琦等几位大将的兵权。

不让符彦卿统兵，收缴石守信等兵权，属于同一个思路，也就是赵普建议推行的"强干弱枝"方针的先导。"强干弱枝"是特定的历史条件下保持政局平衡的十分高明的手段。当然，收缴大将兵权只是治标之法，要在制度上进行保证，还必须在政治结构上进行变革。

赵普建议："列郡以京官权知，三年一替。"（《国老谈苑》）而后在各州设立通判一职，牵制知州的权限。

在中央，突出地分割了宰相的权力。宰相不再是一个，而是一群。一般情况下，设宰相同中书门下平章事两名，次相参知政事两名，又把管军政的枢密使、枢密副使也列为副相。中书门下与枢密院并立为"二府"。北宋前期还把管财政的三司使也提升到副相的地位，谓之"计相"。于是，在皇帝之下，行政首脑部门成了一个群体。以宋太宗在位22年为例，前后任宰相9人，参知政事23人，枢密使4人，知枢密院事3人，枢密副使12人，同知枢密院事7人，签书枢密院事5人，三司使22人，总共85人。（《宋会要辑稿》）这个群体中的任何一人，都不可能全盘驾驭军国大政。

精锐的禁军指挥系统中，又将侍卫亲军司再度分割为二：侍卫马军司与侍卫步军司。这两司与殿前司处于同一级别，形成三衙鼎立之势。"三衙"的将领都不能调动军队，能调动军队的枢密院长官又不能带兵。征战时，军事统帅临时任命，战事结束，统率权也就了结。在制度上，兵不识将，将不专兵。于是，任何一个军事首领也不可能左右国家的军事大权。

战火纷飞、国家破碎的历史教训，使戎马半生的赵匡胤一想起来就胆战心惊，他决心扭正这历史的歪斜，大力提倡文治。实际上，这是从更广阔的背景上去寻找政治稳定的办法。

赵匡胤公开提出，宰相要用读书人。触发他这个念头的原因有几种记载。《圣政录》《归田录》说，太祖用第一个年号"建隆"不到四年，又要改年号。他提出新年号必须是前所未有的。当时的宰相范质等人便提出了"乾德"二字。用了两年，赵匡胤在后宫看到一面铜镜上有"乾德四年"字样，很吃惊，便找翰林学士窦仪（一说是陶榖）询问。学士说："蜀主曾用过'乾德'年号。"赵匡胤大发感慨："宰相还是要用读书人。"《沂公笔录》却说，翰林学士卢多逊升太仆卿，备顾问，有关祭祀、仪仗方面的许多问题，他奏对敏捷而又详尽。赵匡胤便对左右的人说："宰相要用儒者。"

这只不过是一种信号，说明赵匡胤十分重视文化建设。

赵普虽是文官出身，但较早就混迹于官场，没有系统地读过多少书，赵匡胤便劝他多读点书。对于那些行伍出身的军事大将，赵匡胤也再三叫他们读经书，他说："今之武臣，亦当使其读经书，欲其知为治之道也。"（《涑水记闻》）

为了形成重文的风尚，除了大力推行各种尊孔孟的崇儒措施，鼓励兴办教育，积极推行科举考试以外，几乎每个皇帝都身体力行，认真读书。

赵匡胤晚年好读书。赵光义更是个发愤读书的皇帝。"太宗尝谓侍臣曰：'朕万机之暇，不废观书。'"（《宋朝事实类苑》引《国朝事实》）。赵光义在皇宫内修建清心殿，藏了不少图书，办公之余就来这里读书。他对宰相说："史馆所修《太平总类》，以后每天送三卷来，朕当亲览。"宋琪曰："陛下爱好历史，以观书为乐，这是大好事。不过每天读三卷，恐怕过于疲倦，伤害龙体。"太宗曰："朕性喜读书，开卷有益。……此书一千卷，朕准备花一年时间读完，想起那些好学之士读万卷书，也就觉得不难了。"（《宋朝事实类苑》引《帝学》）

赵光义读书确是认真的，并能联系实际，有的放矢。他读了《老子》一书，就能从治国之术去理解"善者吾善之，不善者吾亦善之"的深刻哲理，懂得做天子的容忍大度。

真宗赵恒也是个爱读书的皇帝。他说过："朕听政之暇，惟文史是乐。""文史、政事之外，无他玩好。"（《宋朝事实类苑》引《帝学》）

英宗赵曙也是"好读书，不为燕嬉亵慢，服御俭素如儒者"（《宋史》）。

神宗赵顼当太子时就十分好学，有次听先生讲课，反复问难研讨，到了中午，内侍说："恐怕肚子饿了吧，应该吃饭了。"赵顼说："听讲正有兴味，哪里会感觉肚子饥饿。"（《宋朝事实类苑》引《元丰宝训》）

南宋刘松年《山馆读书图》

　　宋朝皇帝们不仅爱读书，而且大多从事诗歌创作、撰写文章，有的还酷爱书画与琴棋文艺。

　　赵光义是个多面手。他擅长调琴，还制作过九弦琴、七弦琴等乐器；他在棋艺上也有相当的造诣，亲自设计了"独飞天鹅势""对面千里势"和"大海取明珠势"等棋局，一些专业棋手也为他所败。在书法上，草、隶、行、八分（近似隶书）、篆、飞白（多枯笔）等六体都有相当水平，草书尤为精工。（《杨文公谈苑》）雍熙三年（986），太宗赐宰相李昉等飞白体字幅。他说："朕退朝未尝虚度光阴，读书外，尝留意

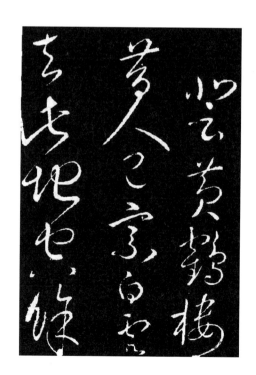

宋太宗书《登黄鹤楼》局部

真草，近有学飞白。"（《太平治迹统类》）至于诗歌方面，他写作甚勤。遇到祈雪、降雪、降雨、赏花、垂钓、观射、修水利、进士登第，或者中秋玩月等机会，他都要赋诗以抒情怀，并且常常要臣僚唱和。后来有人收集他的诗作，编为三十卷。（《宋史》）臣僚中诗歌写得好的，他特别垂顾。如杨徽之有诗名，赵光义就专门索取他的诗作数百首，读了之后，十分称赏。

真宗赵恒的诗歌创作更为丰富。每看完一种书，就赋诗若干篇。（《青箱杂记》）《玉海》载，真宗御集三百卷，其中《诗》三十七卷、《歌》十五卷、《词》四卷、《乐章》一卷、《乐府集》三卷、《乐府新词》二卷。

仁宗赵祯也有不少诗文。其百卷的御集，就以《诗》二卷置于首位，其次是《乐章》二卷。李延臣说，他在南海琼州街市上看到有位少数民族的兄弟在出卖一副锦背褡，其上织成一联诗句："恩袍草色动，仙籍桂香浮。"这两句诗就是摘自仁宗赐进士的诗篇。（《庚溪诗话》）可见皇帝的诗流传甚远。赵祯的飞白体书法也有一定水平，更爱写字送给臣下。张士逊退休，赵祯赐予飞白书"千岁"二字。张士逊修建"千岁堂"来供奉这两个字，以示隆重。（《宋史》）对皇帝的作品大加称颂膜拜，不免夹有政治上的原因，但是，宋朝帝王的作品中，也确实有一些佳作。

宋徽宗赵佶开创的"瘦金体"独成一家，可谓书艺之奇葩。元朝大书法家赵孟頫评论说："所谓瘦金体，天骨遒美，逸趣蔼然。细玩之，信不在李重光下，诚足珍矣。"（《古今

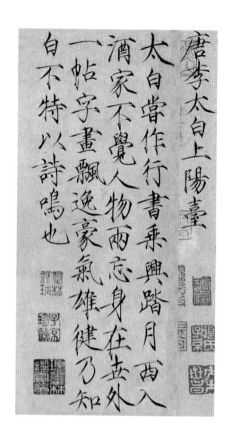

北宋赵佶《题李白上阳台帖》

图书集成》）赵孟頫以为赵佶的字不在南唐李后主之下，这个评价是准确的。至于徽宗的绘画，更留下许多传世的珍品。

与东汉灵帝、陈后主、隋炀帝以及南唐中主、后主个人倾心于文学艺术不同，宋朝帝王认真读书学习、爱好文学艺术，已形成普遍遵循的传统。实际上，这是一种推行"右文"方针的政治需要。隋炀帝也爱好诗文，但他妄自尊大，更不希望臣下的文章诗作出其右。薛道衡死了，他反而高兴得很，说：

"谁还能写出'空梁落燕泥'这样的诗呢？"写过"庭草无人随意绿"这种佳句的王胄死了，他也感到颇为惬意。这种狭隘嫉妒的心理，与宋朝帝王们大力提倡读书、旌奖臣下优学的风尚形成了鲜明的对照。

由于皇帝多优文事，兼长书画，每每新皇除位，便立一阁，贮藏其著作。真宗设龙图阁，仁宗置天章阁，英宗置宝文阁，神宗置显谟阁，哲宗置徽猷阁，徽宗置敷文阁。各阁都设置学士、直学士、直阁、待制。如龙图阁学士，当时谓之"大龙"；龙图阁直学士，谓之"小龙"；直龙图阁，谓之"假龙"；有得直阁之后，一直没有升迁而死者，谓之"死龙"。这些诸阁学士，本为侍从官名，后来，把它们作为一种贴职，

北宋赵佶《瑞鹤图》（局部）

各路的帅臣、监司官有劳绩的，可以加上这些贴职。

正是在"右文""崇儒"的方针指导下，北宋帝王相继组织人力，整理编撰了一些大型文献和重要的史著方志。

太平兴国二年（977）开始，太宗命李昉等搜集历代野史、小说、遗文编成《太平广记》五百卷。

太平兴国二年，太宗又命李昉等组织人力，整理茸删前代文献，编撰《太平总类》一千卷，又叫《太平类编》。因为每天要呈进三卷给太宗御览，便改为《太平御览》。

太平兴国七年（982），太宗命李昉、扈蒙、徐铉、宋白等检阅前代文章，精加诠释，编成《文苑英华》一千卷。

景德二年（1005），真宗令王钦若、杨亿主持编修历代君

《太平御览》刻本内页

北宋司马光《资治通鉴》残稿

臣事迹，撰成《册府元龟》一千卷，九百多万字，规模宏大。

　　太平兴国年间，乐史修撰巨型地理志《太平寰宇记》，还有巨型医书《医方》一千卷，后来又出现了欧阳修编撰的《新唐书》《新五代史》、薛居正的《旧五代史》、司马光的《资治通鉴》等。

　　前四部书，为宋朝著名的四大类书。加上其他巨制鸿篇的出现，鲜明地表现了当年推行文治的赫赫声势。

　　与学校教育、科举考试相配合，这些重文的行动与措施，稳定了宋王朝统治，不仅抑制了军事割据的死灰复燃，更深层的意义是提高了整个社会的文化水平。

　　北宋末年，蔡京、王黼等"六贼"祸国殃民，罪不容诛。女真贵族的大军直逼东京城下，钦宗赵恒即位。在群情激愤之下，皇帝不得不下令杀了王黼、李彦、梁师成、童贯、赵良嗣等人。但是对杀人这件事，朝廷一直遮遮掩掩，似乎忌讳很深。

为什么会这样呢？

《避暑漫钞》载，赵匡胤接皇帝位，三年之后，秘密地刻了一块碑，立于太庙寝殿的夹室，谓之"誓碑"，用销金的黄幔覆盖，门钥封闭甚严。规定每年四享或新天子继位，参拜太庙之后，都要来此恭读誓碑。皇帝来到寝殿夹室，只有一个不识字的小黄门陪从，其余群臣都远远站在庭中，不准靠近。皇帝进入室内，小黄门焚香明烛，揭开帐幔，立即退到阶下，皇帝到碑前，跪着默诵，然后再拜而出，十分神秘。碑上究竟写了什么，臣僚都不得而知。直到靖康之变后，人们才得以进入夹室。原来室中立有一块高七八尺，阔四尺多的石碑，上面刻着三行字，一行为"柴氏子孙有罪不得加刑"，一行为"不得杀士大夫及上书言事人"，一行为"子孙有渝此誓者，天必殛之"。

不杀大臣及言事之人，而且要求皇帝恪守这个祖训，这是十分明智的政治手腕。除了前面提到的某些特殊情境下的例外，两宋三百多年基本上坚守了这个约规。仅从言路开放的角度来看，这是我国封建社会空前绝后的开明政策。封建时代，谁要想批评皇帝，就叫"捋虎须，逆龙鳞"，危险之至。能带着棺材上金銮殿进行死谏的勇士，毕竟极少。如果能使大臣秉忠心说话，无杀头之忧，这就解除了束缚言论的最大绳索，形成了较为宽松的政治环境。正是这种较为宽松的政治环境，使宋朝的"葫芦"宰相大为减少。

赵匡胤知遇赵普，而赵普对赵匡胤赤诚相报。然而一个专制君主要经常地、长期地虚心采纳臣下的意见，确是很不容易的。赵匡胤对赵普的意见也难免有听不进去的时候，可是赵普也倔强得很。有时，赵匡胤发脾气把赵普的奏章拂至地上，赵普却慢慢地拾起来，掸掉灰尘再次呈上；赵匡胤又拂之于地，赵普又拾起来，掸掉灰尘呈上。一而再，再而三，直到赵匡胤接受为止。（《国老谈苑》）

有位官员立了功，按规章制度必须升官，可是赵匡胤素来厌恶其人，不予提升。赵普坚决请求按制度办事，太祖发脾气说："朕就是不给他升官，能奈我何？"赵普说："刑，用来惩恶；赏，用来酬功。这是古今之通理。刑与赏，是天下之刑赏，不是陛下个人的刑赏，岂能够以陛下个人的喜怒好恶行事？"赵匡胤大怒，拂袖而去。赵普追在他屁股后面，跟着前往后宫，站在后宫门外，久久不离去。最后赵匡胤终于息怒冷静下来，接受这位骨鲠之臣的意见。（《涑水记闻》）

也许，读者认为赵匡胤与赵普之间有一种特殊的亲密关系，赵普才敢如此放肆。不错，个人关系起一定的作用，但是，大胆向皇帝表示不同意见的，并非只有赵普。例如南宋光宗赵惇要诏用姜特立，宰相留正反对，赵惇坚持己见，留正便进行罢工，僵持五个月，赵惇只得妥协。（《宋宰辅编年录》）

哲宗时，宣仁太后要苛责谏官贾易，宰相吕公著不同意。太后态度强硬，吕公著也不屈服，并说："不先赶我下台，对贾易的处分就行不了。"最后太后也只得妥协。（《宋宰辅编年录》）

在宋朝，不仅宰相敢于顶撞上尊，而且谏议成风，并逐渐完善了监察与谏议制度。门下省、中书省设置左右谏议大夫、左右司谏、左右正言等专职谏官，后来又设立谏院，作为谏官的办事机构。它与以御史台为龙头的监察系统交相辉映，不仅评议抨击朝政的疏阙与失误，绳纠甚至弹劾宰相及以下的官僚，而且也对皇帝进行规谏讽喻。有次，在皇宫内做道场，仁宗赵祯亲临观看，赐和尚每人一匹紫罗。和尚致谢，仁宗说："来日出东华门，把紫罗揣在怀里，勿令别人看见。否则台谏便有人上书议论了。"（《邵氏闻见录》）

最有名的事件，是包拯抵制仁宗对张尧佐的任命。张尧佐是张皇后的族叔，由于这个关系，仁宗拟任命张尧佐为宣徽使，廷论反对，搁延下来。过了一阵，禁不住"枕边风"一刮，仁宗便想重申前命。一天，仁宗将上朝，张皇后送他到殿门口，抚着皇帝的背说："官家不要忘了宣徽使一事。"仁宗说："得得！"上朝以后，便再次降旨，要任命张尧佐为宣徽使。廷臣中的包拯站出来极力反对，他离仁宗很近，慷慨激昂，唾沫飞溅到了仁宗脸上，仁宗只好作罢。回到后宫，仁宗举袖拭面，对张皇后说："刚才殿丞向前说话，唾沫直飞到我的脸上。你只管要宣徽使、宣徽使，难道不知道是包拯当御史吗？"（《曲洧旧闻》）

台谏制度本来是皇帝用来钳制臣僚的工具，可是，事物的发展常常背离初衷。从上述事件可以看出，宋朝的台谏制度反过来对皇帝的活动与意愿进行了约束。

　　两宋三百多年间，各个时期的政治权力结构的具体状况会有差别，皇帝与宰相们对台谏的争夺与利用，也出现过复杂的、微妙的关系，某些时候皇帝以台谏为御用工具，严格驾驭宰相，只要谏官进行抨击，宰相们往往自动打辞职报告。某些时候，谏官们又依附于资深权大的宰相，成为宰相上下其手的工具，甚至出现这种情况："台谏言人主者易，言大臣者难。攻及上身者，犹能旷度有容；议及宰相者，往往罪在不测。"（《续宋宰辅编年录》）

　　宋王朝的秘书班子，分两个摊子：一在翰林学士院，凡翰林学士加知制诰者，起草制、诰、诏、令、赦书、德音等，称内制；二在中书省，由其他官衔加知制诰者，起草有关文书，称外制。内制、外制合称"二制"。内制往往先由皇帝面授基本旨意，或者先书面写下旨意，交翰林学士院，锁院门，起草正式文书。外制先由上面送来"词头"，中书舍人再起草正式文书，但是秘书班子觉得有关问题处置不得当，有权拒绝起草，退还"词头"。例如仁宗征聘皇后，四川王氏女姿色冠世，入京备选时，章献太后一见，认为她妖艳太盛，恐怕不利于年轻的皇帝，便把她嫁给了侄儿从德。仁宗知道这件事情以后，一直不痛快。不久，从德死了，仁宗很想看看那位令人神往的美女，便写手令，加封王氏为遂国夫人，允许她进入皇宫。当时，富弼任知制诰，接到皇帝写来的"词头"以后，认为很不合适，拒绝起草，封还"词头"。由于富弼态度十分坚决，仁宗也只好放弃这个念头。

　　在封建时代，要求某一种制度完全无偏差地运转，绝对办不到。宋朝的台谏制度同样如此，但它们的一个基本功能却十分明显，那就是在一定程度上限制了宋朝的君主与官僚的恶性争斗，出现了相对的言论开放的风气，对于宋王朝全面性的政治稳定，起了重要作用。

东京宣德门左右两侧，有两个特殊的衙门：一个是隶属于谏议大夫的登闻检院，一个是隶属于司谏、正言的登闻鼓院。一般文武官员和老百姓议论朝政得失，涉及军情机密、公私利害，呈献奇方异术，或者陈诉冤情，等等，无法由通进司向皇帝呈进的，可以先上登闻鼓院呈进；如果鼓院不受理，再上检院投陈。

这两个衙门规模不大，地位也不高，却是皇帝了解情况的一条重要渠道。文献上有关敲登闻鼓的记载不少。如真宗天禧四年（1020）九月，接连两天有人敲鼓。己酉日，故翰林学士梁颢的儿子梁适敲鼓，自陈父兄沦灭情况，皇帝特别录用他为秘书省正字。第二天，同谷县主簿李士程敲鼓，呈军机秘密大事，因所言狂悖，责授惠州司户参军。（《续资治通鉴长编》）

北宋初年，出过一桩趣事。东京市井间一个市民走失了一头猪，他投诉无门，便跑到登闻鼓院敲起大鼓来，这桩小事居然也上报皇帝。赵匡胤听了，竟十分高兴，给赵普下了个手诏："今日有人声登闻来问朕觅亡猪，朕又何尝见他猪耶？然与卿共喜者，知天下无冤民。"（《麈史》）

赵匡胤这个判断，显然过于乐观。不过，市民丢了猪竟然可以向皇帝投诉，这恐怕是前朝所无、后朝难见的喜剧性政治新闻，也确实说明当时的政治空气比较宽和。

皇帝通过登闻鼓院，自然可以了解官僚队伍中的一些情况。前面谈到，赵匡胤十分倚重赵普，不过，体现在他们之间的君权与相权的矛盾总是要爆发的，再深厚的私人交情也消融不了权力之间的摩擦。翰林学士卢多逊便多次在赵匡胤面前揭赵普的短。赵普老是顶撞赵匡胤，皇帝对赵普也渐渐地由不满到怨恨。刚好雷有邻敲登闻鼓告发宰相政事堂堂后官胡赞、李可度等受贿枉法。王洞贿赂李可度，赵孚授西川官又称病不去上任，而这些官员又正是赵普庇护的。赵匡胤一听大为恼怒，下令把这几个堂后官交御史台审问惩处，同时把几位参知政事的地位抬高，让他们与宰相赵普一起掌印、押班、奏事，实际上是把赵普的权力加以分割。不久，干脆撤了赵普宰相之职，放他到地方上去做官。

与不杀大臣的政策相配合的是，朝中被贬、被降或者需要调动的官员，常常下放到各州县去做官，但也有重新调回京城的可能。能上能下、能出能进形成了一种风气。如王禹偁，文坛上颇负盛名，太宗闻其名，端拱初年，提拔来京城为右拾遗、直史馆、知制诰。王禹偁替徐铉抱不平，贬商州团练副使；几年之后，又召回京城，复知制诰，入为翰林学士；不久坐谤讪之罪，又贬出朝廷，去滁州、扬州任知州；真宗接位，再次召回京城，再次任知制诰；咸平初年，又被赶出朝廷，出知黄州、蕲州。三进三出，三上三下。（《宋史》）北宋时期，三上三下、前后三次拜相的有六人：赵普、吕蒙正、吕夷简、张齐贤、文彦博、蔡京。同样，地方官也经常调动，从这个城市调到另一个城市，任期一般不超过四年，有的不到一年。

根据《景定建康志》记载，宋太宗一朝，22年之间，升州城里换了13位知州，任期最长的3年5个月，最短的3个月，平均每任大约1年9个月。这个情况在两宋时期具有代表性，普遍如此。

走马灯似的更换任官，其主要用意在于防止拉帮结派，杜绝地方势力的坐大。官员流动加快，消极的一面，是不利于深入考察，难以有长远的建树，短期行为较多。积极的一面，是可以防止官员死守一隅，形成惰性作风、拖拉作风、保守作风以及裙带作风。新官上任三把火，总是给人们带来一些新的希望。官员上上下下，进进出出，在社会上形成了可上可下的观念，许多官员的调动是他们自己主动请求的。即使许多官员被贬谪，也并非一棍子打死，常常还有东山再起之望。于是在官僚队伍中，乃至在整个社会，都容易产生心理上的平衡，形成政治上的稳定。这就叫动中求静。另外，两宋王朝的许多皇帝，还深知在用人上兼容并包的奥妙。让臣僚们互相牵制，他既可以不必担心某种势力的坐大，又可以听到不同的声音。对于头脑比较清醒的皇帝来说，这是一种更高级的平衡游戏。至于昏庸的皇帝，就难以驾驭这种双马车，只好听任臣僚们捉弄他了。

与唐朝的情况不大一样，两宋时的皇位传递虽然出现过一些微微颤动，但是没有发生皇族内部大动干戈的仇杀。除了民族斗争给宋王朝造成的动荡和威胁以外，宋政权内的政治斗争一直处于较平稳的状态，既没有诸如"七国之乱""八王之乱""安史之乱"那种大规模内战，也没有秦汉隋唐元明清等大王朝遭遇的毁灭性的农民大起义，总体来看，政局比较平稳。

赵匡胤要"为国家建长久之计"，赵光义也说他孜孜求治所希望的"亦为子孙长久计，使皇家运祚永久"。（《宋朝事实类苑》）可见追求"运祚久永"，是赵氏兄弟及其后继者的工作主题。不可否认，赵宋统治集团善于组织各种高超的政治游戏，获得了政治上的相对稳定，为社会的发展提供了十分有利的环境。

后宫那些事儿

京城的皇宫也称皇城，对于平民百姓来说，它是个禁区。臣僚们朝见皇帝也有规矩，不能随意出入。朝官们可以乘马入皇城，幕职以下的官员只能步行。

东京皇城内的文德殿，叫外朝，每天六更后，大臣们在这里朝见皇帝，又叫常朝。其他地方，一夜都只有五更，唯独宋朝的皇宫里，一夜分成六更。"归去东华听宫漏，杏花落尽六更长。"垂拱殿叫内朝，每隔五天，所有文武朝臣都到垂拱殿来朝见天子，叫作百官大起居。正旦、圣节等大礼，在大庆殿；贺祥瑞、圣寿赐宴在紫宸殿；宴请外国使臣在长寿殿；试进士在崇政殿；赐宴在集英殿；郊祀称贺在端诚殿。

狭义的皇宫是指皇城之内的后宫，也就是皇家生活区，它是禁区中的禁区。外廷的所有官员、万民百姓，乃至宫廷中活动于其他范围的人们，都不能越雷池一步。只有一些获特殊恩准的尼姑道姑可以出入宫禁。宋朝的宫门之禁，法度最严密。擅自进入宫门者处两年徒刑；擅入殿门者处两年半徒刑；持兵器的罪加二等；擅入御膳所者，流三千里；擅入上阁者绞；持兵器擅入皇帝住所者斩。（《宋刑统》）可见，它是最森严的地方，因而又是最令人神往的神秘所在。

皇家后宫与其他居民区迥然不同的特点有二：第一，它的地位最高；第二，它的居民性别结构最特别，男性极少，女性极多，还有大量宦官。

后宫里的男性，除了皇帝和太子，另有少数几个未曾成年的皇子。在皇宫里，实实在在的男人只有皇帝和太子，而其周围却密布着大量的女性，而且大多数是年轻女性。

自私有制出现以后，奴隶主便把女性当成了私有财产。全国最大的奴隶主，拥有的妻妾与女奴自然最多。据说夏朝的后妃为12人，殷商时增加到39人。后来儒家学者在《周礼》中设计的所谓天子立六宫的妻妾模式，达到121人之多。西汉时，《周礼》这个模式尚未实施。自东汉、西晋以后，发展到隋唐两朝，六宫的设置与《周礼》设计的模式逐渐接近了。

宋朝的六宫后妃设置有所修改，大体上保持了如下结构。

皇后：在位皇后只有一个，死了以后，可以增补。

夫人：贵妃、淑妃、德妃及贤妃共四位，称"四夫人"，正一品。仁宗时，其生母病死之前，从顺容晋为宸妃。这是个特例。

嫔：昭仪、昭容、昭媛；修仪、修容、修媛；充仪、充容、充媛。共九人，称"九嫔"，皆正二品。真宗时，在昭仪之上还增设过淑仪、淑容、顺仪、顺容、婉仪、婉容。仁宗时，又在淑仪之上，再设贵仪。

婕妤：九人，正三品。

美人：九人，正四品。

才人：九人，正五品。

在才人之下，宋朝不再设宝林、御女与采女等八十一御妻，而设立六尚书、二十四司正等职事女官。她们可以封为县君、郡君、郡夫人、国夫人等。

其中有一些御侍：司衣，管皇帝衣服首饰；司饰，管膏沐巾栉服玩；司寝，管被枕；司药，管汤药。这是一些十分亲近皇帝的低级女官和宫女，如果机遇好，也有可能挤入上层。

南宋刘松年《宫女图》

例如："林美人，初为御侍，元丰五年八月封永嘉郡君，六年十月为美人。……魏美人，初为御侍，崇宁元年正月封安定郡君，大观元年五月进才人，二年二月进美人。……杨氏，崇宁元年二月封永嘉郡君，三年九月进才人，大观二年三月进美人。"（《宋会要辑稿》）

最幸运的要算仁宗的母亲李宸妃。她原是真宗刘皇后手下的一名宫女。一天，真宗赵恒在刘皇后阁中洗手时，李氏捧水上前侍候。赵恒见她的肤色像白玉一样耀眼，便跟她聊了起来。这名少女大胆地说："昨天夜里做了一个梦，梦见一个赤脚的羽衣大士，从天上下来，对臣妾说：'我来做你的儿子。'真是好笑！"当时真宗还没有儿子，听了这话，大喜，当晚便召她侍寝，果然怀孕。第二年生了赵受益，她就挤入了嫔妃行列。

南宋宁宗杨皇后，其母亲曾是高宗吴皇后门下的一个乐伎。其母死时，她才十一二岁，又被吴太后收入门下，宫中称她为剧孩儿，长大后，如出水芙蓉。宁宗赵扩在长乐宫侍宴曾祖母吴太后时，老是盯着这位窈窕淑女。吴太后会意，便把她赏给了赵扩，她后来居然当了皇后。

太祖太宗时代，与他们生活节俭的风尚相应，后宫的嫔妃与宫女数量不多，赵匡胤时为二百八十人，赵光义时也不过三百人。比起西汉高祖、文帝、景帝只有十多个宫女的情况来说，这已经是过于奢侈了，但与汉武帝以后的后宫相比，应该说是相当简省、相当清静的。西晋武帝后宫有一万人。武德九年（626）唐太宗即位，一次就放出宫女三千人。到唐玄宗时，

南宋刘松年《宫女图》

后宫竟达四万人。

当然，北宋的皇帝并非都能像赵匡胤兄弟那般简朴。仁宗时，后宫又有数千人。到了宋徽宗时，后宫美女大增，"盖以万计也"（《宋会要辑稿》）。

宋朝社会变化发展的大潮并没有绕过森严的皇宫，朝朝夕夕的冲撞，终于使皇宫内部的生活发生了一系列的变化。

最深刻的变化是后妃的出身结构。翻开《宋史·后妃传》，出身低微的，甚至低微得无从考稽其家庭的，比比皆是。

　　《宋史·后妃传》共为55人立传。出身低微者27人，约占全数的一半。另一半，有不少后妃的父祖只是官职稍高，并无多大名望。其家庭真正有名望的只有4人：太宗符皇后，符彦卿之女；真宗潘皇后，潘美之女；仁宗曹皇后，曹彬之孙女；神宗向皇后，向敏中之曾孙女。

　　两宋时期，婚姻不重门第的思潮，对皇宫的影响也是巨大的。这种后妃出身结构的变化，从另一个角度反映了宋朝社会阶级、阶层之间的互补性。除了赵氏皇族以外，社会高层的权位，不再由某些贵宦集团垄断。外廷的官僚队伍，通过科举考试等手段在不断更新，使下层的知识分子地位可能上升。内廷的妃嫔队伍，也不断地从下层出身的女性中吸取新的血液。司马光说："祖宗之时，犹有公卿大夫之女在宫掖者，近岁以来，颇隳旧制。"中下层的人，通过监劝牙人雇买，于是，军营市井下俚妇人也杂处其间，进入廷掖。在宫廷中机遇好，人缘好，本身条件好，也可能爬入高层。

　　在宋朝历史上占有一席地位的真宗章献明肃刘皇后，就是从低微的下层爬入高层的典型。她老家在太原，后来迁入益州成都，其父祖虽然都是中高级军官，但家道早已中落，她在襁褓之中就已成为孤儿，由母家抚养成人，稍大，"善播鼗"。《论语·微子》中提到鲁国有一个名叫武的乐师，也是善于"播鼗"。鼗，即拨浪鼓。可见她是个善于摇击拨浪鼓的乐舞伎。当时成都有个银匠叫龚美，携带她来到东京。她十五岁那年进入襄王赵恒府邸，赵恒的乳母不喜欢这个生性活泼的乐舞伎，上奏太宗，命令赵恒把她赶出王府。赵恒不得已，只得把她寄存于王宫指挥使张耆之家。赵恒即位以后，立即迎她入皇宫，升为美人、德妃。刘氏没有亲族，便把龚美认作兄弟，改为刘美。

真宗郭皇后死了以后，尽管许多大臣反对，大中祥符五年（1012）十二月，真宗仍把德妃刘氏立为皇后。由于她天资聪慧，又认真学习书史，有关朝廷的一些大事她都记其本末，真宗的许多政务处理，都得助于她。真宗晚年抱病，宰相寇准秘密奏请皇太子监国，企图削弱刘后的权力，事情败露，寇准罢相，丁谓代之。天禧四年（1020）七月，入内副都知宦官周怀政等谋划政变，企图奉真宗为太上皇，传位太子，废掉刘

宋真宗刘皇后

皇后，诛杀丁谓。密谋又一次败露。丁谓、曹利用等杀了周怀政，贬寇準为太常卿，知相州，徙安州，再贬道州司马。

真宗死，刘后挟十二岁的仁宗赵受益垂帘决事，仁宗坐在左边，刘太后坐在右边。五天临朝一次，在承明殿听政。实际上，遇有大事，太后还可临时召对左右大臣。她垂帘十一年，直到明道二年（1033）去世，享年六十五岁。她从一个微贱的乐舞伎爬到总揽朝纲的最高位置，是中国历史上罕见的。

北宋前期，入宫的少女一般在十三岁以下，并需要进行严格的体格检查。后来，宫女人数大增，这些规定自然有所放松。

入得宫来，经过考核，有的直接派到皇帝周围，有的分派到各个嫔妃门下，或者公主、皇子门下，这叫诸阁分。有的则分派到宫内各种办事机构从事服务。

后宫的一切活动都围绕皇帝这个轴心转动。皇帝的吃饭、穿衣、睡觉、读书与玩乐都要有特殊的安排，并有特殊的记录。宫廷有一种"郡夫人"级的女官，颇通文墨，每天派六人轮流侍候在皇帝左右，专门记录皇帝的日常活动。每写一张纸就立即卷起来，黄昏时，封好交付史馆。这些记录，皇帝是不准过问的，更不能修改。这些专职内夫人专住一宫，禁止皇帝入内，其宫门上有金字大牌写着："官家无故至此，罚金一镒。"

后宫中美女如云，广集各地山川之钟灵秀气。然而，除了极少数获得宠爱的嫔妃以外，在这里，真心的欢笑实在太少太少，流动的往往是被压抑的深潜的幽怨。"三千宫女胭脂面，

南宋佚名《宫沼纳凉图》

几个春来无泪痕。"她们被剥夺的不仅是爱的权利，还有被爱的权利。

因此，除了自甘沉寂者外，她们尽情梳妆打扮，强烈地表现对美的追求，这恰恰是心灵深处孤寂幽怨的激烈发泄。

在服饰上的新奇追求，磨炼出了一批高级的服装设计师与发型专家。她们的许多创作，曾作为一种流动的文化传播于市井之间。

仁宗时，宫中流行白角冠，号称内样冠，很快在民间流行开来。宣和年间，宫内制作的"腰上黄""任人便"这些时髦衣着，很快都风行全国。

嫔妃中也有一些善于裁剪的，如徽宗刘安妃即是。其人天资极为聪慧，善于打扮，每新制一件衣服，立即被人仿效。

宫娥当然不是自由的仙女，在等级森严的宫廷中，她们只是执役的奴仆，是可以赏给人的礼物。有时，还会被作为帝王特殊消闲的工具。

政和五年（1115），徽宗赵佶宴请辅佐大臣。君臣们先到崇政殿看了五百名近卫的军事表演，接着殿下排列一队英姿飒爽的宫女。战鼓擂响，宫女们一齐跃上骏马，像疾风似的奔出。她们往来驱驰，或者射穿新剪的柳枝，或者射穿悬挂的绣球，或者在飞驰中奋击丸球。射技高超，球技非常精彩。一旁观看的卫士不能不感到自愧。蔡京吹捧赵佶说：戎装少女的表演，说明皇帝"安不忘危"，乃天下之大幸。（《清波杂志》）其实，嬉戏一生的赵佶根本就没有认真想过国家的安危，他要宫女们飞射、搏击，无非是换个方法逗逗乐子。

蔡京的长子蔡攸作为童贯的副手，指挥军队伐辽。他入朝辞行的时候，见到赵佶身边站着两名漂亮的宫娥，便说："臣打了胜仗回朝时，陛下把这两名美女赐给臣下。"（《宋史》）

高宗赵构唯一的亲生儿子死了，便以赵伯琮与赵璩为养子。为了考察他们，每人赏赐十个宫女。结果赵璩同这十个美女都睡了，赵伯琮却没有动她们一根毫毛。赵构便立赵伯琮为皇位继承人。

绍兴年间，一次科举考试，赵构在阅览第三名陈修的试卷时，很欣赏他的一个对句，甚至摘录贴在宫殿墙上。待到唱名时，赵构问："卿有几位子息？"陈修对答："臣今年七十三岁，尚未娶亲。"赵构不假思索立即下诏，把一个姓施的二十三岁的宫女赏赐给他。当时市井间传笑说："新人若问郎年几，五十年前二十三。"

由于宋太祖立了规矩，不准后妃干政，不许她们交通外廷大臣，不许她们收受大臣礼物，更不许她们乱刮"枕边风"，加上其他一些措施配合，总体来看，两宋后宫较为清静。然而，后宫毕竟等级森严，从皇后、夫人、九嫔、二十七世妇，一直到服役的宫女，职守分明，阶梯分明，一级压一级。有等级，就有特权。围绕着权力，必然有争斗。宋朝后宫的争斗，比起汉、唐的宫廷大屠杀来说，斯文得多。

比较典型的事件，是仁宗时期郭后的废黜。

　　天圣元年（1023），刚接皇位的仁宗赵受益，不过十二三岁。过了一年，早熟的小皇帝特别宠爱张美人，想立她为皇后。可是垂帘的刘太后坚决反对，并且帮助他另找了一位皇后，姓郭。少年天子拗不过权势炽热的太后，不能不接受这种安排。十年之后，刘太后仙逝，挡在前面的大山崩塌了，青年赵受益成了货真价实的皇帝。

　　此时获得特殊恩宠的是尚美人与杨美人，仁宗对郭皇后有所冷淡。因此，年轻气盛的郭皇后也有些按捺不住。尚、杨两位美人依仗皇帝的支持，肆无忌惮，常常敢于与皇后顶牛，矛盾一天天加深。

　　一天，尚美人又向郭皇后挑衅，当着仁宗的面出言不逊。郭皇后忍无可忍，跳起来一巴掌打过去。谁知仁宗为了遮护尚美人，脖子正好挨了这一巴掌。身居九五之尊的仁宗居然受此大辱，而且感情上早已向另一方倾斜，哪能不暴跳如雷？身边的太监入内副都知阎文应趁皇帝火冒三丈之机，便挑唆着废黜皇后。

　　废皇后的建议一提出，整个朝廷受到震动。以宰相吕夷简为首的一派主张废后。仁宗一时还有点犹豫，吕夷简替他打气说："光武帝是东汉的明主，只因为皇后有些怨恨情绪，便把她废了，何况陛下您的颈脖子都被打伤了，严重得多，哪能不废？"

　　吕夷简为什么态度如此激烈？原来，就在这一年三月，太后死了以后，吕夷简上书要驱逐依附太后的张耆、夏竦等人。仁宗把这件事跟郭皇后说了。皇后说："吕夷简就不依附太后

宋仁宗像

吗？只不过他机巧善变而已。"于是仁宗连吕夷简也一并贬了。到了八月份，吕夷简复出，再度为相。有人把郭皇后对他的评价传递过来，他与郭皇后就结了怨了。

仁宗受吕夷简鼓动，终于下了废后的决心。吕夷简先布置中书门下不准接受台谏的奏章，声称皇后自己愿意入道，已封为净妃、玉京冲妙仙师，移居长乐宫。

反对废后的首先是一些言官。台谏奏章无法呈进皇帝，于是御史中丞孔道辅率谏官范仲淹、孙祖德及御史蒋堂等人来到垂拱殿要求皇帝亲自召见，与之辩论。但殿门紧闭，孔道辅频频叩响殿门铜环，大呼："皇后被废，为何不听台臣的意见？"然而，很快就发布了废后的诏书，一切皆成定局。

孔道辅等来到中书门下质问吕夷简，宰相理屈词穷，恼羞成怒，于是挑唆仁宗把这几位唱反调的言官赶出朝廷。

第二年，仁宗又发布命令：净妃郭氏出居瑶华宫，赐号金庭教主、冲静元师；美人尚氏废于洞真宫入道；杨美人贬出，安置于别宅。各打五十大板，总算稍稍安抚人心。

仁宗开了废后的先例，北宋的第七位皇帝哲宗赵煦步其后尘，也把一位孟皇后废黜了。后来，这个倒霉的女人伴随政坛风云变幻，几次沉浮，风风雨雨，颠颠簸簸，走的是一条苦涩夹着惊恐的人生道路。

哲宗孟皇后，四川洛州人，十六岁被选入宫，深得临朝高太皇太后和向太后赏识，立为皇后。哲宗亲政以后，把太后们垂帘期间的施政方针彻底翻了过来，重用章惇一派人物，重新打出变法旗帜。哲宗对太后们强加给自己的孟皇后，也就有了更多的反感。加之又有一个娇媚的刘婕好深受哲宗的宠爱，升为贤妃，孟皇后的处境自然更为艰难了。

宰相章惇曾诬告高太后有意废黜哲宗的帝位，这时他又暗地依附刘贤妃，串通内宦郝随，企图陷害孟皇后。其实孟皇后本人在政治上并没有表现出什么明确的见解，稀里糊涂地夹在派系斗争中升沉起落。

章惇们有意寻事，借孟皇后养母听宣夫人燕氏、尼姑法端与供奉官王坚为皇后祷词大做文章，牵连近三十人，酿成一桩宫中大案，结果孟皇后被废黜。

哲宗死，向太后垂帘。韩忠彦、曾布为相，把章惇、蔡京等人赶出朝廷。于是，一度又恢复孟氏的皇后地位，她返回皇宫，称为元祐皇后。不久，风云又变，蔡京等再度回到中央，又把韩忠彦和曾布等陆续打倒，并且圈定文彦博、苏轼、秦观等一百多人为元祐奸党，同时再度把孟皇后赶出皇宫，成了希微元通知和妙静仙师。

北宋王朝覆灭时，女真贵族把徽钦二帝、嫔妃公主、驸马、皇子、皇孙三千多人统统掳走。住在大相国寺旁边私第的孟氏幸运地躲过了这场灾难。张邦昌当了傀儡皇帝，为了招揽人心，又把孟氏迎进延福宫，称宋太后。不久，张邦昌的皇帝梦做不下去，只得脱掉黄袍，又以宰相的身份恢复孟氏元祐皇后的称号，她第三次进入皇宫，垂帘听政。赵构接皇帝位，称她为元祐太后、隆祐太后。由于金兵追打，她不得不离开了三进三出的东京宫殿，东奔西逃，辗转到了杭州，脚跟还没有落稳，一场苗刘兵变，白晃晃的刀枪逼着赵构下台，她又被从幕后推到前台，搞了一个月的垂帘听政。之后颠沛于建康，又被金兵追赶，逃难至江西、浙江。绍兴元年（1131），她一路惊吓未定，便匆匆结束了坎坷的一生，终年还不到六十岁。

这个女人虽然名位极高，但实际上是个典型的弱者，一辈子被人摆弄。她既是嫔妃争宠的牺牲品，也是派系斗争中的玩偶，在民族斗争中亦尝尽溃败奔命的酸楚。

贾宝玉说，女人是水做的。她们应该洁净如水，和柔如水。然而两宋后宫中，也有颇不和柔温顺的女性，光宗赵惇的李皇后即是一位。她将门出身，赵惇为太子时，封为皇太子妃。此人嫉妒心颇重，常常揭太子左右宠信者的短处，甚至无中生有，造谣生事。孝宗赵伯琮多次警告她。

当了二十八年皇帝的赵伯琮学他父亲赵构，六十三岁那年主动退位，当了太上皇。二十九岁的赵惇接位，李氏被册立为皇后。她对赵伯琮以前的警告耿耿于怀。

新皇帝心脏病比较严重，某天举行内宴时，李皇后为此请求立她的儿子嘉王为太子。太上皇赵伯琮不允许。她大声抗议："臣妾是六礼所聘，嘉王是臣妾亲生，为什么不能立为太子？"赵伯琮气得破口大骂。李后退下后，便牵着儿子在赵惇面前挑拨说，太上皇真有废掉皇帝的意思。赵惇被蛊惑了，便不再去朝见太上皇。他们父子之间的关系终于破裂。

赵惇曾经在宫中洗手，看见一名宫女的一双纤纤白手，非常喜欢。过两天，皇后派人送一盒食品给皇帝，打开一看，正是那名宫女的两只白手。多么残酷的妒妇！

赵惇非常宠爱黄贵妃，这便成了李后最大的心病。于是她趁着皇帝举行郊祀大礼住在斋宫的那天夜里，把黄贵妃杀了。为了遮人耳目，她声称死者是得了暴疾，猝然而死。

赵惇的病情越来越严重，她终于控制了大政。与此同时，便开始封赏她的家族。她父祖三代封王，回家庙朝拜时，推恩而当官的亲属就有二十六人。

放在历史的大观园里静观，她没有吕雉那种圆融的政治手腕，更没有武则天那种高品位的才干见识，也没慈禧那种纵横捭阖的机巧心智，她只不过是那种市井间以拨弄是非为乐的泼妇。她的存在，是市井风气侵入皇宫生活而又被传统作风扭曲

南宋赵伯驹《汉宫图》

的一种表现。

先秦、汉唐乃至元朝、清朝宫廷中的斗争，往往依照暴力的原则进行，从而酿成大规模的仇杀。宋朝后宫生活中的争斗，糅合了暴力的与非暴力的方式，但总的倾向是非暴力的，因而能保持相对平静的局面。

为了保证皇帝对嫔妃的独占，历朝统治者采用全方位封闭的办法，使后宫与外界高度隔绝，同时又使用一些不再具有性威胁的宦官承担皇宫中的执事役使。这个传统，宋朝帝王无法改变，但是，汉唐时期宦官专权的惨痛历史教训实在太深刻了，头脑清醒的宋朝皇帝不得不用尽心思，杜绝这些内竖兴风作浪，这也是宋朝后宫相对安宁的又一个重要原因。

宦官是一类特殊的人物。他们生理上的巨变必然破坏原有的心理平衡，出现心理上的变态，他们身上便潜伏着颇不安定的破坏性因子。可是那些拥有庞大后宫的帝王，那些需要与权臣们抗争的帝王，往往又不得不大量使用这种人，宠信这种人。唐中宗时，宦官总数达3000余名，超授七品以上的，就有1000多名。唐玄宗时，宦官总共4628人，其中高品达1696人。唐宪宗时，也保持这个水平。（《册府元龟》）

宋太祖赵匡胤下决心改变这个状况，使用宫女的总数压到很低的水平。宦官的数量也削减到50人以下。这个数字几乎相当于唐玄宗时期的1%。赵光义时期，后宫有所扩大，宦官自然要增多。淳化五年（994）确定黄门（九品）以上的宦官以280人为限。哲宗元祐二年（1087），曾一度限制在100人之内。南宋孝宗时期规定黄门以上为200至250人。只有北宋徽宗时有较大的突破，"动以千数"（《燕翼诒谋录》）。

宋朝皇宫的办事机构分为内侍省与入内内侍省。内侍省，又叫前省，或称南班。入内内侍省，又叫后省或北司。北司是深入后宫，最亲近皇帝的宦者机构，其官职设置，总头目叫都都知，下面设都知（正六品）、副都知（正六品）、押班（正六品）、东头供奉官与西头供奉官（从八品）、内侍殿头（正九品）、内侍高品（正九品）、内侍高班（从九品）、内侍黄门（从九品）。从官品上看，宦官的地位不高，最高者不过是正六品，相当于外廷员外郎，但最要紧的是不再假以其他官位与权限。

宦者长期与最高统治者亲近，能量大得很。有识之士都深深为宦官潜在的破坏性而担忧。司马光认为，宦者用权是国家之大患。因为他们可以出入宫禁，帝王们又与他们十分亲昵，不像三公六卿觐见皇帝还有一定时间限制。（《论唐宦者》）

北宋为了约束宦官，还采取了一系列的限制措施：不准他们保荐枢要大臣；不准干预民政；即使不得已派他们离京出差，也只专干一个差事，不准介入其他事务；禁止他们的家族和宗室联姻。南宋时，又重申禁约：不准内竖与举兵将官往来，不准拜访与接见士大夫，不准干预宫禁以外事务。

毫无疑问，在执行这些禁约的过程中，不会是一帆风顺的，但从总体来看，基本上坚持了有关规定。

雍熙年间，太宗派宦官王继恩率兵屯易州。王小波、李顺起义，又派王继恩率军队去四川讨伐。在镇压农民军的血腥屠杀中，王继恩出了大力，宰相们便一再主张晋升他为宣徽使。赵光义大发脾气说："前朝史书中的许多惨痛教训说明不能让宦官过问政事。宣徽使是晋升到宰相参知政事的阶梯，怎能以此付与宦官？只能授予其他官职。"于是只得另外设了一个"宣政使"的官衔授予王继恩。

赵光义使用王继恩已经超出了宫禁职守范围，却坚守了一道防线，不让宦官进入中枢政要部门。到了真宗赵恒时，王继恩越来越骄横，与参知政事李昌龄往来颇密，又与知制诰胡旦友善。胡旦为王继恩草制时，夸饰溢美颇为露骨。另外，王继恩也频频为他人求情请托，更有一些无聊文人向他大献赞美诗章。真宗看到了这种广结朋党的势头，立即把王继恩贬为右监门卫将军，把李昌龄也贬为忠武军节度行军司马，把胡旦削籍流放浔州。

后来的皇帝也陆续派遣一些宦者承担过军事任务，但事后一直没让他们获得颇富实权的外廷职务。仁宗时，有个宦官怙势作威，权倾中外。范仲淹准备上疏列举其罪，可是他担心皇帝袒护那名内侍，便做了最坏的准备。他把家里有关军事的书都烧了，并对儿子范纯祐等说："我上书斥责皇帝身边的小人，也许会得死罪。如果我死了，你们再不要做官，就在我坟墓旁边教书授业。"谁知奏章上去以后，深受仁宗皇帝欣赏，把那名宦官罢黜了。（《麈史》）这个事例再一次说明，宦官的势力没有形成气候。

到了北宋末年，赵佶重用宦官童贯与梁师成，就严重地破坏了百年的老传统。童贯、梁师成与蔡京、王黼等大臣相互勾结，结为一伙。童贯握兵二十年，杀气腾腾。赵佶封他为陕西、河东、河北宣抚使，领枢密院事，节九镇，封泾国公。在对辽的战事中，他被打得惨败，花钱买了几座空城，居然得晋封广阳郡王。直到被金兵重创，抱头鼠窜而归，无能的钦宗赵恒竟然还以这个阉竖为东京留守，可见北宋王朝已经腐烂到了何种地步。

北宋的覆灭，与童贯、梁师成的干预大政，流毒朝野，有极大的关系。不过，南宋时期没有再重复这种错误，而且竖宦们一直没有与外戚结成强大同盟，因此，两宋间基本上没有酿成阉宦专权之祸。

五代郭忠恕《宫中行乐图》

　　宋王朝为了寻求统治秩序的稳定，对外戚之患也精心地设置了重型防线。其总方针，与对军事将领的赎买政策相通。一方面给以爵位上、俸禄上的特别优待，另一方面则禁止他们获取实权。

　　封建时代，权力只是统治集团的财富。而分配这种财富的最高座主，自然是皇帝。因此，通过嫔妃的裙带关系来觅取权力，是一条最为便捷的途径。更有甚者，京城中一些豪富之家，又通过与嫔妃家族联姻，以外戚之外戚来获得一官半职。英宗治平四年（1067），侍御史说："已察访一些豪民与嫔妃之家通过贿赂为亲而得官者。"（《宋会要辑稿》）

　　帝王与外戚的关系，是封建时代婚姻政治的结果，也是血缘关系的一种补充。国舅就是皇家母系关系的主要支柱。这种裙带关系有一种巨大的潜在威胁，一旦接位的新皇帝处于幼冲之龄，就容易依赖母后家族的血缘亲属来控制大局，那么，就如梁冀、何进一样可能把政局弄得乌烟瘴气，就有可能像王莽、杨坚一样把皇帝踢开，取而代之。对于赵匡胤兄弟及其传人来说，都不愿意看到这些历史闹剧的重演。

　　经过仔细斟酌，宋朝首先从实权性的官位中排除外戚，不让他们担任宰相参知政事以及枢密副使等中枢首脑职务，不准他们担任侍从之职（宋朝侍从官包括殿阁学士、直学士、待制与翰林学士、给事中、六部尚书、侍郎等），也不准他们担任监司、郡守等地方官。事实上，包括所有文职官位都禁止外戚挨边，而只给他们刺史、团练使、观察使、节度使、上将军、大将军、将军以及阁门使、宣赞舍人、祗候等武官的虚衔，也不准他们真正去驾驭军队。

除了不让外戚获得实权以外，还不许他们与有职有权的官员往来，最重要的限制是不准外戚"通宫禁"，这就断绝了外戚与后宫的串联。反过来说，后妃们失去了对外戚的依托，这正是两宋时期后宫相对安静的一个重要因素。

许多后妃在这种大气候下也能够恪守祖训，不给自己亲属特殊的关照。仁宗赵受益自襁褓之时起，一直为真宗杨淑妃抚养。赵受益长大亲政以后，曾经召见淑妃的侄子杨永德，想要授予他诸司副使一级的官职（从六品），杨淑妃不赞成，最后只任命为右侍禁（九品）。前面谈到那位吃尽苦头的哲宗孟皇后，到了南宋初年，她已居太后大位，她侄子孟忠厚被任命为直显谟阁，这是一种用来加给监司等地方大员的贴职，显然不符合传统的禁约规定。言官们立即上章进行抨击，孟太后听到这些批评以后，立即让孟忠厚改授武职虚衔，并且要学士院起草诏书，规诫孟忠厚等不得介入朝政，不得交结中枢的重要官员，不准去宰相私第拜访。她的家族获得官位的将近80人，但她从来不替他们陈请制度许可之外的要求。

民俗的嬗变

欢愉的节日

　　繁忙的城市生活像是绷紧了的弦，然而，每个时代的城市都有自己的"生物钟"，它总是需要一定节奏的松弛。除了日常的游乐观赏，节日，尤其是全民性的节日，便成了调节繁忙生活不可缺少的一种特殊机制。

　　宋朝城市的节日依然离不开农业生产的节奏，但它毕竟鲜明地反映了市井生活的情致。一方面，在这里强烈地表现了封建等级的反差，士大夫与平民，富室与穷户，在节日的占有与消费上，对比十分强烈。另一方面，大密度的城市人口相当普遍地生活在商品交换关系之中。市场竞争，既互相排斥，又互通有无，彼此沟通关联，因此容易浮泛着一些融通的情绪与意趣。在节日里，这种情趣便更容易受到感染，得到发挥。

　　松弛与融通，使节日常常分泌着高浓度的欢乐与欣笑。

　　宋朝是个大量生产和加工节日的时代。旧的节日，它继承着，进行必要的加工和修补；新的节日，又源源不断地开发出来。从节日的性质来说，可以分为三大类：一是时序性的，二是宗教性的，三是政治性的。这些节日汇集在一起，密密麻麻，把城市生活装点得十分多彩、华美和热烈。

按先后次序排列，时序性的节日主要有这些：

元旦。又叫年节，正月初一。

立春。官府与市井都有献春牛与卖春牛的活动。皇宫之内也有献春牛之举，还塑制小春牛数十只，分送殿阁。这是春耕准备的象征性活动。

元宵节。正月十五，欢腾大节。

花朝节。二月十五，江浙一带流行。这一天，官僚与市民纷纷出城游赏，或者在各寺庙做道场。某些园圃中，有书画、玩器、花冠等物的买卖，还有荡秋千、斗鸡、踢球等娱乐活动。

上巳节。三月初三，上巳日。上古时人们去郊外洗濯、求偶、野合求子。宋朝，城市居民出城郊游，踏青娱乐。

清明节。冬至后第105天，为寒食节。禁烟火，家家门上插柳条，户户吃冷食。皇宫中叫小宦官钻木取火，先得火者，赏金碗一只、绢三匹。寒食后一到两日，即为清明节。从寒食到清明，官衙前后放假七天。城市居民纷纷出城扫墓。四野为市，歌儿舞女遍布园亭，寻花探胜极意纵游，买卖人、赶趁人也去赶热闹。杭州西湖还有龙舟观赏。这个节日，与其说是祭慰死者，不如说是生者广泛开展郊游活动。"成都自上元至四月十八日，游赏几无虚辰。"（《鸡肋编》）

端午节。宋朝把端午（初五）作为一个专称送给了五月初五，而且立为节。街市中，从初一就开始买卖桃、柳、葵叶、蒲叶、艾叶，家家户户将它们陈设于门首，驱瘟避邪，普遍吃粽子与五色汤丸。两湖、四川、两广、两江、闽浙一带的城市举行龙舟竞赛。这一天又是马的本命日，上层人家给马匹配上华丽鞍辔，在鬃尾上装饰五彩，于四处道路上遛放，夸耀主家气派。

七夕。北宋初，定为七月初六，太平兴国三年改为七月初七。街市上卖磨喝乐（小土偶）、双头莲。富贵之家在庭院中结彩楼，谓之"乞巧楼"。夜里，女孩们焚香列拜，望月穿针。两浙一带，就是小家子也买鹅鸭等食物，聚饮于门首，叫"吃巧"。

中秋节。八月十五。富贵人家登高楼，临水轩，设华宴，陈歌舞，竟夕玩月。一般市民也在家里或者去酒楼饮酒赏月。市井间玩月嬉游，通宵达旦。

北宋刘宗古《瑶台步月图》

重阳节。九月初九。这一天，上层人家以赏菊为乐，一般市民也买一两株菊花赏玩。居民们还彼此馈送糖面蒸糕——重阳糕，表示庆贺。不少人去郊外登高饮酒赋诗。

十月节。江浙一带，百花小开，谓之"小春"。城中士庶皆去郊外扫松，扫祭坟茔。北方城市居民也有出城绾坟的活动。

冬至。十一月。市井十分重视这个节日，往来庆贺，有如年节。岳祠城隍诸庙，香火更旺。遇上大年，皇帝亲自出城举行南郊礼，气势宏大。

除夕。或叫除夜。十二月二十四日为小节夜，又叫"交年"。不论穷富，皆敬灶神。贫者三五人为一伙，装妇人神鬼，表示驱祟，敲锣击鼓，沿街乞讨，谓之"打夜胡"。三十日为大节夜。家家户户洒扫门庭，换门神，钉桃符，祭祀祖宗，迎神供物，以祈新年安乐。皇宫里由皇城司的亲事官、诸班禁卫装扮镇殿将军、判官、钟馗、六丁、六甲、神兵、神尉、土地、灶君等，用上千人的化装游行队伍把鬼祟赶出去，一直赶出城外，谓之"埋祟"。市井间爆竹声不断，家家户户祭祖先，围炉团坐，酌酒唱歌，谓之"守岁"。

城市中的时序性节日，有的直接体现时令，如立春、清明、中秋、立冬、冬至；有的脱胎于宗教祭祀，如元宵、春社、花朝、上巳、中元节、秋社；有的主要体现节奏的调整，如年节、端午、七夕、重九、十月小春。这些时序性节日，虽然其价值不一，但是有一个共同的趋向，就是娱悦身心，求得心灵的慰藉，节日的娱乐性逐渐加强。

纯宗教性节日在宋朝城市生活中也占有十分重要的地位。佛教、道教以及多元的祠神系统都互相竞争，各自提出许多神灵的纪念日作为宣传手段。而且为了适应商品经济大发展这个社会背景，宗教性节日的商业化与娱乐化的趋向十分鲜明。

在宋朝的节日序列中，还穿插着一些政治性的节日。这些节日主要是皇帝与几位有影响的垂帘太后的生日，称为圣节。当他们去世以后，这些节日也就自然消失。此外，还有几个政治性节日：

天庆节　正月初三，真宗时天书下降纪念日。

开基节　正月初四，太祖登基纪念日。

天祯节　四月初一，真宗时天书下降纪念日。（后改为天祺节。）

天贶节　六月初六，真宗时天书下降纪念日。

先天节　七月初一，轩辕黄帝下降日。

天应节　十一月初五，徽宗见天帝降临纪念日。

设立皇帝、太后的诞日圣节，很明显是为了塑造皇家权威。其他政治纪念日同样也表现了这种功利性。宋真宗制造的所谓天书下降与宋徽宗制造的天帝降临，都不过是利用子虚乌有的天意来为赵宋皇统贴金。可是在那个时代，一般人都对天怀有不敢亵渎的恐惧感，因此，这些伎俩能起相当大的欺骗作用。不过，畏惧归畏惧，热情毕竟难以调动起来，所以，政治性节日一般只限于官府中人，广大的居民不直接参与。

农历正月初一，一岁之首，称为元日、元旦、元辰或者端日，也就是通常所说的年节。

跨入新岁，人们自然翘首而望，对新的年岁寄予许多美好的期望。失意的人们希望新岁能够出现柳暗花明的转机，彻底摆脱缠身的晦气。得意的人们希望更上一层楼，拥有更多幸运。一般的人家总是希望全家康乐，个个平安。这些期望又常常是通过祈祷、祝贺与欢庆等热烈的活动来表达的。

皇宫里的年节是最为气派的。如南宋临安，元日清晓，晨光熹微，人们便簇拥着皇帝到福宁殿龙墀与圣堂烧香。这一次他不是替自己和家属祈祷，而是以皇帝的名义为社稷、苍生祈求新岁风调雨顺，国泰民安。

随后，皇帝一行又前呼后拥去到天章阁神御殿。在这里，当朝的天子只是作为赵宋皇族的一名子裔，带着对先人的缅怀与敬仰，向列祖列宗的神主牌位敬酹献礼。

之后，皇帝回到福宁殿，以家长的身份接受嫔妃、皇子、公主的拜贺。我国古代最推重天伦之乐，节日的团聚便是这种乐趣的充分体现。皇帝在这里得到的快慰，也许比金銮殿上的朝拜得到的更加甜美。

最隆重的年节大礼，还是在大庆殿举行。

北宋末年，这一天在大庆殿前前后后执掌黄麾大仗的卫士就有5020人，其气势之磅礴不言而喻。

宰相率文武百官穿戴整齐，天没亮就在宫门外等候。诸国使臣也相继到来。宫门开启之后，庞大的朝觐队伍按品次高低由东阁门司、御史台和太常寺三个部门的官吏分别引领到大庆殿下。而后又经过严格调度，将官员们安排到位。

皇帝出场，头戴通天冠，身穿绛纱袍。他今天是否多了一丝节日的笑意，下面谁也看不清。他郑重地登上宝座，一幕幕庄严的朝拜剧就在雅乐声中表演开来。

首先是亲王、宰相率文武百官参拜，山呼雷动，匍匐叩头。其次是各州奏进官吏抬来方物土产祝节，也相继上殿跪拜叩头，高呼万岁。碰上大比之年，京城里来了大量参加科举考试的举子，他们派各路的解元作为代表，也上殿来向皇帝贺节。

接着，诸国使臣入贺。北宋时，大辽、西夏、回纥、于阗、大理、高丽、三佛齐、真腊、大食等国的使臣，也一起上前献礼祝节。

皇宫里的这场庆典颇不轻松，特别是那些上了年纪的老臣，即使在家里先喝了一大碗参汤，经过几个时辰的折腾，恐怕也有些腿软气喘支撑不住了。幸亏，在大礼之后，马上给文武百官赏了一顿美餐。

皇帝与大臣们的朝会大宴，绝不是寻常百姓家那种无拘无束的聚会。喝酒吃菜，程式烦琐得很。皇帝升座，百官们要给皇帝行礼上寿。皇帝举酒一、二、三、四、五盏，百官们也要举酒一、二、三、四、五盏。每举一盏都有不同的乐曲伴奏和演唱，与其说在欢聚，不如说在完成一种政治仪式。不过，君臣们至少不必为军国大事而大费唇舌，这是一种十分拘谨的休息。

　　能给这场高级庆典活动增添一点轻松情绪的是初二的活动。这一天宴飨外国使节。使臣们在大相国寺烧香之后，还要到南御花园射箭。宋政府也要选派一些臣僚伴射。这可成了一场特殊的国际性的体育竞赛。在古代，这是罕有的体育盛事。

　　对一般的外交活动，市民们没有多大兴趣。可是，穿插了射箭比赛，便激发了市民们的民族情感。如果宋王朝的伴射官员们表现出色，比赛胜利，他们便成了民族的骄傲。当他们穿过街市，市民们便自发地围聚起来，观者如潮，人们高呼口号，向英雄们表示崇高的敬意。在这里，人们的欢乐愉悦超出了个人、家庭的范围，属于高层次的精神共振。

　　年节属于整个社会，市井间节日的气氛远比皇宫里显得轻松欢快。人们在家里敬祀了祖先，或者去神庙表示一番虔敬之后，就开展了真诚的、热烈的相互拜贺的礼仪活动。接连几天，无论贫富，人们都换上新的或者洁净的衣服，走街串巷，访亲问友，贺年拜节。这个时刻，人们都忘记了怨恨与不和，也忘却了困苦与惆怅，四处洋溢着融和与欢洽。

　　统治者需要节日，需要社会的祥和与安定。老百姓更需要节日，需要心灵上的沟通与感情上的联结。宋朝城市没有现代城市中高楼文化那种冷漠，市民们走向街市，走向酒楼茶肆，以获得彼此间的交流与疏通。节日给市民提供的不仅是"生物钟"调整的时机，而且也给"感情结"调整的机会。

　　在东京城里，马行街、潘楼街、宋门外、西边梁门外、北边封丘门外以及州桥以南一带，许多铺户都结扎彩棚，悬挂华

北宋佚名《番骑图》（局部）

灯旗帜，四处都是大红、橘红、金黄。那些出卖珠翠、衣服、头面首饰、花朵、领抹、靴鞋与玩好的店铺，大年节也开门为顾客服务。叫卖食物、动使、果品、柴炭的商贩更不会放弃这一年一度的兴旺生意。瓦子勾栏也热闹非凡，到了晚上，一些贵豪富家的妇女入饮食店宴饮，入勾栏看戏，甚至入赌场下赌，习以成风，谁也不觉得有什么不妥。这种风气对于传统的习俗和观念确是一种巨大的冲击。

烧香，拜节，游玩，观赏，至少连续三天，人们的情绪都处在高度的兴奋之中。其实，正月里的欢腾，高潮还在元宵佳节，这才是一个令人如醉如痴的狂欢日子。

正月十五日，称为上元。夜里，家家户户都要把灯火点得通亮，因此叫元宵灯节。这个节日由来已久，先秦时代已经有了影子。汉朝人又把这一天说成是太阳神即太一神的生日。后来道教又说成是天官大帝的诞辰，唐朝推崇道教，元宵节就正式确定下来。但从宋朝开始，元宵节才受到高度重视。一是因为宋王朝进一步崇尚道教；二是城市坊墙被推倒，市民联系加强，全民性的节日更有活力。

中国南部的广州，元宵这天杂处着许多少数民族和外国商人，四方而来的游手闲民也很多，治安情况比较复杂，可是依然搞得十分隆重。仁宗康定年间，段少连知广州，他在元宵节组织了大型的灯火晚会，聚观者数以万计。突然有人报告，外国商人居住的"蕃坊"着火，僚属们惊恐万状，劝段大人立即停止晚会，以免酿成大祸。段少连却说："不行，晚会不能停！救火的事，交给有关部门去处理。"晚会没有停辍，人们十分佩服段大人临事不乱的镇定。观众正沉浸在节日的欢愉之中，一宣布停止，不仅可能造成巨大混乱，还将伤害群众的情感，可见欢腾的大节日对群众的生活是何等重要。

最热闹的自然是京城里的上元灯节。

北宋初期，皇城南面宣德门前的广场上和皇城东面东华门前都张灯陈乐。皇帝登宣德门城楼，或东华门城楼，或东西角楼，饮酒观灯，四夷蕃客依次把本国的歌舞献于楼下以助喜庆。不过，碰上用兵年月，出现灾荒，或遇大臣丧事，都取消灯节活动。北宋末年，社会比较富足，又有一个爱逗风流的皇帝，元宵灯节越闹越大。

宣德门前广场是元宵灯节的中心。

广场南面缚扎了大山棚，横列三张大彩门。中门叫都门道，左右称为禁卫之门，并且横列金字大牌——"宣和与民同乐"。山棚上结彩扎灯，并且画了许多仙人故事。

彩棚左右两边扎了文殊菩萨与普贤菩萨两个硕大的偶像，分别骑着狮子与白象。两菩萨的手可以摇动，五个手指头竟然汩汩流出清水。此外还扎了两条巨龙，裹青布，龙身里密密麻麻地藏着几万盏烛灯，临夜，灯光亮起，两条通明的巨龙仿佛在星空中飞动。

从灯山到皇城宣德门之间，长达百余丈，周围用棘刺围起来，称为"棘盆"，广场中设置两根高达数十丈的长竿，竿上悬挂纸扎的百戏人物，随风飘动，宛若飞仙。广场内设置了乐棚，扎了露天舞台，以便百戏表演。广场四周都有灯烛照明，东西南北不下十万盏。

除了宣德门广场以外，大相国寺也很热闹，在佛殿之前也设乐棚，由诸军作乐。两廊中还挂有牌灯，有的灯上写道："天碧银河欲下来，月华如水照楼台。"有的写道："火树银花合，星桥铁锁开。"寺内九子母殿，东西塔院以及惠林、智海等禅院，也都竞陈灯烛，光彩争华。此外，像开宝寺、景德寺都有乐棚，燃灯作乐。许多大酒店茶肆、香药铺席，也竞相挂出新奇灯盏，花样百出，使游人流连驻足。莲花王家香铺的灯火，不仅灯光形状最为新颖，而且还延请一些和尚道士打花钹、弄椎鼓，围观者挤得水泄不通。

说到灯品的新奇，不能不提到南宋临安的元宵灯。街市上挂出的有琉璃灯、福州灯、苏州玉棚灯、珠子灯、罗家万眼灯、沙戏灯、马骑灯、大铁灯、象生鱼灯、一把莲灯、海鲜灯、人物满堂灯等等。

东京城内外二十来个城门口，官府也都设置乐棚组织演出。许多街巷口子也安排了影戏棚子，引来了许多孩子和老者。

俞文豹《清夜录》说："宣和七年，预借元宵，时有谑词云：……奈吾皇，不待元宵景色来到，只恐后月，阴晴未保。"当年十二月二十一日，宋徽宗确实在睿谟殿张灯预赏元宵，曲燕近臣。（《挥麈后录》）可见，北宋末年，东京城里的元宵灯节，等不到正月十五早就"预借"了。其实，南宋临安准备得更早，"自去岁九月赏菊灯之后，迤逦试灯，谓之预赏"（《武林旧事》）。

元宵正式开幕是正月十四，闭幕是十八日或十九日晚。这几天几乎是倾城出动，男男女女、老老少少都在欢乐中陶醉了。

北宋末年，风流皇帝赵佶最爱热闹。正月十四日，他就率领宰相执政、亲王宗室一大班人马军兵去御街南段的五岳观敬香，直到晚上才返回皇宫。一路上，仅仅是仪仗队里红纱贴金的灯笼就有两百对，还有大量的琉璃玉柱掌扇灯、红纱珠络灯，仿佛几条红色的、金色的、玉色的火龙在游弋。实际上，这是一个高级的提灯游行，也可以说是元宵灯节的正式开幕。

皇帝一行回到宣德门广场，已是华灯大放，异彩纷呈。皇帝便绕"棘盆"一周，仔细观赏今年扎出的新样花灯。在这里顺便插一句，南宋临安鳌山上，山灯数千百种，极其新巧，最

醒目的是以五色玉栅簇拥着的"皇帝万岁"四个大字。（《武林旧事》）

十五日，徽宗皇帝又带领大群随从去上清宫向神表示敬意，直到晚上才返回皇宫。

十六日晚，便是东京元宵灯节的高潮。皇帝上宣德门城楼赏灯。城楼上也是一片灯海。辇毂之下的平民百姓，居然能够远远观瞻到这位超等太平天子的龙影。他如此风采奕奕，与民同乐。感情丰富的人们，多半感动得热泪盈眶。

在宣德门城墙下，左阙之下，是以郓王为首的诸宗室幕帐看台，右阙之下，是以太师蔡京为首的诸大臣幕帐看台。城楼上，常常有"金凤"飞到各个幕帐，送去皇帝对臣僚们的关怀与慷慨的恩赏。

兴之所至，皇帝也可能邀请个别老臣上城楼就座。太宗至道元年（995），赵光义就召请退休的宰相李昉上城楼，在御榻之侧赐座，这可是超级的恩宠。

宋朝的皇帝大多是文化人，臣僚们也多是进士出身。上元之夜，如此良辰美景，自然要触发他们的诗兴。雍熙二年（985）元宵之夜，君臣正在观灯，竟然瑞雪纷飞，于是赵光义与宰相宋琪等立即以"观灯夜瑞雪满皇州"为题，互相唱和。徽宗大观初年收复了湟鄯，观灯之夜，赵佶便作诗以示欢庆，其颔联："午夜笙歌连海峤，春风灯火过湟中。"要群臣唱和。开封府尹宋乔年不会作诗，便秘密求助于幕僚周子雍，得诗句："风生阊阖春来早，月到蓬莱夜未中。"大为时辈称道。（《容斋四笔》）

每当臣僚们获得皇帝的恩赏，各幕帐中的家伎乐队便竞相演奏最新的流行乐曲，与山棚露台上的演奏演唱相呼应，整个广场沉浸在鼎沸的欢歌喜曲之中。

灯山上，站立于山棚两厢歌唱的，是挑选出来的大批伎女。"棘盆"之中则集中了东京城著名的杂技艺人，由他们表演飞丸、走索、上竿、掷剑之类的高级杂耍，使观者眼花缭乱，真是"金翠光中实焰繁，山楼高下鼓声喧。两军伎女轻如鹊，百尺竿头电线翻"。

在南宋临安，这一夜也组织了大量艺人，编成数十支舞队，进行化装游行表演。表演者与观者打成一片，尽情狂欢。

除了宣德门等几处观赏点以外，东京的大街小巷畅通无阻，四处灯火通明。高墙深院里丝竹笙簧不断，许多中小家庭里也荡漾着笑语欢歌。

街巷中还有不少卖夜宵的，花色繁多，香味扑鼻。最有意思的是，那些小贩在他们背负着的小竹架上悬挂着许多精致的小灯笼，敲着小鼓，踏着舞步，转着圈圈向前走。这种被称为"打旋罗"的推销员之舞，可谓东京街头的一大独特景观。

宋朝不眠的元宵灯节，延续时日之长，规模之大，内容之丰富，远超过了唐朝。虽然，皇帝、宗室、高官大宦、富户豪商在节日的活动中依然处于显眼的地位，权势、财势仍然支撑他们高人一等，但是参与节日活动的，更多的是中下层平民。在宣德门广场，在大相国寺，在街头巷尾，围观的、流动的、嬉闹

南宋李嵩《货郎图》（局部）

的、呐喊的，主要还是千千万万的老百姓。演出的艺人们，扎山棚彩门的工役们，制作花灯飞龙白象的工匠们，他们的服务，他们的成果，实际上也主要面向了成千上万普通的观赏者。正是无数的中下层居民的参与，才使得这个节日热气腾腾。

在节日的狂欢之中，中下层平民得到的不只是一种生理上的松弛与精神上的快慰，而且感受到了自我的存在，这才是宋朝节日最宝贵的社会价值。

皇帝直接参与节日的一些大型活动，与民同乐，这是宋朝城市生活中出现的一种新风尚。

在节日里，皇帝大张旗鼓地去神庙敬香，与其说是皇帝去景仰神灵，不如说这是一种宣传神道与皇权的特殊手段，实质上这是给子民做个榜样，要求大家更加虔诚地敬奉神灵。其实神道并不能驾驭皇帝，而是皇帝驾驭神道。皇帝去神庙观瞻，无非是想利用神祇们来巩固他的权力。

　　至于皇帝与民同乐，这是宋朝统治者高明于其他许多朝代的帝王们的地方。皇帝虽然高踞于城楼之上，但毕竟与千千万万的臣民同观一场灯，同看一场表演，共同享受节日的欢愉。在这里，皇帝没有高深莫测的神秘，没有雷霆压顶的威厉，而是一个与万民同赏花灯的看客。比之于驰驱东西南北、四处刻碑勒石自吹自擂的秦始皇，比之于挽数千艘船只、多次游幸江都大摆威风的隋炀帝，宋朝皇帝们在大众心目中的形象确实要可爱得多，亲切得多。

　　在两性社交幽闭的古代社会，节日，常常为执着地追求个人幸福的男女们提供特殊的机遇与方便。无论是清明扫墓，重九登高，池园的游赏，庙会的礼拜，乃至像灯节里的人潮，都会出现许多情爱的碰撞、吸引与结合。

　　明人冯梦龙编辑的《醒世恒言》中，有一篇《闹樊楼多情周胜仙》的故事，这是宋人流传下来的一篇小说，它是根据《夷坚志》中《鄂州南市女》敷演加工而成的，故事写的是东京樊楼大酒店店主的弟弟范二郎与少女周胜仙的一段爱情悲剧。

　　踏青时节，皇家花园金明池开放一个月，范、周二位多情种子在此邂逅。多么难逢的机会。可是范二郎并没有拿出什么切实可行的办法来揪住这个机遇，倒是聪明的周胜仙随机应变，采取了一个大胆而又狡诈的行动。

　　她对卖糖水的小贩说："倒一盏甜蜜蜜的糖水来！"

南宋佚名《春游晚归图》

　　小贩高高兴兴地用铜制杯子装满糖水送上。谁知周小姐喝了一口，就把铜杯往地下一摔，大声斥责："好，好！你这个卖糖水的却来暗算我！你知道我是谁吗？"

　　卖糖水的一下蒙了头，不知所措。周小姐高声数落："我是曹门里周大郎的女儿，我的小名叫作胜仙小娘子，今年十八岁，从来没有吃过人家的暗算，今天你看着我是个不曾出嫁的女孩儿，就来暗算我！真是可恶！"

　　卖糖水的惶恐地说："告小娘子，小的怎敢暗算你？"

　　周胜仙说："盏子里有根草。"

　　卖糖水的小声说："有根草，也说不上要暗算你呀，小娘子！""你想卡我的喉咙啊！告诉你，只恨我爹爹不在家，否则，要跟你打官司。"卖糖水的实在摸不着头脑，范二郎可是心花怒放，那女子不是借题做自我介绍吗？他心头一亮，来个如法炮制。他也叫了一盏糖水，也斥责了卖糖水的小贩，借机介绍了自己的姓名、年龄、住址，还加上了个人的爱好、特长。效果还不错。

　　这种生活画面，多少被说话艺人进行了艺术夸饰。但是借着某些掩饰来传达自己的情意，正是那个时代生活环境的产物，因此在本质上，它并没有失真。

　　《古今小说》中收载的《张舜美灯宵得丽女》则更加典型。

　　张舜美是越州的一个书生，在元宵之夜观灯，看见一个丫环提着一盏彩鸾灯，后面跟着美女刘素香。张生一眼就迷上了这位美女，紧追不舍。而刘素香也有意于他，便丢下一块花帕，约他次日去七官巷家中相会。第二天，张生及时赶去，双双堕入情海，决心一起出逃去镇江，结百年之好。谁知两人在拥挤的闹市中被挤散。张生找遍所有街巷，最后在新码头上看见一只绣鞋，仔细一看正是刘素香所有。后听街坊说，七官巷刘家小娘子落水溺死。

　　被艺人们传播的这些动人故事，只是对千千万万真实事例的提炼加工，可见发生在宋朝城市节日里的爱情故事，是一种比较普遍的现象。

　　节日里发生的故事也不见得件件都是美事。

有个叫龚球的，是个落拓的官家子弟，他从外地回到东京，元宵之夜，见到一辆青毡车，帘子掀开，露出半张粉脸，于是他紧紧跟住这辆车子，走了很久很久。到了一个十字街口，车上跳下一个女子，提着一个青布囊，向龚球示意，而后飞快地走向一条小街。龚球赶紧追上去。

在一个僻静的地方，女子停下来对龚球说："我是李太保家的婢女，卖身之期已经满了。但是，他们不仅不放我，反而加重了我的苦差。今天晚上我趁机逃走，如果你能收容我，我愿服侍你一辈子。"龚球大喜，立即答应了。那女子便把青布囊交给他，双双携手而行。

走到一条小巷前，龚球对那女子说："我家就住在巷子里，你先坐在巷口等一等，我先回家禀报家人，再来接你入门。"女子觉得这话在理，何况已经到了家门口，近在咫尺，便对龚球说："快去快回！"龚球这个瘪三提着布囊从小巷子转到另一条街上，打开布囊一看，天哪，满袋子珍珠！他便三步两脚一溜烟跑了。那名没有见过世面的年轻女子左等右等，等到夜深，最后被巡街的市吏收留，卷囊私逃之事败露，她遭到鞭笞拷打，终于死在狱中。（《青琐高议》）

这种悲剧当然不是节日本身造成的。在宋朝城市中，私有制和商品交换都在发展，因此，行骗与被骗、善良与邪恶在这里碰撞是极自然的事。

庙会与术士

　　重阳节，东京各个佛寺都举行斋会。其中开宝寺、仁王寺的斋会叫"狮子会"。许多菩萨置于泥木狮子之上，有些和尚也坐在泥粉制作的狮子背上，或者摇铃作法，或者讲说佛经。这种别开生面的法事活动，吸引了许许多多的信徒与游客。

　　类似的宗教集会在宋朝城市中越来越频繁。临安城里所有的佛教寺院尼庵，每逢庚申日或每月之八日都设斋会，招引善男信女前来诵经。太平兴国传法寺建立的"净业会"，每月十七日召集男信徒，十八日召集女信徒，入寺诵经，设斋会听讲，年终用信徒们的捐款再做七昼夜的药师道场。

　　除了这些经常性的例行斋会以外，还有一系列宗教节日，更是吸引了千万信徒与看客。以临安为例：

　　正月初九，玉皇大帝生日，信徒们去承天观行香。

　　二月初三，梓潼帝君诞辰，四川籍的官宦集会烧香。

　　二月初八至十三日，霍山崇仁真君张渤（又叫桐川张王）的生辰，朝拜最盛。

　　二月十五日，长明寺与其他一些佛寺举行佛涅槃盛会。

　　三月初三，既是上巳日，又是北极佑圣真君生日，各道教佛教庙宇打醮设会；诸军寨以及殿前都指挥使司也奉香火集会。

三月二十八日，东岳圣帝生日，盛大集会。

四月初六，临安城隍神诞辰，大集会。

四月初八，佛祖诞辰，各寺庙举行浴佛会，西湖举行放生会，常聚集数万人；六和塔集童男童女，信徒举行朝塔会。

四月十五日，结制日。佛殿建楞严会，至七月十五日解制。

六月初六，磁州崔府君生日，阊门外显应观，贵戚士庶多来献香化纸。

七月十五日，建盂兰会。

九月二十九日，五王诞辰。

十一月初一，鬼节。

此外，某些时序性节日与政治性节日，有关宗教部门也参

南宋佚名《大傩图》

与集会，或者独自举行集会。

其他城市的宗教活动虽然不如东京和临安这样频繁，但一些基本的神祀活动是少不了的。各地还有自己特殊的神事。

宗教集会当然离不开宗教生活。虔诚的信徒们配合神职人员，通过各种宗教仪式，包括讲经说法、献礼祈祷、烧香放生等，完成宗教本身提出的各种任务，这是集会的基本程序与基本内容。然而，许多神庙集会在形式上、内容上以及社会效应上，又都大大超出了宗教本身，流动着其他生活画面。

神庙集会中最明显的生活渗透是娱乐，既娱神，更娱人，神人共乐。

北宋东京，每年六月二十四日，在神保观庆祝州西灌口二郎神的生日，集会十分隆重。

前一天，皇家就派乐队把后苑作与书艺局制作的精巧戏玩，诸如球杖、弹弓、弋射之具、鞍辔、衔勒、樊笼等，热热闹闹送到祀庙。祀庙大殿前露天戏台上又设了乐棚，教坊与钧容直都在此奏乐，并且表演杂剧歌舞。

有些香客当天夜里就睡在庙里，半夜起来，争着去烧头炉香。

二十四日天晓，各个官司衙门以及市井间各行各业的百姓都大事张扬，敲锣打鼓，或歌或舞，前来神庙献送供品。摆列在露台上的供品数以万计。

在神庙周围，有的扎台，有的圈地，官府的、市井的艺人都争先恐后地来此献艺，从早到晚，不曾断歇。

"如上竿、趯弄（蹬技）、跳索、相扑、鼓板、小唱、斗鸡、说诨话、杂扮、商谜、合笙、乔筋骨、乔相扑（假扮摔跤）、浪子、杂剧、叫果子、学像生、傝儿、装鬼、砑鼓、牌棒、道术之类，色色有之。"（《东京梦华录》）

在神殿前坪，还竖立着两根高得吓人的幡竿，艺人们上竿献艺。最精彩的节目是在竿尖端横列一块木板，艺人们站在板上装神鬼、吐烟火，极为惊险。

南宋临安同样有这种充满欢乐的庙会。二月初八，霍山真君生日，神庙周围也是百戏竞集，一直热闹到十三日。

有钱、有权的富贵之家，可以通过很多方式来消闲，而这种带着几分野味俗气的不大正规的娱乐，毕竟又可以调换一下他们的口味。至于一般老百姓，就会把这种散发汗臭的但不需门票的观赏看得十分紧要了。

在庆祝霍山真君生辰的过程中，西湖还安排了精彩的水上活动。

最先是龙舟游行表演。湖中有六艘大龙舟，龙舟上有人装扮十太尉、七圣、二郎神或其他神鬼。这些神灵一般都不摆臭架子，而是趔趔趄趄，逗人取乐。也有人打扮成快行（一种军兵）、锦体浪子（身上刺花纹的浪子）、黄胖（玩偶形象），他们活动在旗伞、花篮、闹竿和鼓吹乐队之间，增添了欢乐气氛。此外，那些戴着卷脚幞头，簪大花，穿红绿戏衫的摇桨手，摇着庞大的龙船慢悠悠地在水波中游弋，备游人观赏。

最精彩的是龙舟竞赛，由临安知府主持。在湖中立了标杆，上挂着锦旗、银碗和官楮（奖金），准备当场奖赏舟赛的优胜者。

龙舟赛前，有一个小节级，身披黄衫，头戴青巾，插孔雀尾，戴一朵大花，乘小舟抵湖堂，从知府大人那里取得命令，立即奔回小舟。他把小舟摇到湖中，挥动小彩旗，宣布竞赛正式开始。

几条龙舟便开始鸣锣击鼓，桨叶击水，顿起欢腾。它们分成两路，远远排列成行，如箭在弦上。当小舟上的节级再次挥动小彩旗，锣鼓大作，两列龙舟如箭离弦，齐头并进。龙舟两侧的桨叶搏击湖水，溅起无数水花，舟上的彩色旗帜前挥后舞，呼号雷动，奋力向前。

摇曳在西湖周边的游艇花船，围挤在岸边的游人看客，也跟着龙舟的拼搏欢呼喊叫，有的挥拳，有的击掌，有的咧嘴大笑，有的摇头咒骂。实际上，常常是看比赛的比参加比赛的更激动，更亢奋。

比赛结束，得胜者自然得到奖品与奖金。不过，即使失败了，组织竞赛的也不忘他们的劳苦，赏给酒钱。

由此看来，两宋时期，至少在临安一带，龙舟竞赛并非只在五月端午举行，更不是为了纪念三闾大夫屈原。三月清明节，也有"龙舟可观，都人不论贫富，倾城而出"（《梦粱录》）。再查《东京梦华录》，原来北宋东京同样如此。

宋朝神庙集会，还有一种特殊的娱乐活动就是游行。"每遇神圣诞日，诸行市户，俱有社会，迎献不一。"（《梦粱录》）所谓"社会"，就是祭神的集会。所谓"迎献"，就是诸行业以及官衙送献供品。这是一种特殊的游行。

　　被商业竞争浸透的各个行业，也把竞争带进了这种神事活动。"各以彩旗、鼓吹、妓乐、舞队等社。"（《梦粱录》）都极力要把自己的游行队伍搞得热闹，搞出特色。这虽然不如赛龙舟以决胜负为具体目标，但毕竟体现着一种比高低、争面子的态势。

　　富有的人们以及那些有一定权位的人们，总是想通过各种活动来夸耀自己的地位与富有。在这种游行活动中，自然也想占尽风流。"最是府第及内官迎献马社，仗仪整肃，装束华丽。"（《梦粱录》）官僚总是喜欢在马上做文章。马，是当

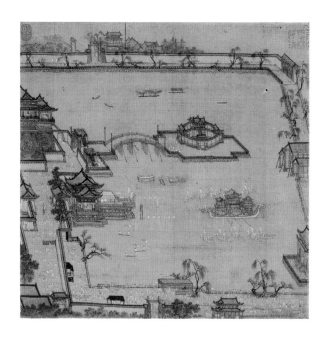

北宋张择端《金明池争标图》

时第一号的交通工具。把马打扮得华贵气派，就显出了马主人的高贵身份。

做珠宝生意的"七宝行"，其游行队伍更是令人眼花缭乱。他们抬出了好几桌珍异宝器和珠玉制作的殿堂亭阁，金光灿烂。

至于那些不大富裕的行业与团体，他们也想出奇制胜，赢得观众的赞赏。像临安城盛产花卉的东西马塍地区，他们抬着的供品就是那些形态怪异的松桧、千姿百态的奇花异草，的确也使人大开眼界。卖鱼行业的游行，最精彩之处便是那些难以见到的各种怪异的鱼虾与龟鳖，使观众见到了一个可爱的水底世界。

各种娱乐团体也纷纷游行亮相，肆意提高自己的形象。人们也的确特别喜欢欣赏那些创造欢愉、奉献欢愉的艺人。

遇到东岳圣帝诞辰，游行队伍中还有许多人装扮神鬼，还有人装扮成罪囚，戴着枷锁，接受神的惩罚。这些化装游行，更具有观赏价值。

除了游行以外，有的寺庙还别出心裁，抓住节日的时机，搞一些诱人的展览。如临安崇新门外的长明寺，举行佛祖涅槃盛会时，就开办了香花异果、珍异玩具以及名贤书画的展览。这些怡情养性的高尚娱乐，使枯燥、严肃的神事活动得到适当调剂，而且也确实开阔了人们的眼界，于是观者云集，竟日不绝。

神庙里的香火越来越旺，神庙外的买卖也越来越兴隆。卖小吃的、卖玩意儿的、卖小器物的，再加上唱戏的、玩把戏的，都挤到神庙周围来，为香客、游客提供服务。特别是神庙集会的那些日子，人山人海，生意十分红火。

年深日久，许多神庙周围便逐渐形成了定期的集市。南宋建康城里的"大市"就在建初寺的前面，"草市"在北湘宫寺之前，上元县的汤泉市就在汤山延祥院之前，栖霞市在栖霞寺之前。（《景定建康志》）

两宋最有名的神庙集市，还是要算东京大相国寺集市。这个大佛庙每月初一、十五与逢八，开放五次，允许老百姓在寺内做买卖。不仅东京城里的居民多来光顾，还招来了不少外地客商与顾客。

相国寺的集市里，"伎巧百工列肆，罔有不集，四方珍异

南宋刘松年《补衲图》（局部）

之物，悉萃其间"（《塵史》），真是个大博览会。从大山门起，一直延绵到资圣院，里里外外都是买家卖家，真有点摩肩接踵、联袂蔽天的气势了。

大山门上，集中交易珍禽奇兽、猫犬之类。天王殿、佛殿、资圣殿之前，三个大庭院临时搭起彩色帐篷，有的卖羹汤、时果、腊脯，有的卖蒲合、簟席、屏帏、鞍辔。佛殿旁，王道人的蜜饯在京城里颇有名气，赵文秀的笔、潘谷的墨也在此处出售，这是当时最行俏的文房二宝。

摆在两边廊庑中的地摊子，大多是各个寺院中师姑所卖的绣作、领抹、花朵、珠翠首饰、生色销金各种花色的幞头与帽子、丝织带子以及特髻冠子，色彩缤纷，款式多样，制作十分精巧，招来的顾客特别多。

资政殿前，大多是书籍、图画、玩好以及各路罢任官员带来的土产香药之类。这是士大夫和高层消费者喜欢光顾的地方。

袁褧父子在《枫窗小牍》中说，他们袁家收藏一册董仲舒的《春秋繁露》，缺了两页，借有关馆阁藏本与私人藏书校订时，也都缺了这两页。后来游大相国寺集市，在资圣殿前买得一册手抄本，两页不缺，如获至宝。

张邦基的《墨庄漫录》记述了作者的一段亲身经历。宣和年间，他游相国寺集市，看到一名南方来的知识分子在出卖一纸诗帖。它是用粗厚的楮纸写的，并且涂抹了一两个字，类似颜真卿的《祭侄文稿》，十分奇伟。仔细一看，原来是苏东坡被贬海南岛，北归临行之际送给秀才黎子云的诗。

从这两个事例可以看出，相国寺的集市贸易确实与众不同，许多珍品别处所无，这厢独有。

寺庙前定期集市的发展，加上宗教节日的长期渲染，各种欲望、需求与情致在撞击，在交融，并逐渐形成了一种独特的文化现象——庙会。在宋朝，这种庙会文化已经初步形成。它既有宗教的虔诚信仰，也有世俗的商业交往；它既有僧道们庄重的课诵，也有艺人们轻荡的歌笑；有的人为了寻觅西方的净土而来，有的人却是为了满足现实的享乐而至。圣洁的与庸俗的，拜神的与拜金的，理想主义的与功利主义的，都在这里碰撞。庙会文化的伟大之处，就在于对这些因素的兼容并包。商人们、艺人们、游人们乃至僧道们都和谐共处。更可爱的是，商人们愿意对神灵顶礼膜拜，烧香磕头，捐钱献礼，而僧道们也愿意学习商品交换原则，互通有无。大相国寺里就有王道人

南宋刘松年《博古图》（局部）

卖蜜饯，师姑们卖绣作。在广南地区，风气更为开放，"市井坐估，多僧人为之，率皆致富"（《鸡肋编》）。

佛门弟子经商丝毫无损于他们的名誉，这绝不是人们的宽容，而是一种巨力使然。其实何止单个的和尚道士经商，大相国寺以及许多庙宇也都作为一个实体加入商业经营者的行列。《春渚纪闻》说，有个叫法全的和尚与三个同伴就住在相国寺开设的邸店之中。

一方面，神庙依靠官方的资助以及信徒们的捐赠、施舍来开拓香火。如江宁的半山报宁寺，原是王安石的住宅"半山园"。王安石患病时，附近一个神庙派遣一位高医为他治病。病愈，王安石便把这座住宅捐献给了佛祖，同时他还给蒋山太平兴国寺赠送了一些田产。另一方面，神庙乂依靠超宗教的经营，包括商业、农业以及放高利贷来充实自己的钱库。其实，神庙的各种集会也是一种变相的商业经营，神灵卖给信徒们的是一点心灵上的慰藉，而信徒们则必须向神灵进行一些物资捐赠。

宋朝的神庙就是在社会经济发展中，特别是在商品经济发展中壮大的。人们总得吃饱肚子才能侍奉神灵，因此僧道队伍越扩大，神庙集会越频繁，就越需要社会经济的发展。正是宋朝城市经济有了较为充分的发展，才能养活一支庞大的宗教职业工作者。

庙会文化的兴起与发展丰富了宋朝城市生活，也丰富了传统的民俗生活。庙会的发展就像一幅多彩的通俗画长卷，连绵千年不断。

南宋陆信忠《十六罗汉降龙图》（局部）

　　大相国寺的集市一开，后廊里便聚集了大批术数专家，有的拉绳子挂上"神课""看命"的布条，有的在案前竖立着"决疑"的牌子。在这里，正悄悄地进行着一种玄妙的破解人生奥秘的交易。

　　在其他通衢幽巷，也处处皆有这种神秘文化的商业性活动。《清明上河图》里绘有开店设肆的专家，也有走街串巷的流动术士。据王安石说，在东京城里注册登记的术士，总数在一万以上。（《王文公文集》）一百多万人口的城市，竟然有一万多以占卜为业的，其比例之大，实在惊人！

南宋临安的术士为数也不少，在御街上摆摊的就有三百多人，中瓦子里更是"天下术士皆聚焉"（《贵耳集》）。

为什么宋朝城市中竟会有如此众多的术士？

当时的人们笃信每个人都有一个由外在力量掌握的命运，就连满腹经纶的苏东坡也同样跳不出宿命论的囿禁，他曾感叹万分地说："我对于人生无所多求，只需要两顷田解决一家人的粗茶淡饭而已。可是东奔西跑，始终得不到这点满足。难道是我的学问、才智处于困境，无可适应之所吗？或者真是人生自有定分，即使求一饱也像功名富贵那样不可轻易而得也。"在此，他表现了对命运的迷惘。他又说过："马梦得与我同年同月生，比我小八天。这一年出生的人，没有一个富贵人，以我与马梦得为穷困潦倒之首。"（《东坡志林》）一个人出生

《清明上河图》中的占卜术士

的时间就可以决定他的终生命运，或者说一个人的命运居然可以从自己的面貌、形体上表现出来，甚至拆解一个字、圆说一个梦，随意抽出一个早已准备好了的谶语，也能预示人们的吉凶祸福、穷达兴败。这些实在是太神奇、太玄妙了。各类术士使用的方法技巧虽然不一，但是，他们都不约而同地标榜自己是破解命运秘密、指点祸福迷津的预言者。

哲宗绍圣二年（1095），相国寺里坐着一名道人，专卖各种秘方，其中有个秘方叫"赌钱不输方"，于是有一个嗜赌的年轻人花了一千钱买了这个方子，价钱不算太贵。他把锦囊打开一看，秘方上写着："但只抽头。"意思是说，开个赌场，自己不参赌，只是抽点头子，这可就绝对输不了。（《东坡志林》）这个道人算不上正经术士，只是玩弄了一些较为浅薄的游戏。但他使问难者得到某种启示和忠告，这比之于其他术数并不逊色。

那么再看看正宗术数的事例：

赵佶登皇位之前，爵号端王，他是神宗的第十一个儿子，与哲宗赵煦为同父异母兄弟。二十多岁的赵煦一直没有子息，健康状况又不大好。元符二年（1099）元旦大典，赵煦没有露面，这可是个不妙的兆头。于是皇位继承问题便在他的兄弟之间成了十分敏感之事。赵佶隐隐约约看到一些征兆属意于他。但他既非赵煦的同母胞弟，又非排行在前，难道这只是他自己想入非非？赵佶感到迷惘，于是叫来一名亲信官吏，对他说："你带着我的八字去相国寺卜问吉凶，只说是你自己的八字。"

　　这名亲信来到相国寺后廊，几乎问遍了所有的算命先生，都只作了一般的推测，不中要领。最后见到一个衣衫褴褛的穷术士，他坐在其他术士之后，案前冷落，这名亲信便试探着去找他："先生贵姓，仙乡何处？"术士说："小可浙东陈彦也。"官吏把八字交给他，陈彦掐指一算，吸了一口冷气，说："官爷，这个八字不是你的，此乃天子之命也。"官吏大为惊骇，不敢声张，慌忙跑回，向赵佶汇报。赵佶听了，默然不语。元符三年（1100）正月，哲宗赵煦去世，宰相章惇主张由赵煦同母胞弟简王赵似接位。皇太后则认为，神宗诸子，申王最长，但有目疾，其次则是端王继位最合适。曾布、蔡卞、许将几位中枢大擘都附和太后意见，于是端王赵佶做了皇帝，果然为术士陈彦所言中。后来陈彦也因此而发迹，官至节度使。（《铁围山丛谈》）

　　类似这种点破迷津的记载，文献上可以搜罗不少。马可·波罗也说到，杭州有一种风俗，遇到一些重大事情便去请教星占学家。"有时人们发现，这些预言被事实所应验了。于是这部分人对星占学家便信若神明。大批这样的算命卜卦者，或者宁可说是术士，充斥市场的每一个角落。"（《马可·波罗游记》）

　　术士的大量出现，毕竟是一种历史的需要。

　　随着社会经济的发展，个人的社会价值与文化价值逐渐受到重视。商品经济的发展不仅使贫富分化加快，而且贫富的更替也越来越频繁。有的贫者发财致富，有的富者破产坠贫。科举制度成熟以后，一些中下层人士跻身于上层社会的可能性加

北宋王诜《柳荫高士图》

大。于是黄金梦、高官梦，就为敷演人生命运增加了巨大的诱惑力。大多数人都想在浑浑噩噩的人生旅途中找到自我，总想知道自己的命运在哪一条轨道上运行，然而大多数人自己毕竟无法与命运的主宰沟通，必须依仗于术数专家。

术士的大量出现，与宋朝教育事业的大发展也有着密切关系。知识分子"过剩"，一部分读书人不得不流向神秘文化这个领域。

最古老的占卜是卜筮，即烧乌龟壳、烧兽胛骨、撕扯蓍草。之后，陆续出现了占星、建除（占星的变种）、《易》卦、堪舆（看风水）、占梦、看相、阴阳五行、算命、六壬神课（五行、星术与占课的结合）、太乙九宫（占术与占课的结合）、拆字、扶乩、奇门遁甲（占星与占课的另一种形式）以及轨革卦影（用丹青卜吉凶）等多种形式。

占卜的对象，最初主要是有关国家兴衰、政治清浊的群体性大事，后来逐渐转向个人的穷达、寿夭与祸福。

到了宋朝，竞争的脚步声日益喧响，人们寻找个人价值的愿望也日益迫切，于是当时占卜行业中以算命术与相术最为风行。

相术，又叫看相，也就是通过对人的形貌、气色与声音的观察，来预言人的休咎祸福。这是春秋战国时期开始兴起的术数，两宋时期达到鼎盛阶段，其主要标志是《麻衣相法》的出现与流行。

北宋初年，有个著名的隐士叫陈抟，他在五代后唐时期科举落第，从此退出场屋，以山水为乐，隐居于武当山、华山以及少华山，自号扶摇子。后周世宗柴荣曾召见他，赐号白云先生。宋太宗太平兴国年间又召他来东京，待他甚厚，并赐号给这位将近百岁的老翁，称希夷先生。真宗时再次被召赴东京。（《倦游杂录》）陈抟不仅是个年事很高的隐士，而且精通相术。据说王克正（宋初大将王审琦的曾孙）死了，其女十余岁，跪于灵前，陈抟入吊。他出来以后对人说："王氏之女，吾虽不见其面，但观其捧炉之手相甚贵，日后当为国夫人。"数年之后，王女嫁陈晋公，没几天果然封为郡夫人。（《东轩笔录》）正因为他的许多预言都兑现了，于是在士大夫群体中影响很大。

宋太宗、真宗时代的名臣钱若水，据说青年时代曾向陈抟学习相骨之术。有一天，陈抟邀他来到山中一个斋舍，只见一个身穿破旧僧衣的老和尚闭着双眼坐在地炉旁烤火。钱若水向他作揖礼拜，老和尚只是微微把眼睁开，没有半点客气的表示。三人默然无语坐了许久，陈抟询问老和尚："这位钱公子怎么样？"老和尚摇头说："他没有那般骨相。"

钱若水起身告辞，陈抟约他三日之后再来。届时，钱若水如约前去。陈抟便说出了实话，说："最初，我见你神韵清朗，以为能学神仙之术，有得道升天的缘分，但我又觉得自己观察得不够精深切至，所以不敢轻易奉告，便邀请了那位长老来作出抉择。遗憾的是他说你没有仙骨，只有公卿之命。"钱若水问："那位长老何许人也？"陈抟说："他是麻衣道者。"（《湘山野录》）

麻衣道者，就是《麻衣相法》的作者。

先秦时，相术只是相面，经过长期的发展，把人体各个部分都作为考察的对象。《麻衣相法》第一次全面地阐发了相术的理论，被后世的相士奉为经典。

《麻衣相法》全书四卷。卷一，概论，解说人体各部；卷二，相面，分析头、额、眉、目、鼻、口、唇、人中、舌、齿、耳等各部与人生命运的关联；卷三，相体，解析人体各部在相术中的作用，特别说明了手足与人生命运的联系；卷四，相气，论说气色与命运的关联。

根据人体表部的某些表现推测出其人的健康状况，这是可信的。古代的某些术士有可能在长期的实践中观察到这些客观存在的联系，并且把它们用于自己的预言制作过程之中，乃至成了他们预言灵验的某种依托，这也是占卜术长盛不衰的原因之一。但是，术士们把生理、心理因素与生活表现的联系夸大或者拔高为解释人生富贵休咎的真谛，那就堕入了荒谬。

有些术士的预言之所以灵验，与他们细致的观察与缜密的推理是分不开的。占卜之术，其主要的支柱就是一套比较精巧的心理推测术。特别是占卜对象面向个人之后，满足人们的某种心理需要便成了术士们工作的主要目标。

古代的人们在自然界面前，在复杂的社会生活面前，常常表现得软弱无力，需要得到"拯救"或者"解脱"。他们来询问休咎吉凶，总是怀着美好的期愿，但又不能涤除对厄运的恐惧。这种矛盾的心理特别需要术士们的疏导与抚慰。当然，不同出身、不同职业、不同年龄的人群，还有不同的心理表现。高水平的术士十分准确地把握了这些心理状况，便能巧妙地满足不同人们的不同心理需求，这是占卜之术长盛不衰的另一个重要原因。

然而这些心理游戏与荒谬的术数理论本身毫无本质的联系，术数的生命并非靠术数本身来维持。

术士们的预言能否得到实践的印证，术数本身从来就没有给它们提供任何保证，完全靠碰。某些在肯定与否定之间选择的预言，碰中的概率是50%。那些模棱两可，既是肯定又是否定的预言，其言中的概率就是100%。因此，常常在那些软弱无力的心灵中形成十分灵验的错觉。

占卜与神道是我国古代神秘文化的两大板块。神道使超自然的力量神鬼化，强调的是神鬼驾驭着人世间的一切；占卜则把超自然的力量附着于人本身，演化成一种不可抗拒的"命运"，人的一生由命运驾驭。

就在对人的驾驭这点上，神道与占卜连接起来了。他们说，附着于人的命运，是由上天安排的，而且由幽冥间的阎罗系统执行管理，因此人还是离不开神。宿命论实际上建立在天人感应文化观念的基础之上，只要人们承认天与神的权威，也就会承认命运的不可抗拒。

宋朝城市居民还不可能跳脱这两种神秘文化的束缚。但是，他们强烈地希望从术士那里去了解自己命运的运转，这与那些完全听天由命的麻木灵魂相比，毕竟也有积极的一面。

敬神与造神

朱熹说，新安等地的风俗，特别崇尚鬼神，人们朝朝夕夕都如同生活在鬼窟里。出门稍远，便先进神庙作一番祈祷，而后才敢行动。士大夫路过此处，也要写上名刺，自称门生某某，进到神庙中谒拜。（《朱子语类》）其实，何止新安一带如此，那个时代，几乎每个角落，绝大部分人，包括上层下层，都沉浸在神道信仰之中。岭南、巴峡地区，甚至杀人祭神鬼，谓之"采牲"。（《宋会要辑稿》）人成了鬼神的下饭菜。

我国古代，人们把宇宙分为三个层次：上层，是天帝神灵所在的天堂，包括那些虚无缥缈的神仙世界；中层，是活着的人们奔竞其间的人世间，又叫阳间；下层，就是幽冥的鬼域——地狱，又叫阴间。另外还有游离于这三个层次之外的妖魔、野鬼，他们既未升天，也没有下地狱，但又不属人世间，只是经常在人间闹些别扭，甚至造成一些危害。人世间，除了皇帝至尊、黑包公一类特殊人物，以及某些职业法师，能够对鬼神世界有所干预以外，一般的人们在鬼神面前都是弱者。相反，鬼神们时时刻刻驾驭和捉弄着人世间的芸芸众生。于是，信神、敬神、怕鬼、避鬼，便成了人们不可缺少的生活内容。

标榜看破红尘的佛门弟子，常常在山村中修盖庙宇，占尽了名山大川。然而，信仰必须附丽于人，没有人谈什么信仰？因此，信仰总是随着人的流动而流动。人口密集的城市，才是真正的神道信仰中心。

神庙是鬼神接受人们膜拜的正规场所，神庙的数量与规模，就是神道信仰发达与否的一个重要标志。

苏州常熟县城内有祀庙7所、佛寺4所、道观4所，共计有15所神庙。（《琴川志》）秀州海盐县澉浦镇内外的神庙共计13所。（《澉水志》）南宋建康城内及近郊，除了社坛以外，有祀庙20所、道观3所（大量道观建于茅山）、佛寺27所，总计50所。（《景定建康志》）

南宋时期最大的宗教中心自然要算临安，其神庙之多，远远超出其他城市，根据《咸淳临安志》与《梦粱录》统计，南宋后期，临安城内外的神庙数量如下：

佛教寺院，447所；尼院，31所；庵，13所。

道教宫观，24所；女冠宫，9所；道堂，32所。

此外，还有皇帝御用的大寺观10所。

其他神祠：土神祠5所；山川诸神祠，16所；节义祠，6所；仕贤祠，47所；古神祠，10所；土俗诸祠，31所；东京旧祠，6所；外郡行祠，22所。

临安所有神庙总数共计709所。

一般来说，这些神庙都是被官府认可的。至于未被官府承认的民间私建所谓"淫祠"，为数也不少。徽宗政和元

年（1111），在开封府境内被取缔的"淫祠"就达1038所。（《文献通考》）

从上面列举的神庙可以看出，两宋时期广泛地流行着三个神道系统：一是多元而庞杂的神祀，二是佛教，三是道教。在古代相当长的时期里，政府基本上推行佛教这种兼容并包的宗教。如唐朝21个皇帝，只有武宗李炎进行过大规模的反佛教活动。后周世宗柴荣对佛教也不大客气，赵匡胤接手后，又大力推崇佛教，两宋三百多年，只有徽宗曾短暂地抑佛，"崇宁以来，既隆道教，故京城佛寺多废毁，先以崇夏寺地为殿中省，政和中又以乾明寺为五寺三监"（《夷坚志》）。

三个神道系统之间相互竞争排斥，也相互渗透融合。五花八门的祀神体系，民族色彩极浓，它缺乏一个完整的理论体系，但是它却像杂花野草，顽强地扎根于民众的信仰之中。至于佛道之间，从总体看，佛教的社会影响大于道教，佛教的神庙更多，僧尼数量也大大超过道士道姑。北宋真宗时佛教最盛。仁宗时，"民去为僧者众"（《宋史》）。全国有和尚397615人，尼姑61239人，其中东京开封僧尼共22941人。全国道士只有19606人，道姑731人。（《宋会要辑稿》）

北宋东京最有名的佛教寺院是州桥前东街信陵坊的大相国寺。这里原是战国时期魏公子信陵君无忌故宅，北齐文宣帝在此建成"大建国寺"。后遭战火，唐朝初年一度成为官僚园宅，以后又建为佛寺。唐太宗的孙子睿宗李旦，以相王身份即皇帝位，为了纪念这个龙飞九五的巨变，李旦下诏将大建国寺改为"大相国寺"，意即相王之国寺。北宋至道二年（996），宋太宗御笔题了"大相国寺"的牌额。宋朝人简称为"相蓝"。蓝，或伽蓝，指和尚居住的园庭。

根据一般惯例，神庙称"大"者，是因为其政治地位、宗教地位很高，或者规模宏大。大相国寺具有这两个方面的特点。就其规模而言，北宋时期屡经增修，体制大备，"其形势之雄，制度之广，剖劂之妙，丹青之英"，都首屈一指。从至道元年（995）开始，大相国寺重修前后花了七年时间，扩大修

北宋佚名《如来说法图》

缮的"殿庭门廊楼阁凡四百五十五区"（《玉海》）。后来又陆续增修，设置更为丰富。

　　大相国寺坐北朝南，大山门正对州桥东边通向宋门的御道。汴河在此经过，河上有一座大平桥，叫延安桥，俗称相国寺桥，南通保康门，构造相当宏丽，可与州桥媲美。寺门前有一对硕大的石狮，东西两侧耸立着两座三丈多高的石塔，与大桥相映，显得气势更加宏伟。山门五间，其中三间开为双扇大门，所以山门又叫"三门"；另两间对称站立四个张牙怒目的金刚力士，一般的寺院只有两个这种守门神，而大相国寺却加派了一倍。更为气派的是，山门楼阁上布列了五百尊金铜铸造的罗汉。据说，这些罗汉是跟随释迦牟尼听法传道的五百弟子，是佛祖的嫡系。在民间流传着不少关于他们的故事。例如，传说北宋神宗皇帝设斋求雨，十分虔敬，有天晚上梦见一个和尚乘马飞驰于空中，口吐云雾，醒来后，果然听到屋外急雨大作。第二天皇帝马上派内侍去寻访这个和尚。就在大相国寺山门楼上这五百罗汉中，内侍发现第十三位尊者颇像皇帝所说的那个和尚，立即迎入皇宫。神宗一看，果然就是梦中所见的那位！

　　走进山门，便是一个宽大的庭院。左右两个井亭，是唐朝留下来的建筑，极为工巧。庭院两侧，有宽大的廊庑。正北面是一座高大的神殿，叫前殿、引殿，也叫天王殿。大相国寺的天王殿与一般寺庙不同，其主角就是"四大天王"。

　　现代佛庙中看到的四大天王形象：东方持国天王持琵琶，

南方增长天王持宝剑，西方广目天王右手绕一蛇，北方多闻天王左手持银鼠，右手持伞。其实这些形象是元朝以后塑造的，宋朝以前，他们却是另一番打扮：东方天王左手把刀，右手持鞘；南方天王持剑，与元朝以后相同；西方天王左手持鞘，右手把赤壶；北方天王左手执矛，右手擎塔。在唐朝，北方天王是最受爱戴的，因为他不仅是一名大将，而且还是佛门中的财神，信徒们在钱财方面有所求，往往要向他磕头，加之吉祥天女是他的眷属，哪吒是他的儿子，名气便更大。到了宋朝，北方天王享受的荣誉有所分割，他本身的形象也被分割，托塔天王李靖就是从他那里分割出来的，哪吒也跟着姓李了。

前殿之后，又是一个宽大庭院，正北面就是相国寺的主殿，通常叫"大雄宝殿"，又叫大殿、佛殿。这座主殿横跨九间，高广异常，结构奇绝，雕镂穷极华侈。大殿内悬挂着许多巨幅的宝幢与胜幡，红色的大幔帐更显得气派，香炉、烛台、吊灯等十分华美。屋顶一色的琉璃瓦，屋脊高达五尺，脊上的走兽有一丈多高。

宋朝佛寺的佛殿供奉的主要神像，有的是三个，叫三佛同殿。但三佛所指又有差别，位置的排列也不尽相同。有的以释迦牟尼为核心，弥勒佛与阿弥陀佛居于左右，或者用药师佛代替阿弥陀佛。有的以释迦牟尼居中，迦叶与阿难为辅。还有一种布局是以弥勒佛为主尊，释迦与弥陀居于左右。大相国寺大殿的主神配置，情况不大清楚，有的材料只强调了弥勒佛。《瓮牖闲评》提到"大相国寺碑"，称寺里有十绝，其中之一就是大殿中的"弥勒圣容"。

南宋刘松年《罗汉图》

　　佛殿之后是三层楼的"资圣阁"。在当时人的眼里，它已参入云霄，十分高峻。在这里又安置了五百尊罗汉。据说宋太祖征讨南唐时，行营先锋使曹翰攻陷金陵，在城里抢劫了大量金帛，装了一百多只船。这样庞大的船队太张扬，为了掩盖，曹翰便扬言调船队去搬运江西庐山东林寺的五百尊罗汉。后来果然把罗汉抢到手，每只船上装载若干尊作为掩护，罗汉们终于帮他把财物押运了回来。（《宋史》）所以当时有人叫"押纲罗汉"。到了东京，皇帝下诏把罗汉赐给了相国寺。（《苕溪渔隐丛话》）

此外，相国寺里还有宝奎殿、藏经阁、仁济殿、法华院以及两座琉璃高塔等重要建筑。两厢还有64个僧院。神宗时，为了防火，进行整顿改建，合并为"八禅二律"。东边四个僧院以惠林为首，西边四个僧院以智海为魁。

在北宋一朝，大相国寺号称"皇家寺"，各院的住持都由皇帝任命，住持们辞职都得经皇帝允许。皇帝们也多次到这个寺庙来进行各种活动，观赏、巡幸、祈报、恭谢、宴享等。仅仅是巡幸考察，宋太祖前后5次，太宗3次，真宗11次，仁宗4次，神宗6次，哲宗6次。有关皇帝们到大相国寺来祈雨、祈雪的活动也有不少记载。一到皇帝以及垂帘听政的太后的生日圣诞，便派文武百官到大相国寺去行香祝寿，并且在那里赐宴群臣，有时皇帝本人也去烧香，参与庆祝。

除此以外，常常还有一些重大的政治活动也在相国寺内举行。例如君主疾病的祈祷，外使的烧香，重臣的追荐，君主忌日的纪念。凡登第中进士者，也都要在相国寺与兴国寺刻石题名。

通过这些活动，大相国寺的身价自然大增。皇帝要利用神灵，神灵更需要利用皇帝。有一次，宋太祖来到相国寺佛殿烧香，他问相国寺的大和尚赞宁，自己该不该对佛像下拜。赞宁回奏"不拜"。赵匡胤问："为何不拜？"赞宁说："皇帝陛下是现在的佛，不必拜过去的佛。"（《归田录》）这个大和尚向皇帝献媚，生动地表现了佛门需要依赖皇家抬举的世俗心理。

神本来就是人塑造的。当人们无法认识自我的时候，就把生命财产的保障、理想的追求、美好的期望乃至于某些无足轻重的心理上的安慰都寄托于外在力量的庇护与恩赏。而这种外在力量，往往就是人们自己塑造的神，包括风师雨伯、山鬼水母这些自然神，更包括佛祖玉皇、关帝岳王这些人物神。

"佛"字的本义是觉悟，就是对人生的根本问题有所觉悟。人们信佛就是希望得到这个觉悟。如何得到它？和尚们都在寻找成佛的最佳方法，于是形成了许多派别。两宋时期，禅宗这个派系取得主导地位，大相国寺就属于禅宗。

禅宗主张通过"坐禅"的方法达到成佛的目标。所谓"禅"，梵语叫"禅那"，意为静思。禅宗创始于南北朝的天竺和尚菩提达摩。到了唐朝前期，禅宗的袈裟传到慧能，由于师兄弟之间的争斗，慧能在北方无法立足，逃到南方，创立了禅宗的南宗。他们进一步提出"净心自悟"的主张。所谓净心，就是断绝一切妄念，自性自悟。谁能够净心自悟，顿时就可以成佛。他们还主张在家里也可以修行，不是非进寺庙不可。这种简易的修炼方法，既可以省去信仰者的许多麻烦，又可以超越寺庙容量的局限，对上层有吸引力，更受中下层欢迎，因而传布很广。这是南宗最大的成功之所在。

宋朝官方对于佛教的利用价值是十分清楚的。赵普曾称赞宋太宗说："陛下以尧舜之道治世，以浮屠之教修心，圣智高远，洞悟真理，非臣下所及。"（《遵尧录》）所谓修心，无非是把群众的注意力从对现实不满引向那个虚无缥缈的世界。

从佛教寺庙的制度看，宋朝官府也推行僧官制。设左右街僧录、副僧录等僧官。开宝寺为右街，相国寺为左街。前面提到的大和尚赞宁，真宗时就担任过左街僧录。

在寺院内部，禅林（又叫"丛林"）制度基本上完备。建方丈、法堂、僧舍和寮舍，以住持居于方丈，因而称其为"方丈"，或者叫"堂头和尚"。寺庙中一般分为东西两序。大相国寺就以惠林禅院领东序，智海禅院领西序。东序的职事有监院（俗称当家和尚）、副寺（知库）、维那、悦众、侍者、庄主等。西序有首座、西堂、后堂、堂主、书记、知藏、藏主、知客、寮元等。此外还有饭头、菜头、火头、水头、碗头、钟头、鼓头、门头、园头、浴头、圊头（净头）、塔头、树头、柴头、磨头、茶头、炭头、炉头、锅头、桶头、灯头、巡山、夜巡、香灯、司水、照客、听用等职事人员。如此细密的分工，说明这个皇家寺院的僧众为数不少。

大相国寺出了一些有名的高僧。北宋早期的赞宁，不仅政治上有地位，更重要的是他"洞古博物，著书数百卷"（《湘山野录》），而且长于口辩，纵横捭阖，人莫能屈，深受士大夫钦仰。

另一位高僧秘演，被誉为山东诗僧，与石曼卿、尹洙、穆修之辈交游。欧阳修说，秘演与石曼卿"皆奇男子也"。

北宋后期，宗本禅师很有声望，神宗皇帝认为他是"僧中之宝"。他是个恪守清规的虔诚和尚。传说宗本刚到京城，有一贵戚想试试他的操守，便安排了一名妓女陪他就寝。宗本登榻以后，鼻息如雷。"其倡为般若光所烁，通夕不寐。翌旦，炷香拜之曰：不意今日得见古佛。"（《中吴纪闻》）

好几十万的佛教徒队伍，都来自蝇蝇逐利的世俗社会，寺庙经常要与俗家男女打交道，特别是宋朝那些身居闹市的寺庙，更难抵御金钱与美色的诱惑。

相国寺星辰院有个和尚叫澄晖，竟然以艳娼为妻。（《清异录》）又如婺州有僧最爱吃猪头，一顿可以吃掉几个猪头，俗号"猪头和尚"。（《泊宅篇》）《夷坚志》记载，京城里有个和尚叫仁简，做水陆道场的水平很高，因此积蓄不少，而且他素来就不守戒律，不仅饮酒吃肉，并且是"靡所不为"。宋朝的广东更是风俗大异，和尚公开成家娶妻十分普遍，许多妇女也乐于嫁给这些比丘。尝有富家嫁女，大会宾客，有一北人在座，久之，迎婿始来，喧呼："王郎至矣！"视之，乃一僧也。客大惊骇，因为诗曰："行尽人间四百州，只应此地最风流。夜来花烛开新燕，迎得王郎不裹头。"（《鸡肋编》）

虽然在社会影响方面，道教不如佛教，但是自从唐高祖大力推崇道教以后，到了北宋，道教进入了发展的鼎盛时期。

道教创立于东汉中期，并不是先秦时期的道家学派，但是它把道家学说的哲学范畴"道"改造为神，又利用了道家学说中的某些神秘思想，虚构了一个包罗天神地祇人鬼体系完整的"十州三岛""洞天福地"的神仙世界。它鼓吹的是"得道成仙"，与佛教鼓吹的"脱离苦海"寻找极乐世界如出一辙。所以宋真宗说："三教（指儒、佛、道）之设，其旨一也，大抵皆劝人为善。"所谓劝人为善，首先就是劝人对封建统治不要诉诸暴力，安贫乐道。

在北宋，官府对于道教的热情超过了佛教。真宗时，创造了一个所谓赵家始祖赵玄朗来担任道教尊神，下诏封赠为"圣祖上灵高道九天司命保生天尊大帝"。

徽宗曾延揽了大量的山林道士，如信州龙虎山道士张继元被封为"虚靖先生"，方士王老志赐号"洞微先生"，嵩山道人王仔昔封号"通妙先生"。特别是重用林灵素，这名温州道士家世寒微，曾乞食于江淮诸寺，后来奔走东京，住在东太一宫。据说有天晚上徽宗梦见东华帝君召他去游神霄宫，醒来后派遣道录徐知常查访，恰好碰上了林灵素。这名落魄道士经常谈神霄之事，并在壁上题了一些"神霄诗"，与徽宗之梦巧合。于是召进宫里，徽宗与他问对，龙心大悦，便封他为"金门羽客""通真达灵元妙先生"，赐他金牌，随时可以入宫。在林灵素的蛊惑之下，赵佶更加陷入了道教的迷宫，他宣称自己就是神霄帝君下凡，甚至正式册封自己为"教主道君皇帝"。中央王朝的君主亲自兼任一个宗教的第一号长老，这在中国历史上是鲜见的。

道教为什么比佛教更受皇帝们器重？因为西晋葛洪在构建

道教的理论体系时，就把儒家的"纲常名教"糅合进来，直接维护君臣父子夫妇的伦理关系，这比佛教更适合帝王的口味。不过，老百姓与帝王的口味颇不一样，他们倒是更容易接受那种跳出苦海的佛门说教。

道教红火，对京城的生活影响很大，京城内外有几座威名赫赫的道教宫观，政治地位很高，景灵宫是其中的佼佼者。

景灵宫最初是真宗皇帝为了安顿"圣祖保生大帝"而在曲阜建造的。可是"圣祖"离当皇帝的子孙太远，于是不得不到东京来立个门户，就在御街北段建造了一个景灵宫，后来在街

南宋刘松年《松荫谈道图》

那边又建造一个，东西景灵宫隔街相对。仁宗时，在景灵宫里建造了真宗皇帝的神御殿。之后如法炮制，新皇帝都替死了的先皇帝在景灵宫建造神御殿。其实，当时在其他一些佛教寺院与道教宫观中也有这种建设。神宗时，进行了一番整顿，其他寺院宫观的神御统统撤销，只在景灵宫里供奉先皇帝及其皇后的神位，并且把太祖、太宗的神位补上。这样一来，景灵宫就成了第二个太庙。尽管如此，它还是道教庙宇，由道士主持宫事。

正式的太庙只供神主牌位，而景灵宫供奉的是塑像，瞻仰的可观性自然很强。南宋临安同样建造了景灵宫，也同样供奉先皇的神像。于是每年孟春、孟夏、孟秋、孟冬就来景灵宫举行祭祀。这属于宗庙之礼，在位的皇帝都必须亲自参加。皇帝一来，其家属包括六宫后妃和王子王孙，还有文武百官，自然也跟着来。如此众多的贵人巨宦出动，阵势一定不小。

皇帝皇后去世的日子叫国忌，碰上这种日子，文武百官、后妃王子也要分批到景灵宫行香。此外，每次任命新的宰相，也必须进景灵宫向圣祖保生大帝叩谢。各地新到任的官吏，一般也要到所在城市的道教庙宇天庆观行礼。

北宋东京城里，出皇城宣德门到景灵宫不过一里半里，颇为近便。南宋临安便不一样了：南宋的皇宫在临安城的最南部，景灵宫却在城的西北角，由韩世忠儿子献出的住宅将就改建而成，与皇宫相距有七八里之遥。"四孟驾出"，先一天就拨出6200名军兵，安排在各条街道警戒。第二天，皇帝大驾出动，队伍的序列有98组，起码有三四千人。这支浩浩荡荡的队伍穿过大街，简直要地动山摇了。老百姓必须远远回避，沿途的诸司百官却必须扎结彩门，跪拜迎接。这是一种非常有效的宣传，皇权与神权紧密地拥抱在一起。

此外，诸如太一宫、玉清昭应宫、上清宫、太清观以及万寿观等，都是高级的道教庙宇，它们对皇家的生活也有重大影响。

两宋三百多年，造神运动一直搞得热火朝天，这一点最明显地表现在多元的祀神系统。人们在不断地造神，而宋政府对于那些被它认可的祀庙一律采取积极支持的态度，"自开宝、皇祐以来，凡天下名在地志，功及生民，宫观陵庙、名山大川能兴云雨者，并加崇饰，增入祀典"（《宋史》）。熙宁年间，采纳太常博士王古的建议，凡属诸神祀没有爵位的，都赐给庙额。已经赐过庙额的，加给爵位。最初封侯，然后可以封公爵，最高的可以封王。其神在生前有爵位的，依其原有爵位。妇人之神，可以封为夫人，高的封为妃。至于封号，最初用二字，再次加号可达四个字。（《宋史》）通过这些封赐，给予神祇们各种名分，从而对这些民间的信仰加以控制。

所有的皇帝都是热衷于造神的，宋真宗赵恒表现得尤为突出。

表面上看，赵恒远没有他伯父赵匡胤和父亲赵光义那种开创基业的雄风，实际上，他也并不是等闲之辈。如果说前两个皇帝主要是打江山，草创了一个有一定规模的王朝，那么，从真宗开始，就应当考虑如何保成守业，维持赵家王朝的基业。为此，他干了两件大事：一是不惜用重金向北边的辽王朝购买

了边境的和平，这一点不容易被人们理解，总以为这是宋王朝
屠弱的罪恶之源；二是花费大气力加强对意识形态的控制。这
两条正是保证宋王朝长治久安的战略性决策。他不仅继续推行
崇儒政策，大力推崇释氏，醉心于道教的建设，而且更积极鼓
吹多元的祀神系统，最轰动的事件是去泰山封禅。这个活动是
在对辽战事失利以后进行的，有遮羞、转移视线的作用，但从
长远考虑，还是着意于用神权来为皇权护法。

在宋朝之前，只有秦始皇、汉武帝、东汉光武帝、唐高
宗、唐玄宗五位皇帝上过泰山祭天。就连唐太宗那样的君主，
也不敢轻易去获得这种"受命于天"的最高褒赏。赵恒是第六
个，也是最后一个干这桩大事的君王。为此，他串通参知政事
王钦若、知枢密院事陈尧叟与宰相王旦等，搜索枯肠制造了一
系列舆论，先后搞了三次天书下降的宣传。

仅举第三次为例。一幅用黄绸子写着赵恒名字的天书，
居然飘落在泰山垂刀山的一棵树上，被一个樵夫发现，立即报
官，小官立即报大官，地方立即报中央，中央又立即派专使驱
往泰山取下天书，然后又飞骑捧天书送入东京。这一来一往、
一去一返地接送天书，轰动效应就产生了。

为了配合宣传，在天书第三次下降之前，赵恒还撒了一个
弥天大谎，说有个穿红衣的神人，曾下降皇宫前来告诉他，天
书将降。

各地又陆续地飞驰献上灵芝、嘉禾、瑞木，报告各种祥瑞
的出现，气氛十分热烈。加之由宰相王旦率领文武百官、诸军
将校、僧道门人、藩夷使节及庶民百姓的代表，共24000多人联

宋真宗像

名上书，强烈要求皇帝上泰山，造成了民意难违的假象。

经过九个多月准备，大中祥符元年（1008）十月初，赵恒终于率队伍浩浩荡荡从东京到泰山"为民祈福"。十月下旬，他登上泰山祭昊天上帝，并封赠了东岳大帝等一些神祇，盘桓六七天。十一月初又专程前往曲阜进谒孔庙，加谥孔子为玄圣文宣王，大力表彰孔门，赏赐孔家后裔。这次封禅真是一箭多雕，既昌隆了道教，又替儒家抬了轿子，更重要的是，充分证明了赵家王朝承天应命的合法性。

五岳山神在宋朝很受重视。真宗去泰山封禅，就对东岳的岳神大加褒奖。唐玄宗登泰山，给东岳神的封号只是"天齐王"，真宗则封岳神为"天齐仁圣帝"。这么一来，其他四岳之神也捡了便宜，都成了圣帝。五岳神的形象是逐步完善的，宋朝的粉饰是最为关键的一环。从此，五岳圣帝变成了人们生活中不可缺少的偶像。

南西北中四岳，一般只在其所在区域的城市里建庙。而东岳庙则在全国许多城市中出现，香火很旺。南宋临安城内外就有三座东岳行宫：一在城中央吴山；一在城西三天竺附近的西溪法华山，叫新岳庙；另一座在汤镇的顺济宫之侧。《梦粱录》说还有两座东岳庙，一在临平，一在崀山。"五岳"既是祀庙，又是道教神庙，这表现了两种神道的融合。

宋朝造神运动，与城市生活更密切的是城隍神的普及。城隍神者，城市的守护神也。"城隍为一城境土最尊之神。"

（《宝庆四明志》）这种神祇，至少在三国东吴时期就出现了，不过，相当长的时期里没有受到重视，到了唐朝中期以后，在南方的小部分城市中开始崭露头角。

唐文宗大和年间（827—835），李德裕在成都修建了城隍庙。李白作的《天长节使鄂州刺史韦公德政碑》也谈到城隍庙的祭祀。杜牧为黄州刺史、韩愈为潮州刺史、麴信陵为舒州望江令之时，都有过城隍之祭。

到了宋朝，随着城镇的蓬勃发展，城市生活空前活跃，城市保护神便也应运而起，"今其祠几遍天下"。（《宾退录》）有的城市建其专庙，也有些地方将其附设于其他庙宇。选择哪一路神仙来担任城市的守护神，当时政府没有做统一规定，各个城市可以自行决定。不过许多城市都采取了比较保守的做法，挑选的是历史上已有声望的人。像镇江、庆元（北宋为明州）、宁国、太平、襄阳、兴元、复州、安南诸郡以及华亭、芜湖两县选的都是纪信（汉高祖刘邦的将军，被项羽烧死）；隆兴、赣州、袁州、江州、吉州、建昌、临江、南康等地选了灌婴（汉初大将）；福州、江阴选了周苛（刘邦的御史大夫，被项羽烹死）；真州、六合尊英布（汉初大将）；和州尊范增（项羽的谋士）；襄阳的谷城尊奉的是萧何（刘邦的宰相）。也有一些城市以当代人作为城隍，如南宋淳熙年间，李异为龙舒长官，有德于民，他死后，当地人把他当成城隍之神。各地城隍的封爵也不同。如临安的城隍，南宋初封为保顺通惠侯，南宋末为显正康济王；台州的封为顺利显应王；吉州的为威显英烈侯。（《宾退录》）

造神最自由最方便的是造那些没有一定型号的神，如节义祠、仕贤祠以及土俗祠等，这是中国多神教中极多彩的部分。当然，为其立祠，成为一个受人跪拜的神，总得有一定的表现。按当时约定俗成的标准有五条：一是有恩惠施于民者；二是为国为民捐躯者；三是对国家有大贡献者；四是在抵御寇患中立功者；五是抗御自然灾害中表现突出者。

根据这些标准，所立之神，不少是上层人物。如南宋建康就有吴大帝庙、晋元帝庙、晋谢将军庙、伍相（伍子胥）庙、南唐李主庙等。（《景定建康志》）关羽在宋朝也被作为神祗奉，宣和年间封他为义勇武安王，孝宗时加封英济王。宋朝上层人物被立祀庙的有：何承矩、李允则、曹琦、李继和等，有功于一方；韩琦、范仲淹、孙冕等，有惠政；王承伟、张夏，于兴修水利有功；曹觐、赵师旦、苏缄、董元亨、马遂，死于乱贼；王韶、李宪、刘沪、郭成、折御卿、王吉等，皆有功业。此外，寇準死于雷州，人们怜其忠而立庙；中山一带为赵普立庙；南宋孝宗封岳飞为岳武穆，在杭州栖霞岭为其立庙；在杭州西湖苏堤上，有三个"三贤堂"，供奉的三位贤人除唐朝白居易以外，还有林和靖与苏东坡两位宋朝名士。

神是神圣的，但不是可望而不可即的。佛教不是宣扬人人皆可成佛吗？道教也宣扬有志者可以成仙，就连理学家也主张人人皆可为尧舜。只有这样，才对广大群众有较大的诱惑力。为了使老百姓尊奉神，就要使他们也怀有可以成神的一线希望，哪怕极其渺茫。临安城里盐桥有个广福庙，供的神姓蒋，就是个地道的老百姓。他是杭州本城人，生于南宋建炎时期，一生乐于行善，每年秋天买粮食储存，当米价腾升的时候，他按收购的原价出售；灾荒之年，就无偿地施舍给饥民。他临死时，还规劝两个弟弟像他那样力行好事。为了感激他的恩德，市民们为其立祠，行香求卜的又多灵验，于是信徒接踵而来，门庭若市。（《梦粱录》）

临安城钱塘门外保俶塔下有个显功庙，其神叫岳仲琚，本是临安府的一名小吏。建炎初年，金军侵入本地，他卖掉家产募勇士三百人抗金，并且为国捐躯。活着的人便为他立庙。

前面说到的立祀标准只是一种不成文的共识，实践中有较大的灵活性。例如，严州城辑睦坊北有个招商神祠（《景定严州续志》），反映市民希望发展商品经济的意愿相当强烈。严州城郊还有个仁安灵应王庙，其神叫邵仁详。他为人倨傲，对官府中人更是如此，有一次去拜会县令，县太爷怪他傲慢无礼，大发淫威，竟然把他鞭笞致死。他临死时对人说："我三天之内一定要报这个仇。"到了第三天，果然雷雨交加，一条数十丈长的大白蛇来到县衙，县令立即被吓死。人们又听见空中有人喊道："立庙祭我，我当造福于你们。"于是人们为他造庙。这个故事多半是后人杜撰的。（《淳熙严州图经》）

被政府取缔的"淫祀"，许多就是这类由老百姓塑造的神灵。尤其是那些在民间秘密流传的下层宗教，根据民众的选择来造神，就更为平常了。

除了神庙以外，还有许多祭祀神鬼的活动是在人们的家里进行的。

南宋刘松年《天女献花图》

　　同人们日常生活联系最密切的神祇中，常见的有门神、财神、灶神、中霤之神（即后来的土地公婆），此外还有厕神。

　　在宋朝城市居民的心目中，最会捉鬼的门神是钟馗。唐朝吴道子画的《钟馗捉鬼图》影响很大，宋神宗曾经下令雕版印刷，赐给亲近大臣。宋朝大画家李公麟、马麟等也绘了不少钟馗的画。有些话本、杂剧也写了钟馗捉鬼、钟馗嫁妹的故事，钟馗名声大噪，于是许多人家就请他来担任守护门神。后来历史上有一些著名人物也被人们选为门神，如刺秦王的荆轲，唐太宗的两名得力大将秦琼与尉迟恭，刘备的两位将军赵云与马超。杨六郎的两员大将孟良与焦赞为人憨厚，人们一般推举他们站在牛马猪羊圈门口守护牲畜。不过，这些门神的出现大多是明清以后的事了。

　　宋朝人十分重视灶神。《吕氏春秋》说，祝融死后为火神，东汉应劭的《风俗通义》干脆说他是灶神。唐朝段成式的《酉阳杂俎》就把灶神换了，说灶神叫张隗，长得像个美女。灶神充当的是特派员角色，其主要任务是对人们的家庭生活进行监视，每个月都要上天去汇报人们的过错。犯大错，可能受到剥夺三百日阳寿的处罚；犯小错，也要剥夺一百日阳寿。

到了宋朝，频频上天去打小报告的灶神已不大讨人喜欢，灶神也似乎有点疲沓，不再月月都上天去参加碰头会，但每年十二月二十四日到天上去汇报一次，那是躲不掉的。由于商品经济的发展，商品交换原则也开始为灶神所接受。所以家家户户赶在灶神上天之前，有的烧纸钱，贴灶马于灶上，有的用酒糟涂抹灶门，谓之醉司命。（《东京梦华录》）更多的人家则摆上酒肉供果祭祀，敬献他一些好吃的，无非是要堵住他的嘴。南宋孝宗时，范成大写过一篇《祭灶词》，十分生动地反映了这种生活："古传腊月二十四，灶君朝天欲言事。云车风马小留连，家有杯盘丰典祀。猪头烂熟双鱼鲜，豆沙甘松粉饵团。男儿酌献女儿避，酹酒烧钱灶君喜。婢子斗争君莫闻，猫犬触秽君莫嗔。送君醉饱登天门，杓长杓短勿复云，乞取利市归来分。"

门神与灶神，自先秦以来就有，但是这两种神祇在宋朝城市居民家庭中的存在与变化说明两个问题：第一是需要加强安全感。所谓防止恶鬼的侵扰，实际上也是祈望防止人世间恶鬼的侵犯。宋朝家庭更认真地选择门神，是市民生活水平有所提高的一种心理折射。第二是神灵的监视稍有放松。毫无疑问，当时人们在神灵面前还没有独立的人格。但是，人们对灶神过多的监视与汇报已经有了怨言，灶神也不得不把工作搞得简单一点。其实这正是市场经济发展以后，对宽松环境的一种客观要求的反映。

美的争夺

　　张择端的《清明上河图》画了800多个人物。骑马的有官员、富豪，也有富家妇女。活跃在街头、桥上、船上的大多数人物都是中下层市民，诸如商贾、小贩、茶酒博士、打杂仆役、纤夫船工、挑夫、搬运工、车把式之类。他们的服饰穿着，在形制上大有差别。有的长衣，有的短褐。只是由于画卷的人物比例太小，色泽单一，很难更生动、更精细地表现宋朝

《清明上河图》中的人物

城市居民服饰的风采。

当时，人们的穿着概括起来有两个突出的特点：一是等级性鲜明，二是装饰性强。

官与民是当时两个最大的等级。为了表现等级上的尊与卑，在服饰的形制与色泽上严加区别。这是个老传统，就说隋朝，官方规定衣服的颜色："胥吏以青，庶人以白，屠商以皂。"（《隋书》）

宋朝初年，老百姓和胥吏（官府中的小吏）只许穿黑白两色衣服。太宗端拱二年（989）再一次明确规定：县镇场务各色胥吏、平民、商贾、工匠、占卜以及不隶属于官府的民间艺人，其衣装颜色，一律只能使用白与黑，腰带只能用铁或牛角做钩子。

城市里，老百姓的服饰还添加了职业上的特点。"其士农工商，诸行百户，衣装各有本色，不敢越外。"（《东京梦华录》）例如典当铺里的店员穿黑长衫，束牛角钩子的腰带，不戴帽子；香药铺里裹香人则是顶帽披背；占卜的术士都穿长衫，头戴披云巾；在校读书的成年学生一律白色长衫；乐伎艺人，有的戴笼巾式的帻，也有戴团冠与幞头的。

封建统治者大力提倡这种服饰上的职业表征，让人们固守在自己的行业，不能越外。这是服饰等级性规定的重要补充。在那个时代，诸多职业分工本身就是不平等的。

官僚们的服饰装饰性很强。不过，在这里，装饰的主要功用是为了表现社会地位。

住在京城里的朝官，除了丧服以外，通常还要准备四类服装：

第一类是祭服。顾名思义，这是用于参加祭祀大典的礼服，特称冕服。冕的突出特点是头冠上放置一块冕板，冕板前后都垂挂着若干串冕旒。作为祭服，宋朝的君主与大臣都使用它，只是在冕板的长短、冕旒的数量以及衮服上的章纹（即图案花纹）上，表现皇帝与官员们的等级。

第二类是朝服，又叫具服。大朝会时，皇帝与群臣分别戴冠。皇帝常常戴通天冠，臣僚们分别戴进贤冠、笼巾貂蝉冠、獬豸冠。

第三类是公服，又叫常服。平日上朝与办公时穿用。

第四类是便服，公余家居之服。

这些服装，头衣、体衣、足衣和佩饰，根据官员的级别，都有十分烦琐的规定。下面只说说公服的大致情况。

公服的基本形制是：头戴左右横出的直角幞头；上衣为长袍（也叫长襦），曲领，大得出奇的宽袖；大袍内衬长衫，在长衫的下摆之上罩一块横襕，即为下裳；脚上穿乌皮靴。这是一种相当笨拙的服装，就说它那对袖子，至少可以装下两个孩子，举手、伸手、垂手，都极其不便。

这种官服最关键的要素，是上衣的色泽，它们最鲜明地表现官员们品位的高低。

用颜色来划分人的尊卑贵贱，不能不说是我国传统文化中的一种痤疽。

官服上的束带（腰带）是体衣的重要部件。宋朝的束带由皮革制成，叫"鞓"，它是由前后两条扣接而成。皮带上并列一排装饰片叫"銙"，銙片有玉、金、银、犀、铜、铁、牛角与石质之别，銙片的质地与纹饰又是表现官品等级的重要标志。

一般说来，玉銙由皇帝与皇太子使用，间或赐给亲王与贵戚。此外，三品以上大臣的朝服可以采用玉銙，平日却不能施用。四品以上的高级官员，使用黄金銙片。穿红色大袍的中级官员，可用金涂银的銙饰。级别更低一些的官员们，只能用银片或质量较差的犀角片。

体衣上还有一个十分重要的佩件——鱼袋。从唐朝开始佩鱼袋，用来盛放朝官们出入宫禁的刻符（通行证）。宋朝沿袭了这种佩饰，但其功用发生了重大变化。鱼袋不再用来装放通行证，而是系在公服腰带后面，又用来区别官位的高低。太宗雍熙年间规定：服紫者佩金鱼袋，服绯者佩银鱼袋。其他官员不能问津。武官们即使穿紫色袍，也不佩鱼袋。医药、天文等技术官员，即使受浩荡皇恩，赐紫色、绯色大袍，也不能佩鱼袋。鱼袋竟成了高级文官的一种特殊标志。

北宋前期，各殿阁学士是三品高官，服紫，可以束黄金腰带，马前还有一名朱衣小吏为之引马，唯独不能佩金鱼袋。进了"二府"，当了宰相副相或枢密使、副使以后，便既可束金带，又可佩金鱼袋，马前还有两名朱衣小吏引马。于是，当时在馆阁中职位较低的人们，渴望着晋升为学士，便作诗说："眼里何时赤？腰间甚日黄？"当了学士又希望进入"二

府"的，作诗说："眼赤何时两？腰黄几日重？"（《东轩笔录》）

宋朝的头衣主要有冠、巾、幞头和帽。

男性的冠，有大小之分。平民可用小冠，大冠一般属于上层，如通天冠、远游冠等。

巾，就是头巾。最简单的办法是用一块布来裹头束发。一般穷苦人便如此。《清明上河图》中的船夫、挑夫、马夫、车夫、轿夫以及小贩、仆役几乎全部都是戴这种简朴的头巾。白沙宋墓一号墓甬道东、西壁画上的仆役也是用头巾裹头。

士大夫戴的头巾，其屋加高，比起瓜皮小帽气派得多。当年有名的东坡巾，又叫乌角巾，是"快活天才"苏东坡的杰

《清明上河图》中的船夫

作。它四面有墙，墙外还有一层或两层矮墙。人们常说"文如其人""字如其人"，在这里，应该说"帽如其人"。这个头巾构思十分新颖，它既对称又不平衡，既庄重，又洒脱。这正是苏东坡这位大奇才的才思、风韵与气度的体现。东坡巾很快就风靡南北，直到明朝仍为许多骚人墨客所钟爱。

山谷巾也颇为有名，为黄庭坚所制。还有华阳巾，据说宋太宗退朝以后就喜欢戴这种头巾。另外，流行的还有仙桃巾、双桃巾、唐巾、软巾、云巾等。

幞头也是由头巾发展而来。北周武帝时，将裹头之巾裁出四脚，两脚反折于头上打结，两脚垂于脑后。隋唐以后，再加以改造发展，出现了黑漆桐木幞头。五代四川孟蜀时，用黑漆的纱巾制成固定的帽子，便成为乌纱帽，幞脚的材料有硬有软，形状也颇不相同。五代湖南楚王马希范，别的本事不大，在头衣上却要来个前无古人，后无来者，于是他把幞头的两脚加长，长达二丈有余。

宋朝，幞头广泛流行，上下通用。南宋萧照所绘《中兴瑞应图》，上自皇帝赵构，下到护卫，都戴幞头，只是形状不同。沈括说，宋朝的幞头有直脚、局脚、交脚、朝天、顺风五类。（《梦溪笔谈》）具体的形制更丰富。例如还有销金花样幞头、牛耳幞头、银叶弓脚幞头、玉梅雪柳闹鹅幞头、高脚幞头、黑漆圆顶无脚幞头、一脚指天一脚圈曲幞头等等。

官员们在公开场合喜欢戴直脚幞头，两脚伸开，笔直无华。据说，官员们上朝时，幞脚直而长，可以防止交头接耳。

一顶高级幞头价值相当可观。王安石退归江宁，居于蒋

南宋萧照《中兴瑞应图》（局部）

山（今南京钟山）。佛寺中有个学佛者，是山下的农家子，王安石送给他一项旧幞头，要他带去给父亲使用，可是那个老农不敢戴这种幞头，便将它在街市上卖了三百贯钱，可见价钱不低。后来王安石派人帮老农赎回，在幞角上细细刮磨，露出了灿灿黄金。（《墨庄漫录》）

至于帽子，大多数是圆顶的。此外还有藤草编织的席帽，以及毡质的毡帽，一般为平民百姓所戴。

足衣亦有多种。乌皮靴，为士大夫所用。平民穿布鞋、棕鞋、草鞋。南方人喜欢穿木屐。宋朝人穿的袜子也有长袜、短袜，但是，与今天袜子的最大区别是，一般没有袜底。

　　女性服饰的形制、花色一般说来要比男性丰富得多。宋朝城市也是如此，特别是在节日时、在庙会上。

　　最高贵的女性莫如皇后，据规定，她有五类服装，其中袆衣是受册封、大朝会等重大集会时才穿的。现在能看到的宋神宗向皇后画像，穿戴的就是这种服饰的典型式样。她头戴九龙

宋神宗向皇后

四凤冠，身穿青地五彩翟文上衣，深青色为基调的大袍，使人感到一种特别庄重的情味。

其他有官品的命妇，服饰的等级性也十分鲜明。在政治气氛强烈的场合，她们的穿着只是一定的政治符号。

我们还是抛开那些烦琐的等级服饰，从服饰的一般形式来看看宋朝城市的女性装束。

妇女们通常的装扮是，上着衣，下穿长裙（即下裳），老老小小都如此。只穿裤而不着裙的，十分少见，只有某些骑马的女子，偶尔作如此打扮。

春秋两季，妇女们喜欢穿一种叫"襦"的短上衣，紧身，袖子窄长，可以表现身段的线条。颜色的选择已经突破了官方的限制，比较流行的是红色、金色与紫色。"紫襦叶叶绣重重"（庞元英《老妇吟》），已不是上层独有的现象了。

到了冬天，平民妇女多半穿短袄，夹层中加绵，色彩也比较丰富。

上层社会的官太太往往穿长袍（长襦），尽量表现一身华贵。

炎热天气，妇女们通常穿衫。大多是轻软材料制成，轻而薄，袖子较短，多半绣花。所谓"花落罗衫自掩门"（潘阆《逍遥集·宫阙杂咏》），正是这类衣着的写照。衫子，有时也可以作为衬衣，着于里面。

还有两种甚为流行的外衣：

一种叫"背子"（褙子），又叫"绰子"。男女皆用，适应面宽，尤其受女性垂青，上自皇后，下至媒婆、妓女，人人都喜欢穿这种十分洒脱的长外衣，它是直领、窄袖，腋下衩子开得很高，色彩丰富，比现代流行的风衣更贴身。

另一种叫"半臂"。半臂者，短袖也。这是一种在"背子"基础上稍加改造而成的外衣。富于创造性的女工们还把它裁剪成为无袖的，可长可短，灵活性很大。

女性的内衣，有抹胸与裹肚。

此外，围腰也是一种重要的女性服饰。北宋后期，皇宫里的宫女喜欢系鹅黄色的围腰，叫"腰上黄"，并很快流传到市井，大家争相仿效。至于下层劳动妇女，通常喜欢系一块青花布围腰，既实用，又是一种美的装点。东京酒店里打杂的"焌糟"女子，就是这种打扮。

裙子的色彩丰富，红色为上。最流行的多为绫罗绢纱所制的长裙，"行即罗裙扫落花"，飘曳洒脱。市井间对服饰最敏感的是歌舞艺伎，她们就爱穿大红石榴裙。

"轻屦来时不破尘，石榴花映石榴裙。"（张先《浣溪纱》）其他少女也有喜欢小花密布的彩色罗裙的。唐朝妇女的裙子喜欢束在胸部，宋朝稍稍下放，一般束在腰上，身段的自然美有较多的表现。年龄较大的劳动妇女多半穿青色裙。

城市中的妇女还流行披帛，也叫领巾。披上一条飘洒的长巾，体态轻盈的女性风姿更为婀娜。许多青楼女子尤其看重这件装饰品，她们常常要一些风流名士在披帛上题诗绘画，有些类似现代请名人签名留念的做法，重要的效用在于抬高妓女们的身价。可见披帛是一种富有表现力的特殊装束。舞伎们还有一种特殊裙带与披帛相似。北宋文人李廌曾经在襄阳沈氏家喝酒，在侍儿小莹的裙带上题了一首诗："旋剪香罗列地垂，娇红嫩绿写珠玑。花前欲作重重结，系定春光不放归。"

女性的鞋子常常被长裙遮盖，因此，最好是穿尖头鞋，才有一星半点显露的机会。北宋末年，东京城里流行"凤头尖"，鞋尖上两种颜色交错，叫"错到底"。后来还有人从天人感应的角度解释说，这个"错到底"就是北宋王朝覆灭的先兆。

头颅是人体最常外露的部分，也是决定人们美丑的最关键的区域。因此，自古以来，人类各个民族都在孜孜不倦地从事头颅上的粉饰装扮。我国古代妇女喜欢在头上戴冠子或插些钗钿进行装饰。宋朝城市女性在这方面的努力，比前人，比后人，都毫不逊色。

《清明上河图》中画了几个骑马的妇女，戴的是帷帽。这是一种大席帽，周围垂挂薄纱以遮面部。这固然有遮挡风沙

《清明上河图》中戴帷帽的妇女

的效用，其实还有一层用意：古代汉族的男人们都不喜欢让自己的妻室女儿在大庭广众暴露其庐山真面目，可是妇女们又常常受自我表现欲望的驱使，喜欢公开自己的容貌，于是来个折中，戴一层稀薄的面纱，甚至是大孔的纱网，既可表现其秀色轮廓，又增添了几分神秘色彩，使观赏者大有欲罢不能之感。

宋朝市井间的风流女性，以及皇宫里的少女们喜欢戴花冠，如酒楼妓女多爱杏花冠。莲花冠、团冠、高冠、掸肩等也是宋朝女性们喜欢使用的头衣。

掸肩，由幞头改造演化而成。宋朝女性曾经一度模仿男人，在幞头直脚的长度上比新奇。有些要强的女子把幞头两脚加长到三尺以上，戴着它，必须侧着身子才能进入车门，实在不大方便，于是有些善于设计的女性把两只幞头脚扭弯，垂于肩上，便成了一种新的款式。

女性的头顶世界，主要是靠不同的发型和必要的首饰来表现自己的审美理想。古代女子的头发，除了穷困之极被迫割卖以外，一般是不轻易剪断的。女人们都把一头秀发看成是父母留下的遗产，珍惜之余，千方百计地要把它盘绕得更美。战国时代留下的一些器物图像说明，当时女性的发式，除了个别扎有双鬟髻以外，一般偏低。汉朝妇女基本上也是低平发式，例如著名的堕马髻，据说是东汉顺帝外戚梁冀的妻子发明的，也比较低平。（《宣和奉使高丽图经》）另外，不少妇女的发髻都束在脑后。魏晋以后直到隋唐，发髻增高，"鬓鬟峨峨高一尺"（元稹《李娃行》），这可是相当高了。宋朝城市女性受商品经济的熏陶比以往朝代多得多，眼界扩大了，思路更宽阔。作为一种文化观念表现的发式，也就变得更加多姿和更加精致。例如，双螺髻、垂螺髻、芭蕉髻、堕马髻以及新创的"盘福龙"这些较为低平的发式也在流行。但是，像双蟠髻、小盘髻、双髻、双鬟髻、三鬟髻、朝天髻等高放型、流线型的发式更受欢迎。

穿衣戴帽，最原始的功用在于蔽体御寒。随着社会生活的发展，服饰又被赋予了两种功能：第一是审美观念的物化，第二是等级观念的物化。

在我国古代农业社会，受经济发展水平和民族之间的影响，服饰形制在它本身所具有的三种基本功能的相互制约之中缓慢地变化着。人们通过服饰来表现对美的追求，是服饰变化的内在动力。社会经济的发展，特别是商品经济的刺激，以及民族服饰的影响，是服饰变化的外在条件。到了宋朝，这种外在的条件有了明显的发展。同时，由于隋唐以来贵族政治体制的崩溃，平民生活大为活跃，服饰变化的内在动力也在增长。但是，服饰的等级性仍然是鲜明的，统治集团仍然不断地强调表现身份等级的服饰功能。"凡品服有章，贵贱以别衣冠，不易之法也。"（《宋会要辑稿》）于是服饰上的限制与反限制，在两宋三百多年间连绵不断。

宋朝城市居民对服饰限制的抗争，首先表现在对颜色的争夺。从审美的角度而言，深紫色，尤其是黑紫色，并非多数人所喜爱。可是，自隋朝起，统治者就人为地给予了这种颜色很高的荣宠，宋王朝也把紫色作为臣民服饰色彩的第一等，于是，被隔离于这种颜色之外的人们，就戏剧性地想要拥有它。

宋太宗端拱二年（989），下诏禁止庶民服紫。面对这一禁令，除了部分奴性特重的懦民以外，人们之间激荡着两种情绪：一是虚荣性的仿效；二是背叛性的逆反。越是不准得到的东西，就越想要夺得它。这样一来，"冒法者众"（《宋会要辑稿》）。可见，敢于在衣服上以身试法的，为数不少。

这么多的老百姓大胆藐视皇帝的诏令，可不是儿戏。"恶之者众则危"（《荀子·正论》），"人众则食狼"（《淮南子·说山训》）。颇有政治头脑的赵光义思之再三，不得不做出让步，至道二年（996），又下诏废止了前面的禁令，允许士庶服紫。这是一个突破口。仁宗时，南方染工献上一种黑紫色颜料，皇帝赏给官宦与亲王们使用，慢慢地士庶们又争相仿效，妇女们甚至胆敢用它染色于衬衣。言官们便大发高论，认为这是"奇邪之服"。至和年间，皇帝又下诏严加禁断。不过，真正禁断总是困难的，到了南宋，上下贵贱又都共享了这种玄暗的紫色。既然最尊崇的紫色不再被上层独占，其他诸如红、绿、蓝、橙，也就顺理成章地归大众所共有了。

南宋孝宗乾道以后的一段时期里，临安的士大夫们又对彩色服装腻味了，老老少少都疯疯癫癫地穿起白色凉衫来，集会时一片惨白。（《清波杂志》）这应该说是当时服饰发展中的一种病变。

服饰的美不仅仅表现于色彩，还表现于式样。宋朝城市居民对服饰限制的突破，一个重要的方面就是在式样上的大胆僭越。仁宗景祐三年（1036），太常少卿扈偁反映："近岁，士庶之家侈靡相尚，居第服玩，僭拟公侯。"（《宋会要辑稿》）服饰上僭拟公侯，这就超越了许多等级。南宋宁宗时情况更为严重，都城内外，衣服无常，那些应该穿皂衣的仆役小吏也穿戴高巾大袖，混杂于士流，民庶的妻妾头冠上也插满珠翠，僭拟贵族。（《宋会要辑稿》）僭越之风越刮越大，那些头痛的保守派也无可奈何。

反限制的另一种表现，就是士庶们追求新奇的造型。司马光以为当时人们普遍地"愈厌而好新，月异而岁殊"（《温国文正公文集》）。正是这种好新求奇的风尚，驱使人们触犯服饰的约规，"巧制新妆，竞夸华丽"（《东京梦华录》）。东京最富有的大桶张氏之子，"固豪侈，奇衣饰"（《清尊录》），可见其豪侈之外，也注意奇。"自淳祐年来，衣冠更易，有一等晚年后生，不体旧规，裹奇巾异服，三五为群，斗美夸丽。"（《梦粱录》）

市井的年轻人追求时髦远远超过了其前辈，这是自古以来颠扑不破的规律。北宋东京青楼妓女们新制了一种前后开胯的"旋裙"，对传统的裙子来说这确是叛逆，但是穿上它便于骑马，后来人们争相仿效，连上层的士大夫也爱上了。此外，这个时期出现的妇女上衣"密四门"，前后左右开四条缝，用带扣约束。宣和年间，宫女们制作的"任人便"，是一种贴身的小衣，也是前后左右开四条缝，用纽带扣住，因为穿用方便，终于大为流行。

人们的头顶，地盘虽小，位置却特别重要。宋王朝政府对这块地盘的装饰表示了加倍的关注。太宗下令："幞头巾子，自今高不过二寸五分。妇人假髻，并宜禁断，仍不得作高髻及高冠。"（《宋史》）官方的禁令总是气势汹汹的，规定也十分具体。宋朝城市中的女性，尤其是那些活跃在市场中的女性，竟然大胆地无视皇帝的最高命令，费尽了心思不断地寻找新的刺激。假髻、高髻照样扎，团冠、高冠照样戴，而且花样翻新。仁宗时期，流行一种白角冠，冠子的脚长达三尺，插上一把白梳子，也有一尺见长。这可把那些正统的批评家吓呆了，他们频频惊呼："妖孽！妖孽！"南宋陆游去四川，在三峡地区就看到"妇女未嫁者，率为同心髻，高二尺"（《入蜀记》）。

北宋末年，东京城里的妇女发式更是多变。周辉说，他孩提时代看到的妇女装束，几年一变。（《清波杂志》）袁褧父子也说，首都妇女的梳妆打扮，在徽宗时期就变了几变。崇宁年间，流行大鬓方额；政和、宣和之际，又流行"急把垂肩"；到了宣和年间，则变成了云尖巧额，鬓角插上一支金凤，小户人家的女子则剪一些纸花来装点青丝。（《枫窗小牍》）

追求服饰新奇的另一种倾向，就是大胆地吸收外域服饰的一些成分，在这个小天地里进行"民族融合"。"茶褐、墨绿诸品间色，皆胡服。"（《癸辛杂识》）北宋庆历年间，东京城里，包括士大夫和老百姓，有人仿效胡人衣装，裹番邦式的头巾，穿青绿色的衣服，马上也用番邦样式的鞍辔。妇女们也学着穿番邦铜绿色、兔褐色的衣装。（《宋会要辑稿》）把仁宗皇帝气得七窍冒烟，他大发雷霆，限令开封府在一个月之内禁绝这种叛逆行为。

可是到了北宋末年，东京城里又刮起了一股穿胡装的风。从大观年间起，经政和一直到宣和年间，市井间有人戴番式毡笠子，穿番式战袍，系番式腰带。宣和元年（1119）正月初五，宋廷下诏："先王之法坏，胡乱中华，遂服胡服，习尚既久，人不知耻。"（《宋会要辑稿》）"习尚既久"，可见并非一阵子的时髦。

其实各民族的服饰，作为一种文化形态，应该是人类共同的财产，彼此吸收渗透是完全正常的历史现象。战国时代，

南宋陈居中《 胡骑春猎图 》

赵武灵王胡服骑射，对社会生活的发展就有着不可低估的良性历史影响。宋朝东京的市民未必讲得出这个道理，但他们的行动却是符合这个道埋的。沈括以为："中国衣冠，自北齐以来，乃全用胡服，窄袖绯绿短衣，长靿靴，有蹀躞带，皆胡服也。"（《梦溪笔谈》）可见汉族服饰吸收外族服饰成分由来已久。

在服饰上表现权势与富有，历来就是一种普遍的现象。在商品经济发展的宋朝，服饰的富有美就成了更大的热门。一些没有权势的平民，包括有钱的或者钱囊不大的，也都狂热地追逐这种时尚，寻求高档装饰，花钱装点漂亮。

北宋末年，蔡蒇在奏章里说："臣观辇毂之下，士庶之间，侈靡成风，曾未少革。富民墙屋得被文绣，倡优下贱得为后饰。殆有甚于汉儒之所太息者。雕文纂组之日新，金珠奇巧之相胜，富者既以自夸，贫者耻其不若。则人欲何由而少定哉。"（《宋会要辑稿》）

仁宗景祐三年（1036），太常少卿扈偁说："珠琲金翠照耀衢路，约一袭衣千万钱不能充给。"（《宋会要辑稿》）南宋王迈也说："妇女饰簪之微，至当十万之直，不惟巨室为之，而中产亦强仿之矣。"（《臞轩集》）

花十万钱买一件首饰，花千万钱买一件衣服，这已经不是个别现象。较为普遍的讲究，是用黄金珠玉来作装饰，于是使用金箔线、贴金、销金和泥金等办法，企图把头饰、服装打扮得富丽堂皇。"近者士庶颇事侈靡，衣服器玩多熔金为饰。"（《宋会要辑稿》）

　　其实，禁止是无济于事的。只要社会经济，特别是商品经济在发展，只要社会不再回复到极度贫困的岁月，追求服饰富丽的倾向就会始终存在。

嫁娶与婚姻

中国帝王都是多妻主义的带头人，也是多子女主义的践行者，只要他们具有生育能力，便有一大群子女。

除了早年夭折的，成年的皇子与公主都要娶亲或出嫁，出家当和尚尼姑的极少。皇家办婚事比过节还讲究，大操大办，花钱如流水。《东京梦华录》与《武林旧事》都有关于公主出嫁的记载，我们略加综合，可以看看这种高级婚嫁的几个大场面。

第一个场面。选择一个良辰吉日，皇家派遣"天使"召宣未来的新姑爷进宫，皇帝泰山大人在便殿接见，封他为驸马都尉，这就正式确认了他作为天子贵婿的身份，同时还赐给他玉带、袭衣、银鞍勒马，另加红罗百匹，银器百两，衣着百匹，聘财银一万两。然后赐宴。最后派五十人的乐队，吹吹打打送驸马爷回家，乘的是涂金御仙花鞍辔绒座马，执丝鞭，张三檐伞。这是一种特殊的定亲仪式，男方没有主动权。君权毕竟高于夫权。

第二个场面。婚嫁前一个月，宰相、副宰相观看公主妆奁。实际上是照礼单清点一下嫁妆。

除了皇帝赐给公主驸马的一座大宅以外，其他嫁妆也很丰厚。主要有：

真珠九翚四凤冠，褕翟衣一副，真珠玉佩一副，金革带一条，玉龙冠，绶玉环，北珠冠花篦环，七宝冠花篦环，真珠大衣背子，真珠翠领四时衣服，叠珠嵌宝金器，涂金器，贴金器，出从贴金银装辇，锦绣销金帐幔陈设茵褥地衣步障等物。这批嫁妆，除了公主身上穿戴的，至少要好几百个劳动力才能运送。

第三个场面，出嫁。吉期一到，沿途各个街道司先派兵卒打扫街道，提着镀金银的水桶在街中洒水，谓之"水路"。

驸马新郎带着迎亲队伍先到皇宫，换上冕服，举行亲迎礼。而后公主穿上婚装，上轿出发。

一路上金光耀眼，鼓乐震天。庞大的队伍有三部分。

第一部分是驸马家的迎亲队伍。作为天子的女婿，多半是官宦人家。如神宗赵顼的唐国公主下嫁韩琦之子韩嘉彦，徐国公主下嫁郑王潘美的曾孙。获得天子血脉，此乃当时最荣耀的联姻，这些家庭必然竭尽全力把排场摆透。

第二部分是送亲队伍。除了天文官等，皇后乘九龙轿子，皇太子乘马亲自送嫁。按规定，皇后与皇太子出宫，都有各自的庞大的仪仗队伍。皇后仪仗队可以计数的就有1887人，此外还有许多拉扯行障、坐障的宫女，前后的乐队等人数未计。皇太子仪仗队也是浩浩荡荡，仅仅是其中480人的步队，307人的厢갑，620人的马队，就已气势不凡了。（《宋史》）此外还有主管宗正寺的王爷及诸多命妇陪送，他们也都各自有不少的随

从。

第三部分是公主本人的随从队伍。其随从人员也数以百计。此外有烛笼二十只，公主的使臣若干名，插钗童子八人，大方扇四面，大圆扇四面，引障花十个，提灯二十只，还有围绕花轿的行障与坐障。公主坐的金铜花轿，高约五尺，长八尺，宽四尺。四面垂绣额珠帘，白藤间花，匣箱之外，两壁都有缕金花的栏杆，十二人共抬。

前前后后参加迎亲送亲的队伍，有四五千人。花团锦簇，车马骈阗，好一派皇家气势！

在当时的文化环境中，婚姻嫁娶赋有三重意义：第一是个人生命历程的一个重大里程碑；第二是家族连绵繁衍的重要举措；第三是家族之间政治联盟的重要纽结。

对于皇家婚姻而言，最值得强调的是第三重意义。除此以外，还有一重特殊的意义，就是需要炫耀皇权的光环。

臣下民众，由于社会地位与家境宽紧的不同，迎娶送嫁的场面自然有很大差别。但是，都必须遵循一些基本的礼仪。

自先秦以来，婚仪共有六大环节，称为"六礼"。第一礼，纳采，即是就媒，或叫合媒；第二礼，问名，协商婚事；第三礼，纳吉，又叫小聘，即是订婚；第四礼，纳徵，又叫纳币，即是过大礼；第五礼，请期，择定结婚日期；第六礼，亲迎。

这套古老的婚姻礼制，唐朝以前没有多大变动。两宋时期，市民阶层兴起，中下层活跃，婚仪的形式也相应地有了较大的变化与增损，南宋时期尤烈。撰写《鸡肋编》的庄绰说：

"礼文亡阙，无若近时，而婚丧尤为乖舛。"士大夫们主张整顿婚仪婚礼，于是，由政府出面，多次颁布新的婚仪。某些名儒大家也有过婚礼的专门著述。例如司马光对"六礼"进行了一些修正，写有《司马氏书仪》；程颐也写有《婚礼》；朱熹的《家礼》一书，主张把六礼简化为纳采、纳币、亲迎三礼。

实际上，在变裂的宋朝城市生活中，不同阶层在构建婚姻关系过程中不可能采取整齐划一的行动，但是不管怎么变，仍然保留着传统婚姻的某些基本程序。

婚仪的第一步，说媒。男家委托媒人去女家提亲。媒人的重要性非同一般。周朝就把"父母之命，媒妁之言"相提并论，可见后者的分量不轻。《礼记·曲礼》说得更明确："男女非有行媒不相知。"

古代媒人一般由女性担任，因为她们可以出入闺房，对香帷内部情况可以探个究竟。由于构婚的等级不同，宋朝媒人本身也有好几等。上等的媒人，戴头盖，穿紫背子；中等的，戴冠子，黄包髻，穿背子，或者只系裙，手拿青凉伞。一般是两名媒人同行。

在那个时代，拿青凉伞的媒人们并不只是跑腿的信使。第一，她们充当了男方的"采购员"；第二，只要女方给一些好处，她们又可以充当女方的"推销员"。两者大可兼于一身。只要她们肯为双方尽心，便会鼓动其如簧的巧舌，对男女双方的形貌、品格、习性、特长，可以要长说长，要短说短。

双方被媒人说服之后，女方便把女方当事人的出生年月时辰，父祖三代名讳，以及嫁妆多少的情况介绍书（草帖子），委托媒人送与男方。

　　古人都相信外力主宰命运，因此关系到两个命运的结合，当然必须敬请神灵启示，或者恭请术士论证，看看男女双方是否"阴阳交泰，互不冲撞"。如果婚事得到了神灵和术士的肯定，媒人便把男方的草帖子送给女方。这一步往往还有个聘礼与嫁妆的问题，也需要媒人反复传递消息，相互磋商。媒者，谋也；妁者，酌也。这些重大问题就需要通过媒人进行商酌。有些婚事就因为在聘礼与嫁妆上达不成协议而告吹。

北宋苏汉臣《妆靓仕女图》

婚仪的第二步，订婚。双方达成了初步协议，便交换细帖子，又叫定帖。这就等于交换了订婚书。送细帖子的形式是，男家派人担许口酒，送给女家，用彩络盛着酒瓶，装上八朵大红花以及罗绢或银胜八枚，另外还在担子上插着红花，谓之"缴担红"。女家则用两瓶淡水，装上三五条活鱼，再放一双筷子，都装在男方送来的酒瓶内，回送给男方，叫作"回鱼箸"。

为了使婚事订得牢靠一些，宋朝城市中开始流行订婚前的"相亲"活动。"京师风俗，将为婚姻者，先相妇。"（《江邻幾杂志》）北宋时，一般是媒人陪着男方亲人往女方家去相亲，男女双方本人并不见面。到了南宋，男方当事人可以亲自出马。相亲安排在一个特殊的环境里，或者在园圃，或者在画舫，或者在酒楼茶肆。有的只是让男方偷偷地观看女方，有的干脆让男女双方见面，甚至互相敬酒。男的吃四杯，女的吃两杯。如果彼此满意（主要是男方满意），则以金钗插在冠髻中，名曰"插钗"。如果不中意，则送给对方彩缎两匹，表示歉意，谓之"压惊"。在这里，男女双方本人多少有了一点选择配偶的自由，但主动权往往操于男方手中。

双方表示了肯定意向之后，接着就下聘礼正式订婚。有钱人家的聘礼厚重。当时流行送"三金"，即金钏、金镯、金帔坠。另外有高级衣裙、珠翠首饰、彩色匹帛以及花茶果物、糕饼、羊酒。贫穷人家也想方设法要送一点首饰衣帛，谓之"兜裹"。

订婚，虽然没有去政府部门登记注册，或者领取证明文

书，但仍然受着法律保护。法令规定凡已订婚者，如果悔婚，杖六十；另外许配他人者，杖一百。（《名公书判清明集》）

在婚仪的链条中，为什么要有订婚这个环节？

农业社会的生活，总的旋律是悠缓的，但人们对于子女的婚配，却是十分沉不住气。有的孩子还没生下来，父母就指腹为婚了。指腹为婚当然只表示一种意向，因为孩子是男是女，毕竟难以未卜先知。一旦儿女们到了少年时代，不少父母就急着替他们操这份心思，趁早办好预订手续，便可以显示儿女及其父母的身价。

北宋王诜《绣枕晓镜图》

婚仪的第三步，迎亲。迎娶吉期的前一天，女家派人先去男家挂帐幔，铺设房奁器具，把珠宝首饰动用器皿都摆出来，叫作"铺房"，并且派从嫁婢女看守新房，不准外人进入。这种风俗宋朝以前没有。这样做的目的在于夸耀女家陪嫁之富有，十分明显与城市经济的发展有关。

迎亲是婚礼的高潮。一般家庭虽远没有公主出嫁那般气派，但还是尽可能制造喜庆的气氛。从仪俗上讲，比皇家的婚礼反而更富有生活气息。

男方派出的迎亲人称为"行郎"。行郎们分别拿着或者抬着花瓶、花烛、香球、纱罗、洗漱器具、梳妆盒、铜镜、照台、裙箱、衣匣等，显示气派。

宋朝的迎亲队伍中，出现了一些新的景象。第一，开始用花轿，当时叫"花檐子"或"花檐藤轿"。唐朝以前，都用车子迎亲。宋朝也有用车子迎接新娘的，但城市市民总爱出点新花样，用花轿子抬新娘比车子显得精巧灵便，于是视为时髦，并且越来越流行。第二，普遍地配备乐队，吹吹打打，十分热闹。唐朝偶尔出现过"广奏音乐"迎亲的场面，但被认为是越礼，严加禁止。北宋前期，皇家的婚礼也禁止用乐队。哲宗皇帝元祐大婚，宰相主张不用乐队，宣仁太后说："寻常人家娶个新妇，尚点几个乐人，如何官家却不得用？"于是命令教坊与钧容直的乐手们等在宣德门，皇后车子进了门，众乐大作。自此，皇家婚礼也用乐队。

为了制造迎亲的热烈气氛，宋朝城市中稍稍富裕的家庭，还雇请了花枝招展的官私妓女，骑着马招摇过市，以壮声色。

这也是以前少见的。

总之，从色彩、声响、气势上，尽量地要把迎亲的排场讲够，这是受商业竞争熏陶的市民心理的强烈外露。

迎亲时，还有一种不同于以往的情况。男方往往只派媒人做代表前去迎接新娘，新郎不必亲自出动，这叫"等亲"。这在以前十分少见，宋朝却视为正常。

北朝直到唐朝，新郎到女家，要受到女方亲友的一些戏弄，甚至还被执竹棍的亲友追打，颇为狼狈，可见娶个老婆并不轻松。宋朝新郎吃这种苦头的少了，偶尔也有为难新郎的，但文雅得多。士大夫家时兴"索诗"，要试试新郎的诗才。出身于买卖人家的新郎不去迎亲，大概就有躲诗的用意。

东京城里一些富贵人家，新郎上门来迎亲，女方亲人便要先看看自己的女婿是个冬瓜还是个茄子。有个岳母娘看了新郎之后笑着说："我女儿像个菩萨，却嫁了个麻胡。"麻胡者，即兜腮胡也，形象不佳。便向新郎索诗。新郎针对岳母大人的感慨，挥毫书七绝一首："一床两好世间无，好女如何得好夫。高卷朱帘明点烛，试教菩萨看麻胡。"（《高斋漫录》）

迎亲行郎来到女家，女方一般要用酒礼款待，并抛撒花红、银碟和利市（红包）。

乐队奏乐，催促新娘上轿，叫作"催妆"。一旦新娘上了轿，抬轿的哥儿们又耍花样，齐声念诵一些诗词，却不肯起步，知趣的女家立即送上酒钱红包，行郎才欢欢喜喜起轿动身。

一路上热热闹闹。江浙一带，用小红纸包裹着灰与蛤粉，

《清明易简图》中的娶亲场景

叫"护姑粉"，有好几百包，由新娘沿途抛掷。到了男家前门，乐人、妓女以及茶酒司等人统统拦在门口，不让新娘下轿。他们又高声念诵着诗词，男家知趣，赶快打发利市。趁着喜庆之日敲几番竹杠，一般彼此都是笑呵呵的，包括被敲者。

　　有的家里还准备了五谷、铜钱、彩果，在门前抛撒。看热闹的小儿们争相捡拾，尤添一番热闹。据说，这里有一层深意，就是要赶走门口的三个煞神：青羊、青牛、乌鸡之神，让新娘平平安安进入夫家大门。

　　婚仪的第四步，成婚。新娘入门后需要完成一连串特殊的活动。第一，进了前门，要跨马鞍；第二，入了中门，要"坐虚帐"；第三，迎入内室，坐于床上，叫作"坐富贵"。洞房门楣上挂彩帛一段，下幅剪破，当新郎也来洞房时，闹婚的人争着扯断那匹彩帛，并且又要利市。新郎进了洞房以后，与新娘同坐于床上，等待拜堂。浙江一带，民家的新娘一般不戴盖头，让客人们观看。如果人们称赞新娘子长得漂亮，即使有男客去摸摸她，也不以为非礼。

有些现代人认为古代举行婚礼，新郎一定要穿大红袍，其实未必。宋朝浙东一带，新郎都穿绿袍，戴花幞头。绿袍也是官服，并不降低新郎身份，更无戴绿帽子的忌讳。

新郎新娘到中堂来举行参拜大礼。用两匹红绿彩绢打个同心结，新郎手执槐简（笏），彩巾一头挂于简上，一头挂于新娘手上，新郎倒行，牵着新娘出堂，叫作"牵巾"。大多数新郎与官场无缘，于是便利用这个短促的机会，装成文官样子，手头还握着木笏，过过干瘾。

新人来到大堂，男家女亲用秤或者用机杼挑开新娘盖头，露出花容。先参拜诸位家神及家庙，再参拜诸亲。

新人们回到了洞房，还要完成一些重要表演。第一，双双交拜，再坐于床上。第二，礼官用金银盘子盛金银钱、彩钱及杂果，抛掷于床上，称之为"撒帐"。这无非也是一种祈望富有的祝愿。第三，用彩丝绞成同心结，把两个酒杯连结起来，新人行交卺礼，叫"交杯酒"。吃了酒，两只杯子一仰一覆安于床下，以示大吉大利。第四，取两位新人的一束头发结在一起，名曰"合髻"。这是宋朝出现的新俗，所谓结发夫妻，就是从此而来。人们把这个举措看得十分重要，它象征着夫妻合二为一，生死与共。最后新郎摘下新娘之花，新娘解开新郎的纽结，把花与纽结抛于床下，双双掩帐。就像戏台上的演出最后闭幕，婚礼至此算是结束了。

新人们换了装之后，礼官再请他们来中堂行参谢之礼，而后举行酒宴。过后还有三朝、七朝或九朝回门会郎之礼，还有贺满月会亲之礼。

这一套婚仪，一方面继承了唐以前的基本传统，又增添了许多新的形式与情趣，在我国婚俗史上具有里程碑的意义。后世的明清两朝基本上按这个模式行事。

热闹的婚仪形式，使家长们、亲友们都感到舒心、满意。从本质上说，是为"君臣父子夫妇"的封建礼教服务的。男女新人不过是这场婚姻游戏中的两个玩偶，他们没有选择配偶的自由，也没有安排婚庆的自由，更没有独自构建甜蜜生活的自由。

生活总在变。南宋时期，至少在江浙一带的城市中，终于出现了男女青年亲自相亲的新气象。虽然只是短暂的一晤，毕竟撕裂了"父母之命"传统帷幕的一角。至少，当事人见面之后有认可或否定的权力，这是男女青年长期奋争的一个重大历史进步，也是由于宋朝城市生活逐渐开放而漏进的一缕人权的曙光。

男女两性的婚媾，最原始的意义是生殖繁衍的需要。"天子、诸侯，一娶九女者何？重国广继嗣也。"（《白虎通》）随着社会的发展，婚姻的社会属性增强。上层社会又往往利用自身的或者亲属的婚配关系作为筹码来建立政治联盟，这就使婚姻关系涂上了一层厚厚的政治色彩。

我国古代的夫妇关系就是一种依附式的政治关系。对于女性来说，她们只能依附于一个丈夫。对于男性来说是多妻制，

南宋马和之《女孝经图·事舅姑章》

他们可以拥有多个妻子。名义上，每个男性都只能有一个正妻，但允许有很多次妻作为补充。

《白虎通》说，"夫为妻纲"，"妇者，服也，以礼屈服也"。皇帝、官僚、地主、富家，都可以占有诸多女性，也都需要以婚姻作为政治联盟的纽带。魏晋南北朝，婚姻关系讲究门第之风最盛，士族与庶族不通婚姻，各阶层都保持着封闭式的婚姻圈。隋唐时期，此风依然炽烈。婚姻的价值取向，主要是瞄准对方家庭的政治门望。官位大小可以不计较，但必计较其家庭的门第，是出身士族还是出身寒族。这就叫"民间修婚姻，不计官品而尚阀阅"（《新唐书》）。

两宋时期，婚姻关系出现了重大变化，特别是在城市中，婚姻的价值取向变化更大。

经唐末农民大起义的扫荡，凝固性的士族大地主已经退出了历史舞台，旧门第的标准不再存在，而一般的官僚地主家庭又不可能长久不衰，门第的高低处在不断的变化之中。因此，单纯、过分地崇尚门第的观念已经不合时宜。

门望观念开始淡薄，但是政治契约婚姻还是流行的。皇帝与官僚之间，官僚与官僚之间，仍然盛行政治联姻。只是与六朝隋唐相比，价值取向的标准大不相同，一般不再单纯地强调联姻对象的门望，主要看对方是否运行在权力的轨道之上。

投降宋王朝的吴越王钱俶的儿子钱惟演，他妹妹嫁给真宗刘皇后之兄刘美，他儿子钱晦娶了献穆大长公主之女，另一个儿子娶了宰相丁谓之女，他的孙子钱景臻是仁宗皇帝的驸马。通过婚姻纽带，钱家与皇家、外戚、高官结成了纷繁交错的婚姻关系。不过这种情况已不多见。

仁宗初期，宰相晏殊的女婿是富弼。至和二年（1055），富弼与文彦博一起拜为宰相。富弼的女婿冯京，后来也当了宰相。冯京的女婿是宰相蔡确之子蔡渭。王安石的一个女婿就是蔡京的弟弟蔡卞，后来也进入中枢，知枢密使。王安石的另一个女婿吴安持是宰相吴充之子。而吴充的一个女婿又是文彦博的儿子文及甫。这些官僚之间，仍然联结着复杂的政治婚姻纽带。

不过即使如此，也与唐朝以前情况大不同。他们选择女婿的标准，主要是考虑女婿本人的政治条件，而不是其家世的政治地位。像晏殊选择富弼为婿时，富家并不是高官大族。富弼选择冯京为婿时，冯家只是商贾，更无政治地位。

在京城里，春闱考试放榜之后，凡登第的进士，年轻的、未婚的，常常成了官僚、富家选为女婿的对象，这叫"榜下捉婿"。仁宗朝，冯京中了状元，外戚张尧佐把他邀到家里，给他金带，要把女儿嫁给他。冯京没有答应，而后却成了富弼之婿。徽宗时，洪皓中了进士，王黼与朱勔两大权臣都抢着要招他为婿。此外，一些"富商庸俗与厚藏者嫁女，亦于榜下捉婿"（《萍州可谈》）。

榜下被猎者，其家庭出身、门第的高低是不重要的，其本人的才学、品貌也是第二位的，因为这些条件在中进士以前就已经存在，但是中了进士以后，由布衣变成了士大夫，进入了官僚队伍的新梯队。这种新的政治身份，以及未来的政治前途，才是他们身价倍增的第一要素。女家父母之所以要把女儿作为赌注压在他们身上，看重的也是这一点。

毫无疑问，正是官僚士大夫之间的错综复杂的联姻，形成了一个巨大的既得利益集团，控制着帝国的大政，也控制着城市生活的领导权。

"今世俗之贪鄙者将娶妇，先问资装之厚薄；将嫁女，先问聘财之多少。至于立契约云某物若干、某物若干以求售其女者，亦有既嫁而复欺绐负约者，是乃驵侩卖婢鬻奴之法。"（《司马氏书仪》）司马光大发的这通议论，说明用"卖婢鬻奴"的观点来处理婚事，已成为宋朝城乡风气。

南宋亦复如此。"而今之世俗……将娶妇，惟问资装之厚薄，而不问其女之贤否；将嫁女，惟问聘财之多少，而不问其婿之何如。及其成亲而悔之，则事无及矣。"（《琴堂谕俗编》）

上面两段文字，概括的是社会的一般风气，各个阶层都受其影响，但主要指的是一部分士大夫禁不起孔方兄的诱惑，把婚姻的赌注压到财主、富商的门下去了。这是宋朝婚姻价值取向的第二大变化，人们不再从政治权力上考虑构建婚姻关系，而是盯住对方的家产，于是由政治契约婚姻变成了买卖契约婚姻。

外戚刘美一方面与钱惟演这种大官僚攀亲，另一方面又把自己的女儿嫁给了与官场不挨边的马季良。这位马兄不过是个大茶商。也正由于他的茶生意做得红火，才没有躲过曾经混迹于市井的刘美的眼睛。（《宋史》）

仁宗庆历年间，有桩公案颇为轰动。宰相晏殊举荐凌景阳出任馆职。当时，去昭文馆、史馆以及集贤院任职者，皆称馆职。与翰林院一样，这些都是清贵的重要部门。凌景阳能被宰相举荐，其学问文章肯定属于一流，但是谏官王素和欧阳修极力反对他入馆，主要理由是他"结婚非类"。（《续资治通鉴长编》）这是什么罪状？原来凌景阳娶了京城大酒店孙老板的女儿。

据《江邻幾杂志》记载，凌景阳与酒家女联姻时，觉得自己年纪稍稍过大，便隐瞒了五岁，结婚以后才知道自己老婆的胆子更大，竟然隐瞒了十岁。看来市井间的买卖婚姻，就像许多商品交易一样，免不了掺假。在审查这桩公案时，隐瞒年龄的细节，居然也没能躲过谏官们的火眼金睛，而且也成了"结婚非类"的把柄之一。经此一番折腾，凌景阳的馆职泡汤了。

整了一个凌景阳，仍然不能遏止买卖婚姻的浪潮。哲宗

南宋钱选《招凉仕女图》

时，丁骘上疏说："窃闻近年进士登科，娶妻论财……市井驵侩，出捐千金，则贸贸而来，安以就之。"（《宋文鉴》）不少新进的精英们眼光大变，一只眼望着权，一只眼望着钱。

到南宋，这个势头越来越大。曾在孝宗、光宗、宁宗三朝当过丞相的留正，福建人，他就与泉州大海商王元懋结了儿女姻亲。兵部侍郎诸葛延瑞也是王元懋的姻家。（《夷坚志》）就连声望最高的理学大师朱熹，其家里的男女婚事也"必择富民"（《四朝闻见录》），说明他也在顺应潮流。

以金钱为杠杆的婚姻，其本身就是不讲身份的，在做法上自然也不必多讲体面。北宋初期宰相薛居正，其儿子死了，留下寡妇儿媳柴氏，准备携带一大笔资产再嫁。真宗朝的两位宰相张齐贤与向敏中，都争着要娶她。张齐贤手长，抢到了手；向敏中好像吞了一只苍蝇，极不是味道，便暗中唆使薛居正的孙子把祖产典给自己。柴氏大胆地去敲登闻鼓向皇帝告状，揭露向敏中求亲不遂挟私报复的隐衷。向敏中终于罢相贬官。可是，柴氏的状纸是张齐贤的儿子张宗诲指导写的，张齐贤也罢相去洛阳。（《宋史》）

此外，如仁宗朝做过地方大员的吏部侍郎孙祖德退休后"娶富人妻，以规有其财"，只是因为这个老婆太凶狠，最后赔本把她退了。（《宋史》）神宗元丰年间，屯田郎中刘宗古罢官回乡，"规孀妇李财产，与同居"（《续资治通鉴长编》）。哲宗朝，常州江阴有个巨富寡妇，在职的秀州知州王蓬竟然"屈身为赘婿"（《续资治通鉴长编》）。看在钱财的面子上，也就不拘形式，同居、入赘都行。

赵宋宗室素以清望自诩。北宋前期规定，凡宗女出嫁，非官僚家庭不许。神宗以后"宗女当嫁，皆富家大姓以货取"，不再瞄准官员。（《宋史》）神宗熙宁十年（1077），一桩宗室婚姻案又震动了朝廷。宗室赵宗惠之女与徐州石有邻之子议婚，石家非常富有，以财称雄于地方，可是石有邻的母亲是娼妓出身，属于"杂类"。监察官上奏皇帝，坚决反对宗室与杂类联姻，神宗不得不出面干涉，下令拆散了这桩婚姻。（《续资治通鉴长编》）

聘礼嫁妆之多少，各时各地的具体情况不同。北宋神宗时，福建一带，中等标准为一百贯。南宋初期，宰相赵鼎规定，其子孙婚嫁，各给五百贯。（《家训笔录》）明朝叶盛写的《水东日记》记载了南宋景定年间的一桩婚事。将仕郎郑元德之女许嫁给知县万八之子，定帖上写明："奁租五百亩，奁具一十万贯，十七界（"界"指南宋会子发行的界数）。缔姻五千贯，十七界。"文献中称将仕郎者，多半是一些花钱买这种从九品小官衔的富户，知县的儿子娶他女儿贪的就是这笔十分可观的嫁妆。

从本质上说，政治婚姻和买卖婚姻都以牺牲当事人的自由选择与真诚结合为代价，是剥夺男女情爱的落后婚姻形态。但是，在婚姻发展史上，宋朝的政治婚姻与买卖婚姻都是历史的进步。不问门第的政治婚姻，把统治阶级各阶层的婚姻封闭圈打破了；只论资财，就进一步冲破了上层社会与下层社会的婚姻边界。有些商人因与上层联姻而进入官场，茶商马季良是个典型，托岳丈大人刘美的福，做了大官；商人王启年，也因为娶宗室之女，获武官"右班殿直"官衔、汝州税监差遣，官儿不大，却实惠。

人们由于不得不遵循"父母之命"，接受这种以牺牲当事人自主权为代价的婚姻关系，一般都把结婚作为起点去构建自己的感情生活。

不过，也确实有一些天赐的良缘。

徽宗建中靖国元年（1101），十七岁的李清照嫁给赵明诚。他们才貌相配，情趣相投，常常以诗酒相娱，烹茗角胜，校书史，玩碑文，鉴赏书画，传写秘籍，其乐融融。赵明诚外出远游，处于凄苦离情中的李清照写了一首十分动情的《蝶恋花》：

暖雨晴风初破冻，柳眼梅腮，已觉春心动。酒意诗情谁与共？泪融残粉花钿重。　乍试夹衫金缕缝，山枕斜欹，枕损钗头凤。独抱浓愁无好梦，夜阑犹剪灯花弄。

多么凝重的情思！说明这对年轻夫妻的感情生活确实十分和谐。传世的佳作《一剪梅·红藕香残玉簟秋》也可能是这个时期的作品。"一种相思，两处闲愁。此情无计可消除，才下眉头，却上心头。"这些工巧而又浅明的词句，把一个少妇思念丈夫的情怀表达得淋漓尽致。

到了宣和二年（1120），赵明诚又去莱州赴任，李清照再

南宋佚名《桐荫玩月图》

次饱尝离别之苦，她又写了几首抒发这种相思的词作：《凤凰台上忆吹箫·香冷金猊》《蝶恋花·泪湿罗衣脂粉满》。这些词章形象地反映了李清照夫妇在婚姻考验期、婚姻巩固期的丰满情爱。

李清照夫妇式的婚姻生活，不会太多。一般的官僚士大夫都纳有众多妻妾，感情难以专一。富家巨贾们建造的也是一轴多轮的婚姻结构，他们还难免外出寻花问柳。一般商人的婚姻生活往往也是多层次的。他们有一个正妻作为内核，坐镇家庭总部；他们还可能在不同的地点建立家庭分部；也有许多商人携带妓女远游，组成临时的流动式家庭。就这些男子而言，他们的情爱容易转移，容易撕裂。对于妻妾而言，她们常常需要争宠，这多半是出于争夺财产、地位的功利主义行动，并非出于真挚的情爱。

一般平民家庭，多半是一夫一妻的婚姻模式，情爱比较容易集中，然而，大多数妻子都处于附属地位，所谓"夫唱妇随"，所以也很难有平等的、赤诚的情感交融。有些家庭里的权力结构稍有变易，便出现阴盛阳衰的变奏。叶梦得的启蒙老师，就是个严重的"惧内症"患者。他老婆当着众多学生之面，竟然拿起戒尺追打他，他除了逃跑之外，别无良策。

不能自由结合的婚姻，一般也不能自由解除。特别是女性缺少自由退出婚姻联盟的权利。然而婚姻的破裂总是存在的，男人们有权休妻。法律规定，有七类情况可以休妻，叫"七出"：一、不顺父母；二、无子；三、淫；四、妒；五、有恶疾；六、多言；七、盗窃。陆游与表妹唐婉的结合，他们自己是满意的，但是触怒了陆母，犯了七出的第一条，唐婉不得不被休。

"夫有出妻之理，妻无弃夫之条。"（《名公书判清明集》）但是，随着婚姻价值取向的变化，实际生活也有变异。南宋理宗时期，刘克庄担任江东提刑时，处理过这样一桩案子：丘教授在未中进士时，其妹嫁给黄桂，生了五个女儿，后来丘教授登第进入官场，而黄桂不善经营，家道中落，丘教授竟然把妹妹夺回来，强迫黄桂写了离婚书。蔡杭也处理过一桩案子，有个叫胡千三的调戏儿媳，于是儿媳跑回娘家，她的父兄将她背地里再嫁与外州。

这些婚姻的变裂，虽然有女方父兄在起关键性作用，但毕竟有悖于"妻无弃夫之条"。

丈夫死去，妇女方可改嫁再醮，这是先秦以来就存在的传统。隋朝曾下令，五品以上妻妾不得改醮。（《北史》）唐朝也有人提倡女子守节，实际上，再嫁的现象仍然非常普遍。例如唐朝皇家的公主，再嫁的达二十六人，其中有人嫁过三次。（《新唐书》）五代周太祖郭威更是一个根本没有妇女贞节观念的典型人物，他自己娶的四名后妃，都是再婚的女子：穆皇后柴氏，本是后唐庄宗的嫔妃；杨淑妃，原侍候后梁赵王王镕，后嫁给石光辅，再嫁就进了郭威的后宫；张贵妃，曾嫁幽州偏将武从谏之子，守寡后，被郭威纳为继室；还有一个董德妃，曾经嫁人后守寡，又被郭威接受了。郭威为柴荣娶的符

南宋李嵩《水殿招凉图》

氏，原也是李崇训的老婆。

　　到了宋朝，特别是南宋，理学形成了。理学家一般都是夫权主义的强硬派，他们极力主张用夫权的绳索把妇女牢牢捆住。不过，要改变一种千百年积淀的社会习俗谈何容易，因此，两宋时期处于一个过渡阶段。像公主再适之事，已为罕见。《祥符县志》载：宋太祖从孙女，永泰县主，嫁右班殿直梁子才，夫亡时，她才二十二岁，其亲友都劝她改嫁，她以贞节自守，终生不渝。不过，一般妇女改嫁依然是平常之事。

　　太宗朝，以回文诗出名的王博文幼年丧父，其母亲改嫁韩氏。（《宋史》）仁宗时政坛大明星范仲淹，两岁而孤，其母改嫁长山朱氏。他儿子范纯祐死后，儿媳也同样改嫁。他还一再订立规约，凡范氏家族中的妇女再嫁者，一律资助二十贯到三十贯。像他这种社会地位的人提倡、支持妇女改嫁，其社会影响比发布十道命令还大。

宋朝的某些皇帝也把再醮之事看得很坦然。赵匡胤平定后蜀，孟昶带着花蕊夫人费氏来东京。孟昶死，赵家皇帝就把这位比花还美的夫人收进自己的后宫，而且极为宠爱。哲宗的生母、神宗的朱皇后，其生父姓崔，母亲改嫁朱氏，她本人由养父任氏养育。哲宗接皇帝位以后，就给她的生父、继父、养父一同赠官。

上层社会尚且没有完全把改嫁视为天理不容，平民社会中改嫁的便更为平常了，并且受到法律保护。法条规定，已成婚的妇女，丈夫外出三年不归者，听其改嫁。而且还规定，其丈夫因罪移于别地管制的，其妻可以提出离婚。（《名公书判清明集》）又有阿区"以一妇人而三易其夫"，她原是李孝标之妻，孝标死，改嫁李从龙，从龙死，她再次改嫁梁肃。可是她第一个丈夫李孝标的弟弟李孝德钻出来告状，说她不能再改嫁。处理这桩案子的湖南提举常平官胡颖批示说："其夫既死之后，或嫁或不嫁，惟阿区之自择。"（《名公书判清明集》）这个事例说明，对于改嫁的看法，当时已经有了社会性的分歧，否则李孝德不敢出来告状。胡颖活动于理宗朝，正是理学兴起之际，妇女必须守节的观念开始流行。就连胡颖本人，在批示中，一开始就承认阿区嫁三个丈夫已经失节，但是胡颖毕竟又赞成由阿区本人掌握改嫁的主动权，这也表明，社会舆论的基本倾向仍然没有把所谓"失节事大"奉为圭臬。

平民中，甚至有这种情况，为旧夫服丧的期限未满，就急于改嫁。有一名女子叫张宗淑，嫁襄阳董秀才。董死，她随母亲至南阳，患病。巫师以其丈夫的口气警告她："你不可再嫁，如果再嫁，我将杀你。"张宗淑却大声斥责说："我平生为你所累，如今你已经死了，还要来缠我，太无道理！即使我再嫁他人，与你有什么相干？"后来，她随哥哥到扬州，服丧之期未满，就改嫁了。（《夷坚志》）

法令还规定，妇女死了丈夫，如果她立志守寡，其祖父母、父母都可以强令她改嫁。更有甚者，如果不令寡妇改嫁，反而可能成为别人攻击的借口。

仁宗时，参知政事吴育的弟媳妇是故驸马都尉的妹妹，生了六个儿子，丈夫死了，她不再改嫁。可是唐询上奏皇帝，攻击吴育，其中一条罪状就是他不使弟妇改嫁。（《宋史》）

女性们再造婚姻生活的权利尚未被剥夺，所谓女子的贞节观念并不强烈，这就使某些女性比较幸运。

河东一名绝色的艺妓，豆蔻年华时被一名军校纳为侧室，后来随同军校下洛阳，走到上党地区，她不幸得了恶痢，水米不进，形如枯槁。狠心的军校像弃敝屣一样把她丢在路边走了。她气息奄奄，好心的人们把她抬到一个可避风雨的土窟中，歹徒却把她的衣服都剥走了。谁知几天之后，病情好转。她用败叶乱草遮身，讨饭求活，遇上一个善良的老妇，领她回家。几个月后，她身体复原，容貌艳丽，如同神仙中人。当地未婚的青年纷纷向她求婚，可都被她拒绝。有一名士子路过此地娶了她，并且把她带回了襄阳城，重新过上安逸的生活。谁知风云突变，襄阳安从进反叛，她的丈夫死于非命。安从进垂涎她的美色，娶她为妻。时隔不久，安从进败灭，她又被解送到都监张相的军寨之中。张相也被她的姿色迷住，收她为妾，正妻死后，立她为继室，最后被封为国夫人。（《洛阳缙绅旧闻记》）

这位张相夫人的生平实在是无比的坎坷凄苦，然而，正是妇女的贞节观念还没有成为全社会的枷锁，因此接连四个男人都乐于接受她，而且大加宠爱。可以说，是没有女贞观的历史条件，使她终于找到了颇为风光的归宿。

婚姻关系是社会生活的重要纽带，社会关系的变化往往也通过不同的婚俗形式曲折地表现出来。

上古时，有姐妹、姑侄陪嫁的习俗。这是原始社会族外群婚的遗痕，同时也说明政治联姻的筹码很重。从另一个角度看，说明女性的地位很低。封建时代，陪嫁的习俗消失了，但姐妹同嫁一个丈夫的现象是存在的，不过，一般不能一次性完成。南唐后主李煜，得到周宗的两个女儿为后。姐姐娥皇（大周后）抱病时，妹妹进宫来服侍姐姐，多情的李煜又爱上了妹妹，但只能躲着人暗中幽会。直到娥皇死了三年以后，李煜才敢立妹妹为皇后（小周后）。宋朝也沿袭了这种非一次性的姐妹同嫁。真宗时有名的谏官刘烨，娶赵尚书之长女为妻，不久她死了。赵尚书还有两个女儿尚未出嫁，赵家夫人主动提出要再嫁一个女儿给刘烨。他经挑选，又娶了赵家幼女。（《青箱

南宋李嵩《月夜看潮图》

杂记》）

　　姐妹不陪嫁，表明女性的地位有所提高，这是一个进步。那么，姐妹先后同嫁一人，是不是有损后嫁者的名声呢？作为帝王家的第二任皇后，当然不存在所谓续弦的地位低下问题。登上皇后宝座，是当时女性最高的荣光。在一般婚姻关系中，黄花闺女做人家的续弦，在当时也并不是有煞风景之事。赵尚书一家社会地位很高，他们居然主动提出再嫁一个女儿做继室，这是具有很大说服力的典型事例。

　　同姓不婚的规定起自西周，后世承续了这种传统。南北朝周武帝时，甚至禁止娶与母亲同姓的妇女为妻妾。（《北史》）唐朝刑律规定，同姓为婚者判处两年徒刑。到了宋朝，在这种婚姻的禁限方面作了更详细的规定。

同姓不婚，如果说是禁止有近属血缘关系的男女结婚，从遗传学上考虑是科学的。婚配双方的血缘关系越近，后代病态性的遗传基因越多。西欧一些国家曾经允许堂兄妹婚配，是很落后的。但是，我国古代统治者规定同姓不婚，却是为了维护宗法宗族制度，同样也是落后的。有些同姓人，血缘关系相差十万八千里，毫不相干。南宋初张俊，中兴名将，爵封郡王，地位之显赫，已经到了人臣之巅。他娶了一个姓张的老婆，为躲避婚俗的禁限，不得不叫她改姓章。刘克庄审理的一桩婚案中有个叫吴千二的供认，原来想娶吴重五的女儿为妻，自知同姓不便，只得让她改嫁翁七七之子。（《名公书判清明集》）可见同姓不婚之禁颇为严厉。

在宋朝城市婚俗中，比较突出的是典妻现象的出现。丈夫生活困难，可以把妻子出典给另一名男子，有一定期限，收取一定的典当金。租借一方的男子家庭境况也往往是穷困的，他没有足够的财力娶老婆，只得临时租借一个，生个儿子防老。

这种短期的、租借式的婚姻关系与商品经济的发展有关，典借双方贯彻的是商业交换原则。可悲的是妇女失去了独立的人格。但是从另一个角度看，二男娶一女，说明当时对所谓贞操观念并不看重。

一般来说，社会下层的婚姻结合往往不大看重礼制的约束。北宋福州、泉州等地，下层社会中流行"引伴为妻"的现象。这是一种比较自由的结合，无疑与这个地区商品经济的活跃有较为密切的关系。到了南宋，福州、泉州商品经济更发达，这种自由结合的风气更盛，并且渐渍上层富室。

在宋朝的婚俗中，流行一种约定俗成的规矩，凡订婚三年之后仍未完婚者，一方如果提出废除婚约是正当的，法律上予以认可。这就是说，当时订婚的有效期限为三年。应该说，这与商品市场发展的影响分不开。生活节奏加快了，短期效益的观念加强了。既然买卖性婚姻普遍流行，那么，人们很自然地希望未婚者不要成为积压品。

两宋时期，生产发展的重要手段之一依然是靠劳动力的多投入。为了积极开发人力资源，一般流行早婚。北宋法定的最低婚龄为男子十五岁，女子十三岁。司马光主张提高为男子十六岁，女子十四岁。朱熹也主张婚龄期，男子为十六岁至三十岁，女子为十四岁至二十岁。在这个年龄期间必须婚聘。由于推行早婚，因此婚后的生育期延长，生殖率提高。不过人口素质低，成活率也很低。前面所说婚约有效期限为三年，与这种早婚的习俗也有关系。

此外，流传已久的冥婚仍然是宋朝婚俗中的一种畸形表现。为已死的男女举行婚礼，或者说让一个生者与某个已死的阴灵结为夫妇，这是一种戏剧性的、压抑性的婚姻变态。

文化的觉醒

兴学热潮

作为文化中心的宋朝城市，一般都开办了学校，在县以上城市里，几乎都有官学。

南宋建康府府学，在城里状元坊之东。上元县县学在县治之西。江宁县县学在县治之东。而上元县与江宁县的县治都在建康府城之内。

句容县县学在县衙之东。溧水县县学在通济桥之西南。溧阳县县学在县城东南隅。（《景定建康志》）常熟县县学，北宋时建设于县衙东二百步，南宋理宗端平年间（1234—1236）重修。（《琴川志》）

镇江府学，太平兴国五年（980）始建。丹徒县县学，北宋末年附于府学东南隅，南宋绍兴年间（1131—1162）另建于县治西庑。丹阳县学，北宋在县治之东，南宋绍兴年间重建。金坛县县学，依孔庙建学，在县治之东。（《嘉定镇江志》）

常州州学，建于北宋。晋陵县、武进县之县学都附于州学。无锡县县学在县衙之南三百步，宜兴县县学在县城东南隅。（《咸淳毗陵志》）

宋朝之前，在相当长的历史年月里，许多城市没有正规的学校，或者曾有过的学校也没有延续下来。知识被上层垄断，人民大众与读书无缘。宋朝城市中普遍出现学校是教育史上一个发展的里程碑。

北宋最初三个皇帝为了建立文官政治，都大力推行崇儒奖学政策。他们除了自己带头认真读书以外，还多次亲临太学视察，表示对教育事业的关怀与支持。

赵匡胤到太学去了三次，下令修饬祠宇，并为孔子、颜回写了赞语。

赵光义、赵恒父子还多次对地方书院表示关切，或者赏赐儒家经典，或者赐书匾额。

赵恒还大事张扬地跑到山东曲阜孔庙行礼，原打算赠给孔子一个帝号，臣僚们说，春秋时周天子也不过是个王，孔子

南宋马远《西园雅集图》（局部）

不宜高过这个政治名号。可是唐玄宗已经给孔子赠了个"文宣王"的头衔，赵恒便在"文宣王"之前再加上"玄圣"二字，后来又改为"至圣文宣王"，并且大力表彰孔子为"人伦之表"。

赵恒还亲自写劝学诗："富家不用买良田，书中自有千钟粟。"这是何等诱人的宣传。

然而，北宋前期六七十年间，办学、读书并没有形成全国性的大潮。看来，教育事业能否发展，除了政治环境的影响以外，最基本的条件还在于社会经济发展水平所能提供的支持。

教育的蓬勃发展必须有比较丰厚的物质基础和全社会的正确理解。从这一点上说，教育是社会发展的晴雨表。

仁宗赵祯时期，虽然国家财政十分吃紧，冗兵、冗官、冗费及其并发的社会病症令人忧惶，但是整个社会经济，特别是城市经济正在向上飞扬。

城市内部坊墙崩塌，灌注了活力的商品经济正在加速奔跑。人们的视野开阔了，冷寂的人际交往逐渐躁动，作为观念形态的社会文化也必然跟随着跳跃。第一次全国性的兴学热潮，就在仁宗明道、景祐年间（1032—1038）掀起。

庆历四年（1044）范仲淹进入中央决策集团，任参知政事（副宰相）。由他主持的政治改革——"庆历新政"进一步推动了这场兴学运动。

据统计，仁宗时期，前后兴建的州学达67所。

在仁宗之前，只有少数大州城和个别县城设立了官办学校。"时大郡始有学，而小郡犹未置也。"（《宋会要辑稿》）而且许多地方学校，其建制、管理都还相当粗糙。庆历以后，"州郡不置学者鲜矣"，州一级政府所在城市，绝大多数都开办了官立学校，少数县城也办了学。王安石写的《慈溪县学记》记述了慈溪县学迁于县治东边的情况。（《乾道四明图经》）

神宗熙宁、元丰年间（1068—1085），王安石主持变法，在全国范围内又出现了第二次兴学的热潮。

北宋末年，社会经济发展的曲线爬上了前所未有的巅峰，赵佶与其臣僚们利用积累起来的社会财富，搞了许多消遣性、享乐性的举措，但在社会风尚的推动下，也干了一桩好事，从崇宁年间（1102—1106）开始，掀起了第三次兴学热潮。

崇宁元年（1102）八月，蔡京等言，"请天下诸县皆置学"（《宋会要辑稿》）。这一次，官学普及到县，最后形成了历史上第一个遍布于县以上城市的官学网络。

从仁宗时开始，还正式开办官立小学。徽宗时，开封府博士郁师醇建议，"自今应于乡村城市教导童稚"（《宋会要辑稿》）。于是，在各州县更广泛地开办了小学。

三次兴学热潮不仅普及了官办学校，而且也推动了私立学校的发展。城镇、乡村的私立小学如雨后春笋，大量涌现。

在教育史上大放光彩的书院式学校也在两宋时期兴起。

书院，最早见于唐朝。唐玄宗以后，官办的书院只是藏书与修书的场所，许多私人的书院只是个人自己读书之地。像衡阳的石鼓书院，最初就是李宽结庐读书之所。（《光绪湖南通志》）不过也有少数书院开始出现讲学授徒的活动。例如义门书院，陈衮所建，藏书一千卷，弱冠子弟，皆令就学。书院作为学校，还处在尝试阶段。

到了宋朝，书院式的学校开始发展，并逐步形成了自己的特色。

北宋初年，江西庐山白鹿洞书院、湖南潭州岳麓书院、河南应天府睢阳书院、河南登封嵩阳书院、湖南衡州石鼓书院以及江宁茅山书院，就是著名的六大书院。这些书院都得到国家的支持与资助，逐步变成了官办学校。它们的规模一般不大，学员数十人。规模最大的睢阳学院，真宗时也不过房舍150间，可以容纳学员几百人。

北宋中期以后，州县官学兴起，书院便冷落了。据不完全统计，整个北宋时期建立的书院，只有37所。

到了南宋，一度被州县官办学校排挤的书院，竟又在读书的热浪中复苏。创建于南宋的书院达136所。有人根据各省方志统计，两宋书院达397所，而百分之七八十建于南宋，其中有不少私立学校。

有些书院建于山泉林野，也有一些书院建于城市之中或者城郊。张栻所建的城南书院就在潭州城南近郊。大名鼎鼎的岳麓书院，与潭州城也只有一水之隔。

书院的教学方式比州县官学的封闭性教学灵活得多，学术上提倡开放交流。不仅讲学的学者有流动，而且也允许非本书院的学员前来听课，流动性很大。因此，这些书院一般不可能远离城市。

"释耒耜而执笔砚者，十室而九。"（苏轼《谢范舍人书》）

"人人尊孔孟，家家诵诗书。"（《止斋集》）

"自本朝承平，民被德泽，垂髫之儿，皆知翰墨。"（《吴郡图经续记》）

这些说法不免有些夸张。但是，重视智力开发方面的投入确实成了全国性的新风尚。农村如此，城市更如此。这是一个最了不起的巨大变化。历史的发展，需要的是智慧，而不是愚昧。

王安石说："非读书不足以应事。"（《鹤林玉露》）叶梦得甚至要求后代子孙"无事终日不离几案"（《石林家训》）。在上层社会，把读书作为入世的第一项准备，不足为奇。值得注意的是，许多工农之家、商贾之家，以及其他下层人户，也都把学习文化作为子弟竞争于社会的一个重要手段。

北宋末年，江东余干县有个制帽匠，绰号叫"吴纱帽"，徙居饶州城以后，经常接触州学里那些斯文学子，对秀才们的风范、行事深深仰慕，于是督促儿子吴任钩发愤读书，将来也要奔个锦绣前程。近邻的史老也是一个坐贾，与吴纱帽过往颇密，同样敬重读书人，便将女儿许配给吴家儿子，也把希望寄托于女婿读书做官。经过几年苦读，吴任钩拔贡上东京，考试登第，终于挤入了衣冠行列，最后做到"提举江西常平"，算得上一方人物，终于光耀了门庭。

吴纱帽与史老热衷于子息读书做官的这种态度，在市井间颇有代表性。过去，官位被大族垄断，一般老百姓哪能问津？到了宋朝，科举考试大幅度向社会开放，一些无权的平民百姓想使自己或自己的子弟也能成为"人上人"，这多少有了一线希望。于是，"学而优则仕"便也成了一些老百姓追逐的生活理想。

当然，绝对不是人人都把知识的价值囿限于对政治权力的追逐。文化知识在社会生活各方面的实用价值，是促使中下层社会普遍读书的更大动力。否则，怎么连临安城里一个大叫花头子的女儿也饱读诗书、学会写诗呢？那年月，妇女是无权参加科举考试的。

宋朝妇女相当广泛地参加文化学习，接受书山翰海中丰饶的智慧与经验的熏陶，这是教育文化发展的一个十分值得珍视的成果。

有宋一朝，已不是出现一两个"曹大家""蔡文姬"，而是涌现出大批有文化的女性。李清照、朱淑真这些大才女，光彩照人自不必说，像谭意歌、严蕊、聂胜琼、温婉、赵才卿等许多名妓，也都是写诗作词的高手。阮逸之女、蒋兴祖之女、慕容岩卿之妻、徐宝君之妻，这些女性虽然连自己的名字都没有留下，却留下了一些上乘的诗词，至今仍然闪烁着她们的聪慧灵光。王安石一家，其妻、其妹、其女、其侄女也都是善于弄文的闺秀。

妇女读书之风的兴盛，是教育文化发展大潮势不可挡的结果。在社会心理上，对男权主义是一种重重的撞击。

南宋刘松年《秋窗读易图》

　　男人们的学习竞争毕竟更为激烈，学校人数的增长最能鲜明地说明这一点。

　　大观年间（1107—1110），全国州县官学的生员共有16.7万人（《丹阳集》），另一说为24万人（《续资治通鉴长编拾补》）。如果把大大小小的私立学校以及单个家庭教学的都考虑进去，上学的人数十分可观。

　　商品经济发达的地区读书之风更炽，如：江西吉州州学招收生员634人；常州州学生员达1000多人；开封府府学1158人。福建一路，读书的更多，《淳熙三山志》记述，福州"城里人家半读书"，福州州学，子弟员常数百人，建州州学生员达

1328人。（《宋会要辑稿》）

作为地方学校，生员人数如此之多，而且又并非偶见的现象，具有相当的普遍性，这是旷古未有的文明盛况。

魏晋南北朝以来，读书的权利被世家大族与官僚地主所垄断。隋唐两朝，这种情况没有多大改变，读书人依然多是上层社会子弟。到了北宋中期以后，局面发生了较大的变化，接受教育的权利正在急剧下移。

太学是中国古代的国立最高学府。到了宋朝，它敞开大门向整个社会开放，明文取消了对中下层入学的限制。这是教育由贵族化转向平民化的一次大变革。

同样，地方州县官学的招生也一概不论出身。"凡大夫、士、庶人之子为俊士者皆许游焉。"（《武溪集》）在理宗朝担任过南剑州州学与嘉兴府府学教授的汤千说得更明白，他说："即使是胥吏和市井工商的子弟，只要有培养前途的，都收进学校，并亲自为他们讲授经史。"

隋唐之前，社会印刷能力等于零。隋唐两代开始出现了印刷术，但刚刚起步，书籍基本上靠手抄。这就进一步窒息了中下层群众读书的欲望。到了宋朝，造纸业、印刷业、制墨业都迅速发展，书籍市场急剧扩大。正是经济上的飞腾，为教育发展的多角度辐射提供了充分的物质条件。

作为首都，东京与临安城里，学校的数量最多，种类也不少。

第一类，贵族学校。

赵家皇族既可以享受政治上非同一般的优待，也要进行非同一般的特殊教育，于是为他们开办了一些特殊的学校。

宗学，皇族宗子之学。元丰六年（1083）始建，一度中废，徽宗建中靖国元年（1101）恢复。

诸王宫的大学小学。这是各亲王府办的学校，可谓最纯粹的贵胄学校。

内小学，南宋理宗时所建。

对整个皇族来说，实行的是强制性教育。一般规定：十岁以上入小学，二十岁以上入大学。聪慧者可以超前入学，但不准避学。该入学而不入学者，罚款以示惩戒。

第二类，国子监管辖的学校。

国子学，它招收的对象是七品以上官员子弟，生员叫国子生或监生，限额200人。

太学，生员叫太学生。规模很大，元丰年间学生人数达2400人，北宋末年扩大到77个斋舍，达3800多人。

靖康之变以后，南逃到临安就读的太学生只剩下36人。高宗绍兴十三年（1143），在临安前洋街的岳飞故宅重建太学，陆续兴建了20个斋舍。最初学生300人。宁宗开禧年间（1205—1207）在校人数达到1700多人。（《咸淳临安志》）

四门学，仁宗庆历三年（1043）创立，有些具备了入太学条件而又不能入太学的学生，便入四门学，学习一年。不过，这个学校开办的时间不长。

律学，神宗熙宁六年（1073）设立，招收的对象，一是参加科举考试的举子，一是官员。

武学，庆历二年（1042）创建，一度废止。南宋时武学设立在太学的东侧，规模不大，只有6个斋舍，限额100人。

此外，还有弘文馆学（又称广文馆学），参加科举考试的举子，在应试以前，或者在落第以后，都可以前来听讲。它属于官办，非营利性质。

第三类，中央各部门管理的学校。

医学，隶于太常寺，曾一度属于国子监。在校生员高峰时达300人，南宋理宗时250人。分脉科、针科与伤科三个专业。

算学，北宋末年建立，隶属于太史局，学生定员200人。

书学，北宋末年建立，隶属翰林院书艺局，主要学习隶、篆、草三种书体，学生人数无定员。

画学，也是北宋末年所建，隶属翰林院画图局，分佛道、人物、山水、鸟兽、花竹、屋木六科，学生人数也没有限额。

第四类，地方官立学校。

府学。北宋末年，开封府学十分兴旺。南宋时，临安府学建于凌家桥以东。宁宗嘉定年间（1208—1224）生员达200多人，并附设小学一个斋舍。

县学。北宋开封府所属的祥符县与开封县的县学都在东京城内。南宋临安府所属的钱塘县县学由县丞官邸改建，有六个斋舍。仁和县县学在万岁桥旁，有四个斋舍。

第五类，私立学校。

据《都城纪胜》记载，南宋临安城内外，几乎每个里巷都有一二所乡校、家塾、精舍与书会。这里的书会是指补习学校或一般读书团体。四处都可以听到琅琅读书声。

不同学校，规模大小不一，内部建制也有很大差别。除了讲堂与生员宿舍以外，许多学校设立敬祀孔孟的礼堂——大成殿。有的设有藏书馆，有的还有弓射场地。从《景定建康志》所绘《建康府学图》与《明道书院图》可以窥见当时学校的基本面貌。

宋朝学校分类较多，除了表现一定的封建等级情状以外，更重要的是折射着社会分工的发展。

学校不只是官僚后备队伍的培养基地，不同学校的不同规格，造就了适应不同方面需要的人才。

叶梦得，两宋之际名臣，也是一位饱学之士，苏州吴县人。他追述蒙童时代一段读书的情景，十分生动。

他的启蒙老师乐先生家境清贫，在苏州城西办了一所小学。茅屋三间，两间做课室，一间是卧房。

乐先生为人坦直乐观，很少动怒发火。

有一天，已到正午，午饭还没有动静，先生娘子叫一个跛脚的婢女出来禀告："米缸已经空了，怎么办？"乐先生却安之若素，说："稍稍忍一忍，估计会有家长送粮食来。"先生娘子一听，火冒三丈，也不顾先生的脸面，猛然从屏后跳出来，取了先生几案上的戒尺，对着先生的头敲去。先生一见来势不妙，捂着脑袋，拔腿就跑，一脚踩歪，摔倒在地。学生们围着他又笑又叫，把他扶起来。

不久，叶梦得的父亲果然送来了三斗米。乐先生便得意地对他娘子说："我没有诓你吧。这会儿肚子倒是饿得不行了。赶快生火煮饭！"

乐先生每天从早晨起，分别给学生讲授儒家经典，常常朗读上百遍也不厌倦。稍稍有点闲暇，他便趿拉着鞋子在课室里转悠，缓慢地、抑扬顿挫地吟诵不绝。（《石林遗书》《避暑录话》）

私人开办的这种简易小学，大多数都是乐先生这种贫苦知识分子营生之所。例如，齐振，饶州德兴人，温厚好学，家贫苦，教生徒以自给。（《夷坚志》）秦桧早年也曾做过童子师，仰束脩自给。他感叹说："若得水田三百亩，这番不做猢狲王。"（《坚瓠集》）

这类小学的规模，教学好的，声望高的，可能招至百十人，甚至数百人。苏东坡说，他八岁入小学，老师是道士张易简，学生将近百人。（《东坡志林》）一般情况，学生不过三五十人，甚至有只教十来个蒙童的，供给常不足。

这种简陋私学，主要是教孩子学会写字，背诵儒家的一些经典。正如叶梦得所说，乐先生教他背诵了"六经"，一生受用不浅。在这些茅屋小学中，也确实出过一些人才，有的后来在政坛上、文坛上声名大振。

官办小学多数附于州学或县学，比较正规，有一套严格的教学秩序。

行礼。早晨，全班学生到齐，先向教师敬礼，然后学生相互对揖。

明仇英《摹宋人村童闹学图》

授课。先由老师诵读、正字、讲解，然后要求学生记诵。

练习。教师指导学生练字、作文。

温课。指导学生温习当日所学内容。

训导。教师评价学生品行，并在学生中选出二至四个学长，负责检查学生过失。犯过者，十五岁以下的，进行扑打；十五岁以上的，罚款。并由学长登记，学官签字。

洒扫。放学前，轮流打扫卫生，洒扫庭除，整顿课堂几案。

小学中学习的教材，一类是《三字经》《百家姓》《千字文》等识字读物；二类是古诗文读物；三类是《历史蒙求》《名物蒙求》等知识读物；四类是有关伦理道德的读物。

从教学秩序与教材来看，官办小学教育的主要任务是进行忠君、爱亲、敬长、隆师、亲友等伦理道德熏陶，积累文史名物的基本知识，初步培养读写作文的能力。同时也注意培养洒扫庭除的习惯。这种德、智、劳全面发展的教育思想，对后世的影响很大。

城中官学，除了小学以外，其他统称大学，包括县学、州学、太学等所有成人学校。

县学。学制一年。北宋末年规定，每年春秋两次招生，叫补试。合格者注册入学。

教学以旬为单位，学习九天，休息一天。休息日往往还要练习弓射。最初每月考试三次，后来改为每月一次，每个季度的孟月测试经义，仲月测试评论，季月测试对策谋划。每学年正式考试一次。经州学审核，合格者可入州学外舍，叫"岁升"。

州学。学制三年，外舍生学习一年，经公试合格者升入内舍。再一年，合格者升入上舍。每隔三年，上舍生考试，合格者选送入"辟雍"，即太学外舍。

州学的公试十分严格，官府派官员与学官共同主持，并采用密封糊名等办法杜绝作弊。

升级升学的条件，除了考试符合要求以外，还必须品行好，不触犯学规，否则将留级或开除。实际上，许多学生都不能按时升级，甚至被淘汰。

太学。熙宁（1068—1077）以后推行三舍法，要求更严。崇宁元年（1102），上舍生名额200人，内舍生600人，外舍生3000人。要升入内舍和上舍很不容易，因此，太学生在就学年龄上一般没有限制。

县学、州学、太学的学习内容，主要是理解儒家经义，同时进行有关诗赋、论、策的学习与写作，以便适应科举考试的需要。某些地方也注意学习有关边防、文物制度、水利、天文、地理等方面的知识，但没有大力提倡。

官学学生全部享受公费补助，由官府供养，但全国没有统一标准，视各地各校财力大小而定。如北宋末年，余杭县学的补助较高，学生每人每天大米2升、钱24文。当时，太学外舍生每月总共补钱1240文，内舍生1300文。凡州学上舍生入贡京城太学的，路上的食宿开支可以报销。

官学生们不仅享受经济上的补助，而且还可以享受豁免徭役的优待。崇宁二年（1103）规定，所有州县学生可以免除本人的徭役，太学内舍生可以免除全家的户役，上舍生可以享受如同官户的免役优待。

资助优待学生的政策，主要出于官僚后备队伍建设需要的战略考虑，在客观上也有利于整个社会文化素质的提高。官学学生最终进入官场的为数甚少，但是成为胥吏办事人员的不少，教书的不少，从商、从事宗教活动、从事商业性文化活动的也不少，这些知识分子或半知识分子的活动，对于提高全社会的文化水平发挥了极大的作用。

市井杂技

娱乐活动开始面向平民的现象发端于唐朝中后期。寺院里的一些变文说唱、俗讲故事相当吸引人，唐宣宗的女儿万寿公主竟然不顾夫弟身患重病，悄悄跑去慈恩寺观看演出。唐敬宗李湛看厌了宫里的歌舞百戏，也起驾去有名的"和尚教坊"兴福寺，津津有味地听文淑大师讲说那些"淫秽鄙亵"的俗故事。当然，当时在佛门神庙里兴盛的这种通俗文艺，演出的对象主要是"愚夫冶妇"的平民大众。

到了宋朝，城市中坊墙推倒，文化下移，终于涌起了一个汪洋恣肆的大众娱乐新潮。通俗文艺蓬勃兴起，在文化史上具有里程碑意义。

风靡于宋朝城市的瓦子勾栏，是大众娱乐新潮的主要标志。

《东京梦华录》行文所及，北宋东京的瓦子至少有九座：朱雀门外的新瓦子，潘楼街附近的桑家瓦子、中瓦子和里瓦子，旧曹门外的朱家桥瓦子，梁门外的州西瓦子，保康门大街的保康门瓦子，旧封丘门外的州北瓦子以及宋门外瓦子。

南宋临安，瓦子更多。据《咸淳临安志》与《梦粱录》载，共有瓦子17座，如：

南瓦，在清泠桥西，有熙春楼。

中瓦，在市南坊北，咸淳六年更创三元楼。

大瓦，在市西坊内之北三桥街，曾叫上瓦子，也叫西瓦。

北瓦，在众安桥之南，也叫下瓦，有羊棚楼。

蒲桥瓦，在蒲桥之东，也叫东瓦。

菜市瓦，在东青门外，菜市桥南。

旧瓦，在石碑头北，麻线巷内。

根据《武林旧事》与《南宋市肆记》所载，临安城内外共有瓦子23座。《西湖老人繁胜录》则说共有25座。

当时，一般州县城市之中，甚至某些较大的镇子上都出现了瓦子勾栏。如：

苏州有勾栏巷。（《平江城坊考》）

温州有瓦子巷。（《光绪永嘉县志》）

明州有旧瓦子、新瓦子。（《宝庆四明续志》）

湖州有瓦子巷。（《吴兴志》）

江都有南瓦巷、北瓦巷。（《乾隆江都县志》）

建安有勾栏巷。（《嘉庆建安府志》）

乌青镇有北瓦子、南瓦子。（《乾隆乌青镇志》）

瓦子，又叫瓦舍、瓦肆、瓦市，它是一种综合性的商业娱乐中心，比现代的游乐场内容还要丰富。某些瓦舍中有酒楼、饮食店，还有卖药、卜卦、剃剪、纸画以及赌博等多种经营活动。但瓦子的主要组成部分是勾栏。大城市中的瓦子，独勾栏者少，一般每个瓦子有好几座甚至十多座勾栏。东京桑家瓦子、中瓦子与里瓦子加起来共有50多座勾栏。临安的北瓦子有勾栏13座。

勾栏，又叫勾肆，或者叫棚、邀棚、游棚。它是市井中固定的演出场地，也就是今天所称的剧场。

许多勾栏都有个性化的名号，如羊棚、金刚棚，还有东京的夜叉棚。夜叉者，佛教天龙八部之一，为毗沙门天王的眷属，又叫药叉、夜乞叉，意译为"能啖鬼""捷疾鬼"。在我国古代佛教画中，他是个光头、矮胖、赤身袒腹只穿短裤衩的滑稽形象，实际上这种形象塑造源于百戏中角抵或伴舞的丑角。滑稽丑角在我国传统艺术中地位不低，新兴的大众艺术也吸取了这一精华，夜叉棚就是为推崇这类丑角而命名的。

东京城里还有个莲花棚。周敦颐的《爱莲说》认为，莲花出淤泥而不染，濯清涟而不妖，花之君子者也。不少人推崇它的高洁，佛门便以莲花为象征。南齐时东昏侯萧宝卷，是个善于消遣的专家，他在宫中建造了一个贴地金莲，常常要宠姬潘玉儿在莲花上翩翩起舞，美其名曰"步步莲花"。南唐李后主专门建造了一个高达六尺的金莲，善舞的窈娘旋舞其上，轻如凌风之燕。可见勾栏名之曰莲花棚，多半与音乐舞蹈密切相关。

勾栏的规模大小不一。东京中瓦子的莲花棚、牡丹棚，里瓦子的夜叉棚、象棚，是可容纳数千观众的大剧场。一般的勾栏不太大，因为那个时代，剧场中不可能具备很好的音响条件。

南宋李嵩《焚香拨阮图》

勾栏中最要紧的设置是一个木结构的小舞台，它的两侧有低矮的栏杆遮挡。舞台下，观众活动区一般都安置了座位，与露天演出的观看情景大不一样。

宋朝的勾栏经理人十分重视商业性的宣传。勾栏里里外外有不少宣传装饰。勾栏门口贴了招子，还挂了旗牌、帐额、靠背。"正打街头过，见吊个花花绿绿纸榜。"（《庄稼不识勾栏》）招子、纸榜、帐额，都是宣传广告，一般书写节目名称、演出时间以及主要演员的名号。

演出时，观众入场，由工作人员在剧场门口收钱。明朝初年朝鲜印行一种中国语言课本叫《朴通事谚解》，书中说道："勾栏里看杂技去来。去时怎得入去的？一个人与他五个钱时放入去。"元朝勾栏入场也先收钱。"要了二百钱放过咱，入得门，上个木坡。"（《庄稼不识勾栏》）这种收费的情景，可能也反映宋朝的勾栏情况。

不过也有一些勾栏是在演出过程中的间隙向观众收钱的，而且没有一定的收费标准，如同露天演出时一样。《水浒传》第五十一回有一段生动的描述：

> 雷横……便和那李小二径到勾栏里来看。只见门首挂着许多金字帐额，旗杆吊着等身靠背。入到里面，便去青龙头上第一位坐了。……那白秀英早上戏台……开话又唱，唱了又说，合棚价众人喝采不绝。那白秀英唱到务头……拿起盘子指着道："财门上起，利地上住，吉地上过，旺地上行，手到面

北宋佚名《蕉荫击球图》

前，休教空过。"……白秀英托着盘子，先到雷横面
前。……雷横道："我赏你三五两银子也不打紧，却
恨今日忘记带来。"

　　读了这段文字，对于宋元勾栏里的环境与卖艺收钱的情
景，印象就很具体了。

　　宋朝的勾栏是历史上最早出现于市井中的商业性剧场，它
与古希腊雅典的露天大剧场相比有很大的不同。古希腊的戏剧
直接服务于奴隶主民主政治，有鲜明的政治烙印，每年三四月
的戏剧节，为了鼓励公民看戏，政府甚至发给观剧津贴。宋朝
勾栏的商业性演出却完全是为了满足城市居民的消遣娱乐，寓
于某些节目中的思想熏陶只是副产品。

　　勾栏的舞台是狭小的，一般只供三五个艺人活动，甚至只

供一个人演唱。但是，这种小舞台的出现是艺术史上的一个重大突破，它标志着文化艺术的演出不再围禁于宫廷、寺院与豪门府第。艺术，开始拥抱社会大众。

临安的王妈妈茶肆，市民们叫它"一窟鬼茶坊"。其实这是个高级茶馆，士大夫们常在此邀朋会友。之所以会有个如此不雅的称号，是因为在这个茶坊中，有艺人说唱演出，最受欢迎的节目叫《西山一窟鬼》。

茶坊酒店也是通俗文艺演出的另一个重要场所。

茶水适宜于慢啜缓饮，趁此慢饮之机，听听动人的说唱，口福、耳福一并享受，一举两得。因此，许多顾客上茶坊就是为了听书，茶馆老板与艺人也各得其所。

酒店里一般没有安排定期的文艺演出，但临时性的小唱，尤其是三五个乐人来酒店闹点"荒鼓板"，是很常见的事。

无法插足瓦子勾栏的江湖艺人，叫"路歧人"，也有叫"市人"的。专赶春场、看潮、赏芙蓉以及去酒店闹"荒鼓板"的艺人，都属于这一类。路歧人的演出主要在稠密街巷中的空地进行。《都城纪胜》载："如执政府墙下空地，诸色路歧人在此作场，尤为骈阗。又皇城司马道亦然。候潮门外殿司教场，夏月亦有绝伎作场。其他街市，如此空隙地段，多有作场之处。"

还有一些更加落魄的艺人，沿街卖艺，形同乞讨。"有村落百戏之人，拖儿带女，就街坊桥巷，呈百戏使艺，求觅铺席宅舍钱酒之赉。"（《梦粱录》）

这些路歧人的演出，主要是刀棍杂耍，也有讲说弹唱，当时谓之"打野呵"。其演出水平不一定很高，但流动性大，更接近下层劳动大众。

此外，寺庙的宗教性集会、节日集会也都有文艺演出。某些大节日，常常集中文艺界的精华，形成大检阅式的汇演，声势不小。艺人们也愿意趁此良机，以逞风骚。

皇室、贵族、官宦、豪富之家，一般都有自备的家庭乐伎。南宋中兴名将循王张俊，本人享尽了荣华富贵，子孙中也有极会享乐的。其孙张镃，号功甫，"其园池声伎服玩之丽甲天下"。他曾经举行"牡丹会"大宴宾客，"群伎以酒肴丝竹次第而至。别有名姬十辈皆衣白，襟领皆绣牡丹，首带照殿红。一伎执板奏歌侑觞，歌罢乐作乃退……别十姬易服与花而出，大抵簪白花则衣紫，紫花则衣鹅黄，黄花则衣红。如是十杯，衣与花凡十易，所讴者皆前辈牡丹名词。酒竟，姬侍无虑百数十人，列行送客。烛光香雾，歌吹杂作，客皆恍然如仙游也"（《齐东野语》）。

张镃的家庭乐伎队伍，至少有一百人。欣赏完歌舞，皇家与达官豪富不免要换口味，也想看看市井艺人充满浓郁生活气息的表演。宋仁宗罗致民间艺人为皇家供奉，每天要他们说一桩新鲜怪事。（《七修类稿》）南宋高宗当了太上皇，每天也要看一回通俗文艺演出。被他召进宫来的名艺人有：讲史的，宋氏、张氏、陈氏；小说，史亚美；说经，陆妙静、陆妙慧；影戏，王润卿；队戏，李端娘。可见市井间的大众文艺也进入了高门大院。

《武林旧事》的作者周密，一生大部分时间生活在南宋晚期，曾在临安癸辛街上居住多年，撰有《癸辛杂识》一书，书中所记大多是在这条街上的所见所闻。

《癸辛杂识》记载，临安城勾栏中有个身怀绝技的艺人叫王尹生，他的道具是一个直径四五尺的大转盘。转盘上绘了一千多个人物、花鸟与器物图像。他站在一定的距离之外，用一支支小羽箭射向转动的大盘。他先声明几支小羽箭射中哪些部位，然后拨动转盘，使之飞速旋转。只见王尹生屏气凝神，手起处，一支支小羽箭嗖嗖飞出。刹住转盘，请观众检查，果然箭箭命中，毫发不偏。

这是宋朝城市中杂技表演的精彩一幕。

杂技与魔术，当时称为杂耍，这是个十分古老的艺术门类，汉朝叫"百戏"。扛鼎走索，吞刀吐火，一直令人着魔。两宋时，这些表演走向了更广阔的舞台，它们本身的内容形式与技艺水平也大有发展。瓦子勾栏与露天广场经常演出的杂耍项目主要有上竿、打筋斗、拗腰、踏跷、弄枪、舞剑、打硬底（硬气功劈砖等）、弄碗、弄斗、弄花钱、掇筑球（踩滚球）、踏索、踢缸、钻圈、驯兽以及魔术等等。

有些技艺，宋朝以前水平就很高。如唐朝的竿上技艺达到了巅峰状态。幽州艺人刘交托起一根长达七十尺的竹竿，竿上有十二个女孩表演。德宗时教坊中的女艺人王大娘，她托起的竹竿上，竟然有十八个女孩表演，真是神力绝功。到宋朝，因仁宗时的一场竿上事故，皇帝下令，竹竿的长度只留二丈多，竿上技艺便有些倒退。

但更多的技艺却在汉唐的基础上推陈出新。例如绳技，汉朝叫走索，宋朝叫踏索。这种表演，当时没有安全措施，保险系数的大小完全取决于演员技巧的纯熟程度。"闪然欲落却收得，万人肉上寒毛生。"为了刺激观众的胃口，宋朝艺人创造了"索上担水""踏跷上索"以及索上装鬼神等许多新节目。

冲狭技，艺人从狭小的空间冲腾而过。这种技艺也发明于汉朝，不过那时冲过的一般是空荡的竹圈。唐朝开始在狭小圈子内装上刀剑，叫"透剑门"。宋朝，"过刀门"的杂技表演已经普及，艺人们冲过四周扎有锋利刀剑的狭小空门，十分轻松，留给观众的却是一阵惊恐之后的松弛。宋朝新兴的一个杂技项目，即蹬技，当时叫踢弄。具体节目有踢瓶、踢磬、踢缸、踢钟、蹬人等等。艺人们仰卧在桌上，提起双脚踢弄各种器物甚至七八岁的小儿，翻腾运转，颇见功夫。

驯兽，也是一种古老的技艺。驯象、驯马、驯犬、驯熊、驯鹦鹉，朝朝代代皆有。宋朝的艺人颇有创新，尤其是"教飞禽""教虫蚁鱼鳖"，简直到了出神入化的境地。

临安赵十一郎、猢狲王等，都是"教飞禽"的一流专家。飞禽表演的保留节目有"蜡（鹊）嘴舞斋郎""鹌鹑弩"以及"老鸦下棋"。"斋郎"是一种面具，喜鹊听从艺人指挥，戴上斋郎面具跳舞。鹌鹑生性好斗，艺人们利用这个特性，将其训练出剑拔弩张之态，表演一些特技，大受观者喜爱。乌鸦素有慈乌之称，一些训练有素的乌鸦，可以接受艺人的指令，衔着白色或黑色的棋子，井井有条地投于棋盘之上。

鸟雀的驯服已属不易，鱼鳖水族也能训练表演，则更为稀奇了。周密在《癸辛杂识》里又写了他一段亲身经历。他孩提时代，在临安市场看到了一场十分精彩的"水嬉杂技"。有个艺人在一个大木桶里装满了水，水里养着一些鲫鱼、甲鱼、蚌蚧等水族。艺人敲着小锣，高声地呼唤某只鱼鳖的名字，被呼者立即浮上水面，艺人掷去"斋郎""耍和尚"之类的小面具，那鱼儿便戴上面具，摇头摆尾，翻腾跳跃。观众们都陶醉了。这种绝妙的表演，并非周密所仅见。临安街市上的路歧人，还有"三钱教鱼跳刀门"的节目。

当年勾栏中著名的节目还有"使蜂唤蝶""追呼蝼蚁""蚂蚁斗阵"等。蚂蚁之类属于低等动物，但它们在艺人的指挥下

北宋苏汉臣《杂技戏孩图》

竟然可以充当娱悦观众的表演者。例如蚂蚁可以被艺人分成两个营垒，对阵打斗，既能听艺人的指令向前冲杀，又可以听令调整队伍，改变部署，还可以听令班师收军，何其灵妙！这样的杂技表演，古往今来，实在不多。

此外，杂耍中还有许多奇幻魔术。有的魔术师可以使熟肉变成生肉，使生肉还原为牛羊，并使它们复活。有的魔术可以使人穿肠破肚，掐心劈头，这些血淋淋的表演，刺激十分强烈。

杂耍之所以成为人民大众喜闻乐见的观赏性娱乐，原因有三：第一，因为它没有情节，更没有哲理，不需要观众有特殊的鉴赏素养，男女老幼都可以接受；第二，技艺或奇妙，或惊人，或恐怖，可以紧扣观众心弦，让观众获得心理上的某种特殊满足；第三，表演比较单纯，一般不需要太多的装备，随时随地可以表演，便于进入大众视野。因此，这种艺术门类容易适应宋朝城市生活蓬勃发展的需要，其自身也蓬勃发展起来。

北宋末年，东京市井间最出名的女性要数李师师。风流皇帝赵佶对她的缱绻，把她的身价抬高到了无以复加的地步。一般读者只知道李师师是超等的青楼妓女，其实，她还是当时艺坛上最有名的歌星之一。

宋朝的流行歌曲不像今天那些多少带有一点野性的"一把火"之类。像李师师擅长的"小唱"，重起轻杀，浅斟低唱，充满着无限的柔情蜜意。

流行于民间的音乐称为"清乐"。宋朝城市生活的发展，

南唐周文矩《按乐图》

为"清乐"的发展开创了一个大好的时机。

音乐与它的姐妹艺术舞蹈，是先秦以来盛行的传统艺术，奴隶主与封建统治阶级都郑重其事地把它们应用于庄重肃穆的朝会、祭祀以及其他典礼之中，作为神圣的政治装饰。这种音乐叫"雅乐"。演奏雅乐的任务由国立歌舞团承担，歌舞团隶属于礼仪乐舞管理局——太常寺。

宋朝承袭传统，也设立了太常寺，同时又沿唐朝先例，设立了教坊，也归太常寺管理。但它与前面说的歌舞团不是一码事。北宋后期的教坊，教习的内容也不限于歌舞，还包括杂剧。它承担的主要任务是为皇家、朝廷的各种宴会演奏。在这些比较轻松的场合中，不能用雅乐，一般演奏清乐。

教坊设立了十三个专业单位：笙簟部、大鼓部、拍板部、歌板色、琵琶色、筝色、方响色、笙色、龙笛色、头管色、舞旋色、杂剧色、参军色。其管理机构，色有色长，部有部头，上有教坊使、副钤辖、都管、掌仪、掌范，都是杂流命官。

教坊中的专业训练很正规，艺术素养也比较高，网罗了许多高水平的人才。但是，它不能不受到城市生活发展的影响，尤其不能不受到民间大众文艺的影响与冲击。它毕竟是个官办的艺术机构，总不如市井艺人那样能够自由地呼吸大众社会的新鲜空气。当大众文艺蓬勃兴旺起来，教坊便渐渐地失去生气，官方的某些活动，也不得不借助瓦子勾栏的艺人演出。到了南宋高宗时期，加上国家财政拮据，便于绍兴三十一年（1161）正式解散了教坊，有关典礼、宴享只好临时摊派一些民间艺人来应承。

教坊的消失，标志着民间艺术赢得了大半个世界。

宋朝流行的清乐，从形式上看，一是"小唱"，艺人们手执拍板，唱些慢曲、曲破之类。二是"嘌唱"，艺人敲着小鼓唱些短小的歌曲，与"叫果子"（模仿市井的叫卖声加以提高）、"唱耍曲儿"融为一体，如果不上鼓面，只敲杯盏的，叫作"打拍"。三是"唱赚"，王国维说："赚词者，取一宫调之曲若干，合之以成一全体。"（《宋元戏曲考》）实际上，它囊括了慢曲、曲破、嘌唱、耍令、番曲以及叫果子等多种音乐成分，成为最难的一种演唱形式。

十分遗憾，宋朝的这些歌曲大都没有留下乐谱，我们只能从文献上去了解。当时十分流行的这些民间音乐，陶冶了一代又一代的城市居民，也培育了不少高水平的歌星。

北宋末年，东京小唱的名家除李师师外，还有徐婆惜、封宜奴、孙三四等，嘌唱歌星有张七七、王京奴、左小四、安

南唐周文矩《合乐图》（局部）

娘、毛团等。

　　南宋理宗景定年间以后，临安的歌星有一大批，如金赛兰、范都宜、唐安安、潘称心、倪都惜、梅丑儿、钱保奴、桃师姑、一丈白杨三妈、半把伞朱七姐、大臂吴三妈、褙背陈三妈、屧片张三娘、沈盼盼、普安安、徐双双等。（《梦粱录》）仅唱赚的出名歌手就有濮三郎、扇李二郎、时春春、向大鼻、朱伴伴等三十六人。（《武林旧事》）

　　从这些歌星的名号就可以感受到，通俗音乐充满了浓烈的市井气息，深深地扎根于市民群众之中。

　　纯粹的、独立的舞蹈，在唐朝已发展到极盛。当时，歌唱与舞蹈二者分离，歌者不舞，舞者不歌。舞者纯粹依凭姿态的流动与形体的造型，依凭肢腰的袅娜与眼神的流盼来表达某种特殊的情感与意绪。这是一种高层次的艺术。唐玄宗李隆基改造的《霓裳羽衣曲》就是令人神往的高级舞蹈。从事这种艺术活动，舞者需要长期的专业训练与较高的艺术素养。观看这种艺术表演，观者也需要对舞蹈语言有一定的了解。因此，它只属于社会上层和狭小的艺术圈子，与大众距离较远。

到了宋朝，舞蹈艺术出现了新的气象。

集体舞蹈风行。北宋末年，每年的十一月十二日，百官到皇宫祝寿，就有两百多人的小儿队舞与四百多人的女童队舞等大型表演。地方州县的官方集会也常常有队舞表演，"州郡遇圣节锡宴，率命猥妓数十群舞于庭，作'天下太平'字"（《齐东野语》）。这种队舞的政治气味不轻。

在市井间，风靡舞队。南宋临安，正月初一元夕就有几十种化装游行的舞队，如旱划船、村田乐、耍和尚、十斋郎、抱锣装鬼、乔亲事等等。临安市井有好几个清乐社，每社不下百人。到了元宵节，他们又组织鞑靼舞老番人、耍和尚等舞队上街。斗鼓社也不甘落后，组织瞎判官、神杖儿、扑蝴蝶、耍师姨、池仙子、女杵歌、旱龙船等舞队游行，一比高低。

宋朝集体舞蹈突破了唐朝歌舞分离的传统，舞者歌，歌者舞，并且充分利用道具。例如天宁节的小儿队舞就是群舞合唱，且舞且唱，并且手执花枝。女童队跳采莲舞，演员们也是手执莲花，且舞且唱，殿前还设置莲花曲槛。

宋朝舞蹈最主要的新特点是，它开始表现有个性的人物形象以及人物之间的关系。有些舞蹈故事情节更为明晰，例如《降黄龙舞》，表演的是前蜀官妓灼灼的一段悲惨经历。灼灼出席太守府的筵宴，表演柘枝舞，被宴请的客人是一名来自河东的青年才子，倜傥风流，深深地吸引了这名跳舞的丽人。她终于大胆地向才郎表白了爱恋之情，然而，结局十分凄凉，"未满飞鹣之愿，已成别鹄之悲"，比翼鸟做不成，灼灼落得"封却软绡看锦水，水痕不似泪痕深"。这样的舞蹈已近乎舞剧。

宋朝市井间还涌现了一些著名的舞星，如东京有张真奴、陈奴哥、俎姐哥、李伴奴、双奴等等。

不过，舞蹈作为一门独立艺术，在当时的大众娱乐之中求得发展是比较困难的，于是它开始与故事情节相结合，配合着音乐、诗歌、宾白对话、插科打诨，逐渐孕育了我国古代戏剧。

南唐周文矩《观舞仕女图》（局部）

赏心乐事

1976年在河南济源县出土了两件北宋前期的三彩空心瓷枕。

其中一件四个角上各有一个圆形的小画面，左下角的画面上绘着一个系兜肚、绾小髻的胖小子，他坐在地上聚精会神地耍弄着一个着黄色小衣、两臂张开的小木偶。这是对当时杖头傀儡戏的十分稚气的模仿。

另一件枕面上描绘了三个孩子在柳荫池旁游戏的情景：右边的孩子坐在铺绣垫的黑色瓷墩上，提着一个着小黄衣的提线木偶；中间站立的在胡乱地吹着笛子；左边的坐在地上尽情地

陶枕上的《婴戏杖头傀儡》图案

敲着小锣。他们在十分愉快地模仿着"悬丝傀儡"的演出。

傀儡戏是宋朝市井间颇为流行的一种观赏性艺术，除了"杖头傀儡"（即木偶）与"悬丝傀儡"（即提线木偶）以外，还有"肉傀儡"（有人说是用手掌耍弄的小布袋傀儡，有人说是活人装扮傀儡）、"水傀儡"（在船上演出的木偶戏）和"药发傀儡"（据说是以火药为推动力的傀儡表演，这种技艺已经失传）。

关于傀儡戏的起源，众说纷纭。可以肯定，它绝非来自异域，而是我国土产。宋朝一些笔记小说流行一种说法：西汉初年，刘邦被匈奴冒顿大军围困于平城。陈平设计制作了一些艳丽无比的傀儡美女在街头舞蹈，烧起了冒顿老婆阏氏的妒火。她担心一旦冒顿得到了这些漂亮而又善舞的美女，自己将会面临失宠的威胁，于是放走了刘邦。自此以后，乐伎制作傀儡为戏具。此说颇为牵强，但在汉朝确实出现了以傀儡为娱乐手段的记载。

不过，汉朝的傀儡只是舞蹈的一种道具，而宋朝市井间流行的傀儡戏却已成为一门独立的艺术，并且在向杂剧靠拢。

在东京市井，每日五更，天刚刚亮就响起了戏鼓，著名艺人任小三的杖头傀儡戏，在赶演头回小杂剧。许多不恋热床的男女匆匆赶去观看，稍稍去迟，就赶不上趟了。这种传统一直延续到南宋。"繁灯夺霁华，戏鼓侵明发。"很明显，这与商业早市关联密切。

北宋东京城里，悬丝傀儡的名艺人有张金线，药发傀儡的名艺人有李外宁。到了南宋后期，临安的傀儡艺人出名的大大增多。杖头傀儡有张小仆射、刘小仆射；悬丝傀儡有金线卢大夫、陈中喜、陈中贵、郑荣喜；水傀儡有姚遇仙、赛宝哥、王吉、金时好；肉傀儡有张逢吉、刘逢吉；等等。

　　傀儡戏的表演内容，一般都是些烟花粉黛、铁骑公案以及历代君臣将相的故事，更多的是巨灵神姬大仙们的各种虚幻莫测的经历。三五尺小小的布围将人世间的悲欢离合、神鬼界的恩仇报应、充满血泪的朝代兴衰、刀剑交鸣的热闹打斗尽收其中。虽然由一些木头木脑的傀儡来表演，却也频频撞击观众情

南宋李嵩《骷髅幻戏图》

绪的兴奋点。黄庭坚写诗说："万般尽被鬼神戏，看取人间傀儡棚。烦恼自无安脚处，从他鼓笛弄浮生。"傀儡戏中还有不少喜剧性表演，那些充满智慧与欢愉的调侃，那些表现不对称不平衡的诙谐行动，更能送给观众会心的欣悦。杨大年写的一首傀儡诗说："鲍老当筵笑郭郎，笑他舞袖太郎当。若教鲍老当筵舞，转更郎当舞袖长。"

影戏，堪称傀儡戏的姐妹艺术，它是出现于宋朝城市的一种新型艺术形式。仁宗时，"市人有能谈三国事者，或采其说，加缘饰，作影人，始为魏吴蜀三分战争之像"（《事物纪原》）。可见，在北宋中期，东京街头正式出现了影戏。

最初，影戏形象用素白纸制作。到南宋，改用薄羊皮雕刻，并绘上色彩图饰，后世称为皮影戏。

影戏表演的内容也很广阔。大众视野之内的各种生活现象，流传在大众口头上的各种遗闻逸事，都可以在小小布幕上获得反映。

在布幕上出现影像，一般只能在夜间表演，艺术形象也是平面的。它与傀儡戏有异曲同工之妙。一个窄小的平面，一些没有生机的影子形象，由于艺人们的巧妙操作与浓烈的渲染，赋予了它们接连观众心灵的"灵性"。在一定的艺术氛围中，它们充当各种富有个性的角色，使观众们感受到喜怒哀乐的冲击，因此也大受市民的喜爱。仅仅在南宋后期，临安城里榜上有名的影戏高手就有黑妈妈、贾震、伏大、伏二、伏三等二十人。一个城市里集中如此多影戏艺人，可见此艺之兴盛。

影戏的品种，还有"手影戏"。艺人用手势在布幕上映出各种特殊的形象，妙趣横生。华亭县普照寺和尚惠明作诗赞颂说："三尺生绡作戏台，全凭十指逞诙谐。有时明月灯窗下，一笑还从掌握来。"但是这种艺术形式局限性太大，难以得到发展。

宋朝还有"大影戏"，使用的是大幕布。由于受各种条件的限制，这种艺术形式也没能获得发展。

傀儡戏与影戏，在宋朝可以说是戏剧的分支，至少是戏剧的边缘艺术，而典型的完整的戏剧要算正在转型的北方杂剧与南戏。

北宋末年，东京艺坛上曾出现一次小小的轰动。

七月十五中元节，市民们烧盂兰盆祭祀祖先，或者烧些纸钱以散孤魂野鬼。东京城里州西瓦子不仅早几天就开始出卖纸扎的靴鞋、幞头帽子、金犀假带以及五彩衣服，而且从初八晚上开始，就上演杂剧《目连救母》，一直演到十五日。勾栏里挤得水泄不通，场场爆满。

目连，即摩诃目犍连，为释迦牟尼十大弟子之一，他能够直上兜率天，号称神通第一。唐朝即已流行《大目连冥间救母变文》；金朝的院本中有剧目《打青提》；元朝有《行孝道目连救母》杂剧；明朝郑之珍的《劝善戏文》也写了目连救母，而且是个超大型的连续剧。而宋朝东京的《目连救母》的演出，正是大众化塑造目连形象过程中重要的一环。自此，目连的舞台形象才站立起来。

传说目连的母亲叫青提，她秉性不佳，干过不少肮脏的罪恶营生，终于被阎罗王打入十八层地狱。佛教的教义中是不谈孝道的，但是中国的社会则不然。孔子说过："夫孝，德之本也。"（《孝经》）又说"夫孝，天之经也，地之义也，民之行也"（《孝经》）。目连要想在中国的佛坛上立足，不得不变成一个大孝子。于是他只得屡下地狱，无畏地扫除各种困厄险阻去拯救自己的亲娘，终于使母亲脱离地狱，升入天堂。

这样富于人情味的主题，跌宕惊险的情节，自然使这个剧目获得成功。反响强烈的另一个原因，是这个剧目的演出形式十分新奇。

东京演出的这种杂剧，叫北方杂剧，它原来是一些短小的戏剧性节目，有歌舞，有故事情节，但由艺人叙述的成分很多，因此还不能说是独立的、完整的戏剧。到了北宋末年，北方杂剧正在向真正的戏剧转型。

第一，它有了完整的故事情节；第二，它有了受故事环境规定的、由演员扮演具有个性的多个人物；第三，它有了人物之间的冲突与关联；第四，它有了人物的独白与对话；第五，它还伴有音乐与舞蹈。

东京演出的《目连救母》就不再是那种短小的节目，而是容量比较大，演出时间长，情节曲折的大型戏剧。每个戏剧段落，有七八个演员登台。一些学者认为北宋东京的《目连救母》杂剧是连续演出七八天的巨型连本剧。这种综合性的艺术形式，即使在对消遣很内行的东京市民眼里，也是十分新鲜刺激的。

　　南方的杂剧，又叫南戏，或叫戏文。南戏产生于北宋末年至南宋初期之间。

　　明朝祝允明认为，南戏肇始于温州（永嘉）杂剧。此说在后世颇为流行。经刘念慈先生实地调查，发现闽浙沿海一带，包括温州、杭州、莆田、仙游、泉州等地，都是南戏的广阔故乡。

　　杭州、泉州、温州诸城，在宋朝已属商品经济的发达地带，又是面向蓝色大海的重要港口，人口稠密，市民社会非常活跃，有着丰厚的大众娱乐土壤。加之，南宋时期又有大量的北方移民迁入，包括上层的贵族官僚，也有大量城市平民。他们带来了多彩的中原文化，包括北方杂剧等通俗文艺。在东京等城市中方兴未艾的戏剧艺术渗入东南沿海，与当地的民风土俗交融整合，于是富有南方特色的新的戏剧艺术应运而生。

　　后起的南戏具有更加浓烈的戏剧色彩。北方杂剧脸谱化、程式化；南戏则故事更加完整，情节更加连贯，而且更加灵活自然。北方杂剧的角色模型一般只有生、净、外、末、丑五类，南戏逐渐地加上了旦和贴，共分七行，形成了以生、旦为核心的角色表演体系，净和丑则演变为专门化的喜剧角色，角色分工更为细密。在音乐手段的运用方面，南戏也更为自由。北方杂剧中，歌唱的任务落在主要角色一个人身上；南戏中，次要角色也有引吭高歌的机会，歌唱的色彩更加丰富。北方杂剧拥有的乐器主要是鼓、笛与拍板，南戏却是以筚篥为主，以鼓和拍板为辅，显得更加优雅柔和。

　　戏剧是最形象的而且也是十分深刻的表现现实生活的艺术

南宋佚名《杂剧眼药酸图》

形式。它比杂耍、歌舞更深沉，更丰厚，它比小说、说唱更直观，更生动，深受市民垂青。尽管正在形成的这种艺术形式还不够成熟，仍然涌现出一批又一批为市民钟爱的名角。《武林旧事》载南宋后期杂剧的名演员有赵太、慢星子等四十二人，又有擅长杂剧散段的杂扮名角铁刷汤、自来俏等二十六人。

为什么我国古代戏剧比希腊、印度古剧晚了上千年，直到两宋之际才出现呢？台湾学者唐文标先生认为，根本的原因在于希腊古剧的任务是对历史、对祖先、对人作出解释，而中国古剧则是娱乐性的，是对现实生活的一种重复和修正，专门为寻求欢乐、消闲的观众而设。唐先生对宋朝戏剧出现的社会背景的认识是符合实情的。正是宋朝城市中新兴的市民文化的兴起，广大中下层群众需要参与商品交换，从多种渠道去寻找自身的社会价值。这是一种朦胧的历史开拓。

宋朝勾栏中演出的杂剧节目丰富多彩，《武林旧事》记录的官本杂剧名目就有280种之多，其中绝大多数把乐曲的名称直接加入剧目之中，如《莺莺六幺》《三索梁州》《打毬大明乐》《霸王中和乐》《梦巫山彩云归》《王魁三乡题》等，也有少数剧目没有标明乐曲，如《李勉负心》《王宗道休妻》。

极为遗憾的是，这些杂剧的脚本已经失传，我们难以准确地了解它们的具体内容。例如《莺莺六幺》，见诸通俗文艺之中的"莺莺"有二。

一是崔莺莺。源于唐朝元稹的《会真记》。宋朝有话本《莺莺传》，元朝有王实甫的《西厢记》。

二是李莺莺。宋元有作者佚名的《张浩》，皇都风月主人编的《绿窗新话》中有《张浩私通李莺莺》，明朝冯梦龙编的《警世通言》有《宿香亭张浩遇莺莺》。这些戏文与小说都源于北宋刘斧的《青琐高议》中的《张浩》。

张浩是洛阳人，家财巨万，刚成年，城中许多大户人家频送秋波，试图与他结为姻好，但都被他拒之门外。

一天，张浩在花园中遇到一位绝世美女李莺莺，两人一见钟情。第二年初夏，经女尼搭桥，李小姐与张浩幽会，交换了

南宋佚名《杂剧打花鼓图》

各抒情怀的诗词，终成巫山之梦。

　　不数月，李小姐随父赴官远去，一去就是两年，杳无音讯。张浩在外地为官的叔叔回归洛阳，由他做主，选择大族孙氏，为张浩订下婚约。李小姐此时随父回到洛阳，她听到张浩订婚的消息，便把自己私许终身之事禀告父母。可她父母不承认这种非礼的苟合，李小姐毅然跳入水井，幸亏搭救及时，没有酿成悲剧。父母只得派人去张家提亲，可是张家已经行聘孙家，当场拒绝。李小姐竟然亲上知府官衙陈诉，表明自己先于孙家已与张浩订立终身之约，并取出张浩诗笺为证。知府传见张浩，问明缘由。张浩说："此非学生本意，实乃叔父之命，不敢抗拒。"知府说："既然你仍有意于李氏，而孙家尚未完婚，由本官作伐，着你仍娶李氏。"于是有情人终成眷属。

杂剧《莺莺六幺》究竟写的是哪位莺莺已无从考实，但不管是哪一位，两位莺莺小姐的际遇有一点相通，那就是她们对自由爱情与婚姻的大胆追求。这正是我国古代社会千百年来男女青年实现自我的第一个梦寐之求，因此用戏剧形式来表现这个根植于现实生活的主题，大受观众欢迎。

在勾栏中经常上演的剧目还有《赵贞女蔡二郎》《王魁负桂英》以及《张协状元》等。

赵贞女（赵五娘）与蔡二郎（蔡伯喈）的故事，当时已经广为流传。陆游有诗："夕阳古柳赵家庄，负鼓盲翁正作场。死后是非谁管得，满村听唱蔡中郎。"有人说，此诗为刘克庄所作，只是第一句为"黄童白叟往来忙"。陆游与刘克庄都是南宋文坛巨子，很有可能各自都写了大体相同的"七绝"。这种巧合反而更充分证实了赵贞女故事流传的广泛性，这个故事改编为戏剧，当在情理之中。

《张协状元》一剧的脚本保留在《永乐大典》之中，人们可以看到当日在勾栏中演出的大貌。其基本情节与《赵贞女蔡二郎》《王魁负桂英》两剧相同。张协是个穷书生，在困厄之际被五鸡山的一个贫女相救，并且与她结为夫妻。张协中了状元之后，抛弃了这个患难之交，而且将她推下山崖，欲置她于死地。贫女被路过的官员王德相救，并收为义女。后来王德又把义女许配给张协，之后，终于喜剧性团圆。这个故事对负心郎的鞭挞有所减弱。

这些戏尖锐地表现了权势与贫苦的冲突，邪恶与善良的冲突，也深刻地表现了两种道德观念的冲突：一种观念是同舟共济，恩爱共守，它根植于小生产的土壤；另一种观念是势利至上，个人至上，它生发于商品生产的大原。在道德法庭上，广大的人民群众都会站在那些善良女性一边，斥责、诅咒王魁们的背叛与残忍。从历史发展的轨迹上去考察，这毕竟又是一种不可避免的恶的推进。

整个宋朝戏剧表现的题材，当然要广阔得多。经多方考证，仅仅是宋元两朝的南戏剧目就有244个。

在茶坊、勾栏甚至街巷中风靡着的说书艺术，是宋朝大众娱乐中的一个庞大的艺术家族，当时叫"说话"。话者，故事也，"说话"即说故事。其实，它是说唱兼而有之的表演艺术。

说话，不需要过多的道具与表演空间，不需要众多人员的配合，同时又把丰富多彩、跌宕起伏的故事情节精巧地编织起来，通过艺人们高超的语言艺术，紧紧地捉住听众的注意力。它十分容易接近社会大众，也十分适宜于前工业社会所具有的历史条件。《武林旧事》列举南宋后期临安的著名说话艺人，就达96人。

激烈竞争的说话艺术分蘖渐多，归纳为四大类：一、讲史；二、说经；三、小说；四、铁骑儿。其中，讲史与小说最受欢迎。

讲史，就是讲历史故事，主要是讲说历代兴衰、征讨争战等历史政治斗争，一般为长篇连续故事。北宋市井间流行的节目有《汉书》《三国志》《五代史》等，南宋时还流行《东周列国志》《七国春秋》《孙庞斗智》《刘项争雄》《晋宋齐梁》《说唐》《黄巢》以及《大宋宣和遗事》等。临安北瓦子十三座勾栏中，有两座专说书史。

北宋末年，东京艺坛上有个讲说《五代史》的著名艺人，叫尹常卖。常卖，顾名思义，是小贩者流。这名艺人若真是出身小贩，那可就下过大功夫。当时人们公认，讲史的艺人必须熟读经史，博览群书，绝非泛泛之辈可任。另一名"说三分"的大艺人叫霍四究，此人的艺名颇有学究气味。南宋后期临安讲史艺人，出名的有乔万卷、周进士、陆进士、刘进士、陈进士、张解元、许贡士、王贡士、戴书生、刘书生、王六大夫、穆书生、林宣教、徐宣教、李郎中、陈三官人、周八官人、宋小娘子、张小娘子等，多达二三十个。从其艺名可知，这是一群满腹经纶的高级演员。

作为通俗文艺的"讲史"，实际上也是一种通俗史学，故事的基本框架以及大量的情节是忠实于史书记载的，至少有七分是真。市井大众的历史知识，常常就是从勾栏中获得的。临安城里有三个市民酷爱历史，一个是皇城司快行戚彦，一个是姓樊的屠户，一个是雇工尹昌。他们三个一见面就凑在一块谈古论今。有人写了一首打油诗："戚快樊屠尹彦时，三人共坐说兵机。欲问此书出何典，昔时曾看王与之。"王与之何许人也？他就是南宋初年临安著名的讲史艺人。戚快樊屠们的历史知识就来自王与之的说话。

在错综复杂的历史纷争中，冲突与悬念迭起，失败与成功交错，鲁莽与机智映趣，仇杀与宽容相衬，最能搅动市井大众的充满是非爱憎的鉴赏趣味。尤其是那些蕴含在历史经验教训中的道义与卑污，社会势力的纵横捭阖与历史人物的升沉起落，更能深切地寄托市井大众的政治见解与政治理想。

最能吸引听众的是小说。小说，短小的说话，一般为短篇故事。这些动人的故事多数取材于当时的社会生活，或者捏合一些具有新闻价值的传闻逸事，线索较为简单，人物形象的刻画较为细致，主题比较突出。由于小说取材范围很广，传统的意见，把小说分成八个门类，也有人概括为四类。

一、烟粉。主要讲说以烟花粉黛女鬼为中心的悲欢离合。有名的节目如《碾玉观音》《闹樊楼多情周胜仙》《钱塘佳梦》《杨舜俞》等。

二、灵怪。主要讲说神仙妖异鬼怪的故事。如《西山一窟鬼》《红蜘蛛》《水月仙》《太平钱》等。

三、传奇。主要讲说人世间的悲欢离合，大多数为男女爱情故事。如《紫香囊》《章台柳》《张生彩鸾灯传》《李亚仙》等。

四、公案。主要讲说朴刀杆棒发迹变泰、鞭挞奸诈邪恶势力的故事。如《拦路虎》《十条龙》《三现身》等。

小说故事几乎篇篇都能打动听众。在勾栏、茶坊，听众们不仅自己认识了许多形象鲜明的人物，熟悉了许多离奇曲折的故事情节，而且又通过他们的复述与改造，使故事广为传播，因此小说中宣传的思想、观念与好恶，常常作为一种文化原质长久地沉淀在市民心态意识之中。

据《武林旧事》记载，南宋后期临安城里的大众娱乐，分为51种技艺：

演史、说经（诨经）、说诨话、小说、影戏、杂剧、杂扮、傀儡、唱赚、小唱、嘌唱赚色、鼓板、清乐、弹唱姻缘、唱京词、诸宫调、唱耍令、吟叫、唱《拨不断》、合笙、商谜、说

《清明上河图》中的说书人

药、学乡谈、覆射、舞绾百戏、神鬼、撮弄杂艺、泥丸、头钱、踢弄、顶撞踏索、角抵、乔相扑、女飐、使棒、打硬、举重、打弹、蹴球、射弩儿、散耍、装秀才、沙书、教走兽、教飞禽虫蚁、弄水、放风筝、捕蛇、七圣法、消息、烟火。

这些技艺大体上可归纳为四大类：一、杂耍；二、歌舞；三、戏剧；四、说目。许多技艺彼此交融，互相渗透，这是发展过程中常有的事。

娱乐技艺分工如此细密，充分说明了宋朝城市中通俗文艺的蓬勃发展，与此相映的是高手如林，名家辈出。仅以上临安城里51种技艺的出名艺人，南宋后期就有478人。围绕他们形成了一支十分可观的通俗文艺队伍。

值得注意的是，相继出现了各色艺人的行业性组织。如杂剧为"绯绿社"，影戏为"绘革社"，小说为"雄辩社"，清乐为"清音社"，唱赚为"遏云社"，耍词为"同文社"，吟叫为"律华社"，撮弄为"云机社"。

这些技艺组织与市场上其他行业一样，承担着一定的官府差役。南宋时期，教坊解散，皇家或官府的许多宴享、集会，常常摊派市井艺人承担演出任务。可见封建官府对艺人们保持着一定的超经济强制。

艺人组织的内部关系，现在所知甚少，从一些零碎记载中得知，其中有一些资深的长者称为老郎，南宋临安说唱艺人称北宋东京艺人的长者为京师老郎。我国古代技艺的发展具有浓厚的封闭性，师徒传承，常常是依靠口授，即使某些节目有脚本，也只是便于师传习艺所用。那么，老郎多半是传授技艺的师傅和创作编排节目的主要力量，在技艺圈子中的地位与威望必然很高。

由于商品经济的发展与大众娱乐的兴盛，技艺圈子内部的艺术创作力量已经难以应付演出扩大的需要；同时，人们不仅需要诗词与散文读物，而且对于消遣性的通俗文艺读物产生兴趣。于是，专业化的通俗文艺创作组织——书会，应运而生。

宋朝城市中的书会，有的是类似于小型学校的教学单位。如临安城内外，每条街巷中都有一两所乡校、家塾、舍馆和书会，"弦诵之声，往往相闻。遇大比之岁，间有登第补中舍选者"（《都城纪胜》）。这里所说的"书会"，是指私立成人教育补习学校。

作为创作团体的书会，一般与书店有十分密切的关系。当年许多较大的书店，就相当于现今出版社、印刷厂与书籍销售门市部合而为一的经营单位。某些书会就是靠这种书店来销售作品。

书会中的创作人员叫书会先生，或叫才人，他们主要是一些科场失意的知识分子，也有一些文化素养比较高的艺人，还有一些商人和官吏。

书会先生编撰的作品主要有话本、戏文、商谜以及各种歌词。《武林旧事》谈到几位著名的书会先生的创作情况：李霜涯，作"赚词"的绝妙高手；李大官人，善于写谭词；平江周二郎，善于编写"弄猢狲"唱本。

在那个时代，艺人们送给大众的是欢愉，留给自己的却多是不幸。

北宋后期，东京城里有位颇负盛名的说话艺人叫张寿，艺名张山人。他是山东兖州人，从小来东京，在瓦子中混饭，到了神宗朝以后，名声大噪。

他善于说诨话，又会作十七字诗，谈锋犀利，文思敏捷，特别喜欢嘲讽那些权势之家。许多有权势的人家害怕遭他讥刺，纷纷向他馈送酒食钱帛，另一方面又想找机会拔掉他这颗钉子。有一年，一位丞相死了，有人写了一首打油诗加以嘲讽。官府大动肝火，悬赏搜捕这名毁谤者。有人举报张寿，于是将他捕送开封府，知府亲自审问。张寿说："小人在京师住了三十多年，一贯只写十七字诗卖钱糊口，哪敢嘲弄当权大臣。再说，即使小人要干这桩事，怎么会写出这种蹩脚诗来！"知府大笑，把他放了。（《渑水燕谈录》）

张山人虽然在东京说唱艺坛上独步一时，但生活依然清贫，没有积蓄，也没有子息。晚年，他拖着一身重病返回山东老家，却穷死在半路上。过路的旅客中，有人认识这位京师艺坛的老明星，怜其孤贫，捐钱买了两片苇席，把他卷起来草草埋在荒野。

至于女艺人，虽然市井中有人推崇她们，但其社会地位十分低下，往往逃脱不了成为上层社会玩物的命运。像南宋著名歌星潘称心，被权相贾似道霸占；另一个红歌星唐安安被理宗皇帝赵昀看中，成为风流皇帝常规婚恋之外的一种附加的娱乐品。这些女艺人往往得不到一个普通女子应有的尊严。

喧闹的市场

樊楼灯火

刘子翚，福建人，青少年时代在东京开封逗留日久。靖康之变后，回福建做官与讲学。东京的生活给他留下了许许多多美好的、痛苦的回忆。他于是写了《汴京纪事》诗二十首，其中第十八首写道：

> 梁园歌舞足风流，美酒如刀解断愁。
> 忆得少年多乐事，夜深灯火上樊楼。

他说得直截了当，东京勾栏瓦子的游乐观赏都令人心醉得很，而最令人惬意的是深夜里结伴上灯火荧煌的樊楼。

樊楼，又叫白樊楼，北宋末年改称丰乐楼，坐落在皇城东华门外的景明坊，是东京城里最有名的超级豪华大酒家。其实稍微大一点的城市都有这种颇具魅力的酒店茶坊。南宋临安有个三园楼，绍兴有个和旨楼，建康的大有酒楼也很出名。北宋西京洛阳驼马市新造了一个气宇轩昂的大酒楼，在仁宗、神宗朝名声颇大的李君锡路过此地，便情不自禁大叫："有巴！""有巴"是东京市民表示赞赏的惯用俚语，可见洛阳这个大酒楼也可以与东京的高级酒店媲美，不过毕竟还是东京的樊楼名声大。

徽宗宣和年间，樊楼经过扩展整修，建造成一个"三层相高，五楼相向"，彼此连接起来的庞大建筑。栋与栋之间，层层都有飞桥栏杆，明里暗里相通。12世纪街市上的建筑大都是砖木结构，那时称三层，很可能是指上楼梯的三层，用今天的标准看是四层。在当时的街市里，樊楼这种四层建筑，真可谓摩天大厦了。张择端《清明上河图》里有一个二流大酒店，是个三层建筑，在那一带街区已是鹤立鸡群。樊楼自然更加雄伟。话本小说《赵伯升茶肆遇仁宗》里写道："及半晌，见座酒楼，好不高峻！乃是有名的樊楼。有《鹧鸪天》词为证：'城中酒楼高入天……'"在现代人的眼里，几十层的高楼司空见惯，可是在宋朝，市场上的店铺一般都是平房，见到这种四层大楼，怎能不有高耸入天之感！

樊楼的装饰十分讲究，气派豪华。每个过道，每个阁子，都挂着珠帘绣额。夜里，烛光晃耀，灯品新奇。正月初一晚上，屋檐上每个瓦枕中都点上一盏灯，远远望去，宛若金色的飞龙腾翔在邈邈夜空。

站在樊楼，推开窗，展现在眼前的东京市场更是一个千万条游龙飞舞的喧闹世界。

东京的大酒店称为正店。宋朝实行酒的专卖政策，酒曲的制作权力由国家垄断。官府定量把酒曲卖给一些大酒店，它们获得了酿酒的权力，便叫正店。没有酿酒权的酒店叫脚店。脚店卖的酒，由正店供应。

东京城里大小酒店数以千计，而正店只有七十二家。一流的正店，除樊楼以外，还有马行街任店（后改为欣乐楼）、宋门外仁和店、曲院街口遇仙楼、太庙街高阳正店、龙津桥西清风楼、州桥北八仙楼、州桥西宜城楼、班楼、潘楼街潘楼等等。

任店与樊楼相隔不远，其建筑结构却与樊楼大为异趣。进了大门，有条长长的主廊，一百多步，两旁有楼房相对。围绕南北天井，有许多饮酒的高级酒阁子。"都城楼上酒客坐所，各有小室，谓之酒阁子。"（《投辖录》）任店却是楼上楼下都有小阁子。到了傍晚，楼上楼下灯烛明亮，好几百个花枝招展的妓女聚集于主廊檐下，等待酒客呼唤，"望之宛若神仙"（《东京梦华录》）。应召女郎如此之多，这个酒店之大可想而知，每天接待的顾客必然数以千计。

《清明上河图》中的脚店

　　跨入大酒店的，未必都是腰囊鼓鼓的上流酒客。银钱不多的，或者买酒比较少的酒客，一般就座于楼下厅院，这些去处称为"门床马道"。有钱的、嗜酒的上楼去，美其名曰"登山"，可登一山、二山、三山。上山的大多不肯喝闷酒，往往召唤陪酒女郎助兴。服务人员先把女郎名牌送来，听任酒客点将，名之曰"点花牌"。有的酒店干脆把女郎们陈列出来，桃花人面，任君挑选。在大酒店中，陪酒女郎一般只陪酒。其中一些档次高的，颇有些弹唱技艺。有她们在，笑语中串着绵绵歌声，酒客们的酒兴大增。酒后余兴仍浓者，可以跟随妓女去那些永巷幽曲。

　　刘子翚这类公子哥儿以"夜深灯火上樊楼"为头等乐事，可见醉翁之意不全在酒。

　　酒楼毕竟要以酒为顾客服务。咱们的先民，自原始社会晚期起就学会了造酒。到了商朝，饮酒之风大盛。商纣王被周武王打倒，清算他的罪行时，"酒池肉林"算一条，加上他如醉如痴地沉迷于妲己的美色，当是一个超级的酒色之徒。从此以后，身败名裂的酒色之徒并不少见，但这丝毫也不足以动摇人们对酒的迷恋。喝酒的一代多于一代，造酒的一朝精于一朝。

　　到了宋朝，酒和茶简直相当于米和盐，成了饮食结构中的两大支柱。有人说："酒之于世也……上自缙绅，下逮闾里，诗人墨客，渔夫樵妇，无一可以缺此。"（《北山酒经》）北宋神宗熙宁年间，东京城里酒店酿酒，每年光是消耗的糯米就有三十万石。宫廷内酒坊每年酿酒用糯米八万石。（《宋

南宋佚名《柳荫醉归图》

会要辑稿》）从仁宗到神宗时，东京曲院生产的酒曲，也就是俗话说的酒药子，每年在200万斤上下。当时1斤曲一般可酿酒20～60斤，如果按中等水平的出酒量计算，200万斤曲可酿酒8000万斤。即便按东京人口高峰时150万人算，平均每人也达50余斤。这个消费水平实在不低。

饮酒大普及，基础广阔而雄厚，便涌现出大批高水平的饮酒大师。

我国自古以来，豪饮出名的人才代代皆有。西汉宣帝时的于定国担任廷尉时，每当饮酒一石，办起案来更加精明。南朝刘宋的青州刺史沈文秀，后来投降北魏任怀州刺史，此人虽无节操，酒量却是上乘，他饮酒的最高纪录为五斗。连他老婆也跟着练出了一肚子本事。有时，他们夫妇俩对饮一天，沈刺史仍然可以照常办公。唐朝的一些超级诗人也兼长此道。李白初誉为"醉圣"，或称"醉仙"；白居易自称"醉尹"；连皮日休也获得"醉士"的雅号。

这里有个问题需要澄清一下。我国古代的量器，与度器、衡器一样，都在由小变大。汉朝一石不过是宋朝两斗多，南北朝一斗大约相当于宋朝三升。有了这些参照，就可以看出宋朝饮酒大师的表现毫不逊色。

北宋初年的党进，官拜侍卫亲军马军都指挥使，喝起酒来也有打仗那种豪勇，一顿可以喝下一斗多酒。著名宰相薛居正，饮酒至数斗不乱。被宋太宗誉为"智勇无双"的曹翰，也能连饮数斗而神志清醒。真宗时侍读学士李仲容，平常记性很差，越是酗醉越能对答如流。就连真宗皇帝也有饮酒三斗的英雄海量。

这些人的酒量，确是一流水平。不过，山外有山，北宋饮酒的第一号名家，应该是以诗酒豪放自诩的石曼卿。他的诗风格奇峭，他喝酒的方式也十分怪僻：披头散发，赤脚戴枷而饮，谓之"囚饮"；坐于树枝上饮酒，谓之"巢饮"；用藁草捆扎身体，伸颈而饮，饮后复缩进草束之中，谓之"鳖饮"。这简直狂放得有点病态了。他的酒兴与酒量，更是人人甘拜下风。

石曼卿在海州任通判时，另一位超级饮家刘潜专程来访。石通判到刘潜乘坐的船上回访，两人对饮，从白天喝到半夜。

酒坛子快要见底了，一时又难以买到酒，便在船上寻了一斗多醋，掺入酒里再喝，第二天一早，酒与醋全都喝光。

有一次，石曼卿与刘潜到东京城王家酒店对饮，"终日不交一言……至夕无酒色，相揖而去。明日，都下传王氏酒楼有二仙来饮"（《宋史》）。

张安道也是酒坛大将，他常与石曼卿、刘潜一起斗酒。他们比赛从来不说比喝多少盏，而是比喝多少天。（《酒史》）

为什么这些饮酒大师能喝这么多酒？据李时珍的《本草纲目》说，元朝才有高浓度的蒸馏酒，由阿拉伯人传入。其实，宋朝很可能出现了蒸馏酒，但不普及。宋人喝的一般还是黄酒、果酒，酒浓度较低。否则灌下一斗（相当6641毫升）烈性白酒早就烂醉如泥了。低度酒成了老少咸宜的饮料，从而也培养出了大批英雄海量的饮家。

南宋李嵩《四迷图·酗酒图》

市场需求扩大，竞争激烈，于是名酒辈出。张能臣写的《酒名记》，列举的名酒达210多种。如樊楼酿造的眉寿与和旨、任店的仙醪、遇仙楼的玉液、清风楼的玉髓、潘楼的琼液、高阳正店的流霞、铁屑楼的瑶醽等等，都是上等佳酿。《梁溪漫志》谈到叙州的重碧、齐安的蒲萄醅，也颇出名。真州的花露也是名酒。（《野客丛书》）

《武林旧事》一书开列的南宋诸色名酒也有54种，例如：

蔷薇露、流香，出于御库。

宜赐碧香、思春堂，出于三省激赏库。

风泉，殿司所制。

有美堂、中和堂、雪醅、真珠泉、皇都春、常酒、和酒，是临安市场上的走俏好酒。

琼花露，扬州名酒。

六客堂，湖州名酒。

齐云清露、双瑞，苏州名酒。

清若空，秀州名酒。

蓬来春，越州名酒。

第一江山、北府兵厨、锦波春、浮玉春，都是产于镇江的佳酿。

秦淮春、银光，建康名酒。

清心堂、丰和春、蒙泉，产于温州。

萧洒泉，产于严州。

金斗泉，常州名酒。

错认水，婺州之佳酿。

　　庆远堂、清白堂、蓝桥风月、紫金泉、庆华堂、元勋堂、眉寿堂、万象皆春等等，是一些高官府邸酿造的高级酒。

　　许多名牌佳酿都在竞争中赢得了市场，同时又促进了市场的发展。

　　有了好酒，必然讲究器具。一些酒家为了显示豪华气派，用白银打造碗盏、饮器。东京仁和店与会仙楼正店，都常有成百套高级餐具供使用。顾客上门，只要有两人对饮，就送上酒壶、酒碗一套，盘盏两副，果菜碟各五片，汤菜碗三五只，一色白银打造。光这套餐具，至少要用一百两银子。南宋临安康家、沈家、施家、王家等酒店，郑厨分茶酒肆也都使用全桌的白银器皿。可以想见，当时市场风气较好，酒店里人来人往，并不担心高级器皿被拐带。

南宋钱选《扶醉图》

　　当然也并非绝对保险，有一次，南宋建康大有酒楼失盗，就丢失白银器皿数百两。（《癸辛杂识》）

　　酒器，是酒文化的重要载体。市场中，高质量酒器的大量使用，反映了人们对酒的喜爱。而酒器形状的演变，也能反映渗透于酒文化中的社会观念的变化。

　　酒壶，又叫注子。现代出土的唐朝中叶的酒壶，多半是大盘口、短颈、鼓腹，壶的嘴也很短。到了宋朝，酒壶的基本风格就显得轻盈、洒脱、雅致，壶身高了，壶嘴与壶柄也伸长了。酒杯也如此，出现了高脚酒杯、带柄的小酒杯。这就使人联想到唐宋时期一般审美观念的变化。如唐朝绘画中的美女形象，着意表现的是她们的丰满。唐朝画卷中，从神女到宫女，从贵妇到民妇，头部都比较富态，嘴小、眼小，而双颊却是相当丰满，多少有点像短嘴鼓腹的酒壶。唐朝仕女像十分明显地透着天竺佛像的标韵，而宋朝的美女形象已经彻底回到人间。就连山西太原晋祠的圣母及其侍女，这些圣洁的神女塑像也浑身流动着现实生活中的美：清秀、窈窕、洒脱。

　　布满大街小巷的饮食店铺，不仅酒店多，还有大量的茶坊。茶的饮用，最迟开始于汉朝。三国时，孙皓举行宴会，韦曜酒量不大，孙皓秘密赐给他代酒的茶。（《永乐大典》）饮茶的大众化，始于唐朝中后期。穆宗时李珏说："茗饮，人之所资。"（《文献通考》）可见当时一般人少不了茶。到了宋朝，饮茶更为普及。"茶为人用，与盐铁均。"（《宋史》）"君子小人靡不嗜也，富贵贫贱靡不用也。"（《盱江集》）

茶成了上上下下的人们生活的必需品。茶叶产地，比唐朝扩大了两三倍。茶税收入高峰时超过唐朝二三十倍。唐朝中后期每年茶税不超过四十万贯，北宋徽宗政和六年（1116）茶税收入达一千万贯。此外，在茶叶制作以及饮茶的方法上，也都有重大进步。宋徽宗写的《大观茶论》说："故近岁以来，采择之精，制作之工，品第之胜，烹点之妙，莫不盛造其极。"

茶叶消费市场扩大，必然促进茶叶生产的发展。宋茶分为七大类：一曰白叶茶，民间大重；次曰柑叶茶，为食茶之上品；三曰早茶；四曰细叶茶；五曰稽茶；六曰晚茶；七曰丛茶，一年发芽数次。茶的品类增多，高级名茶便也相应涌出。最有名者：建州之蜡茶，江左之龙茶。仁宗时，蔡襄主持制作的建州小团茶更为有名。欧阳修的《归田录》说："茶之品，莫贵于龙凤，谓之团茶。"此外，京铤、石乳也是高级茶叶。

福建建州乃产茶胜地，制作特别精工。北宋皇帝们与上层社会就爱吃建州茶。欧阳修有诗："建安三千五百里，京师三月尝新茶。"（《北苑茶录》）南宋，每年仲春上旬福建漕司进献的"北苑试新"，即挑选建州最佳的雀舌、冰芽所制，制成方寸小銙呈献皇帝，不过百銙，每銙值四十万钱。

北宋末南宋初，建州苑所制的细茶共有36种，例如：贡新銙（大观二年）、御苑玉芽（大观二年）、万寿龙芽（大观二年）、白茶（政和二年）、长寿玉圭（政和二年）、上林第一（宣和二年）、龙团胜雪（宣和二年）、龙凤英华（宣和二年）、万春银叶（宣和二年）、承平雅玩（宣和二年）、龙苑报春（宣和四年）、南山应瑞（宣和四年）。

南宋刘松年《撵茶图》

　　这些高级茶叶主要供应上层社会消费，但在市场上，茶坊所卖的奇茶异汤也不乏高等茶品。

　　宋朝城市中人喜欢上茶坊。大茶楼常有许多富家子弟以及衙门吏人会聚。他们来茶店并不完全是为了喝茶，而是学习乐器，教唱歌曲，这叫"挂牌儿"。

　　一些高雅的茶坊，如临安的王妈妈茶肆、黄尖嘴蹴球茶坊、蒋检阅茶肆、大街车儿茶肆，都是士大夫期朋约友会聚之处。也有一些低档茶坊，出入的多是下层商贩工匠以及其他平民。也还有一些妓女驻泊的"花茶坊"，如临安朱骷髅茶坊、俞七郎茶坊等即是。

东京、临安的饮食行业，除了酒店和茶坊以外，还有：

瓠羹店，一种大饭店。它们的大门前都扎有山棚，往往挂着二三十块成边的猪羊肉。

川饭店，具有明显的四川风味——麻和辣，使人享受到振奋不已的刺激。

南食店，标榜南方特色——江浙的酸甜，广南的鲜嫩。

闷饭店，大盘大碗，价钱便宜，可以满足下层消费者只求粗饱的要求。

分茶店，有的叫分茶酒店。其中规模大的，酒菜丰饶，花色甚多。也有一些小分茶酒店，供应的不过几样平常下酒菜。还有一种分茶店，即是面食店，既供应面食，又供应下酒菜肴。据吴自牧《梦粱录》记述，临安分茶酒店供应的菜肴有百

《清明上河图》中的茶坊

味羹、千里羊、水龙白鱼、三色水晶丝等共241样。

荤素从食店。从食，指包子、馒头、春卷、糕饼、油炸、汤圆、粽子等点心。顾名思义，荤点心有肉食，如鱼肉馒头、鹅鸭包儿、肉油饼等；素点心无肉食，像枣籤荷叶饼、镜面糕、菠菜果子馒头等。

此外，还有专门的馄饨店、糖饼店、胡饼店、油饼店以及粉食店等等。

之所以出现如此众多品类的饮食店铺，是因为顾客的众多、口味的不一，年龄、职业、地域不同所形成的不同消费习惯、不同消费心理，再加上消费能力的差异，这样一些客观的多元需求，形成一种不可遏止的力量，促进了市场分工的发展。

整个社会需要分工，行业之间需要分工，一个行业内部又需要分工，即使是一个经济单位内部也需要分工。商品经济越发展，这种分工也就越细。从饮食行业的情况可以看出，宋朝商业市场的分工已经出现了较为复杂的情况，分工水平远远超出了唐朝以前的商业市场。

俗话说："七十二行，行行出状元。"所谓七十二行，只是一个约数。我国古代社会对于职业的分类并没有科学的标准，有时只是根据官府科索回买某些物资的需要而分行。

但是行业在不断增多，这是一个比较明显的趋势。隋朝洛阳的丰都市，资货一百行。（《太平御览》引《西京记》）唐朝长安东市二百二十行。（《长安志》）据日本学者加藤繁推测，当时长安东市实际上只有一百二十行。（《中国经济史考证》）到了北宋王安石变法时，东京市场上愿意交纳免行钱的就有一百七十多行。南宋，临安市场飞速地增加到四百四十行。（《西湖老人繁胜录》）这种趋势反映出行业的分工越来越细。

宋朝市场上，粮食类有米行、麦行。当时原粮出米率比现在低得多，不过百分之五十几。糠里保留的碎米不少，是优等的饲料，于是市场上出现了专门化的糠行。

水产类行业也分得很细，有鲜鱼行、海鲜行，还有鲞团，也就是干鱼行。

古人偏爱吃螃蟹，宋朝人特别是上层社会尤其酷爱这种横行之物。一次，仁宗皇帝举行小型家宴，他的嫔妃、儿女都争着献菜。有人献了一盘子新上市的螃蟹，二十八只。仁宗皇帝问，这些螃蟹花多少钱？下面人说，每只一贯钱。连仁宗也觉得有点不安了，太贵！当时一贯钱大约可以买一至二石粮食。北宋末年，蔡京叱咤风云，挥金如土，某次，他举行宴会，仅仅是蟹黄馒头这种食物，就花了一千多贯。可见，对于螃蟹，消费的需求很大。这样，宋朝市场便有了专业的蟹行。

行业分工越来越细，对于社会经济的发展是一种重要的推进力量。

农民家庭里，老子与儿子都必须学会所有的农活，种、插、犁、耙、耕、收割，样样皆能，小农业生产没有什么专业分工。一家一户的小手工业生产，夫妻店，也谈不上专业分工。这种小生产一般只能重复简单的再生产，在漫长的农业社会，这种小生产就成了社会经济的支柱，因而社会的发展像蜗牛一样缓慢。

在两宋时期，小生产还是汪洋大海。但在城市中，在商品经济的某些领域开始出现了一些专业分工比较细、规模也比较大的经营实体。樊楼这种大酒店与夫妻店的经营就大不一样了。

大酒店的经营结构，有三个主要部分：

一是表层部分，食品销售部门，也就是接待顾客的餐厅，当时叫厅院，包括高级雅座小阁子与"门床马道"。在餐厅服务的劳动者叫"行菜""过卖"，或者加上一个"博士"美号，叫"茶饭量酒博士"。这些服务人员除了殷勤待客，善于应酬以外，至少还要有两大本领：第一，必须烂熟本店所有食品名称与价格。顾客们点了热的、冷的、炒的、煮的好几样，甚至十几样，博士们要一口气报到厨房，结账时也须件件算清，不能有半点差错；第二，旺季旺时，"门床马道"顾客众多，为了提高递送食物的效率，往往需要用几片小木板把一二十个碗盏重重叠叠架起来，像一垛墙，一次送出，分发到不同顾客桌上，马虎不得。至于察言观色，了解不同顾客的心态与需求，做到使顾客们心满意足，下次再来，这就需要更高的本事了。一流大酒店的"博士"数以十计，樊楼五栋四层，共二十个层面，每个层面一至两名，至少也要三十个"博士"才能应付局面。

二是中层部分，食品加工部门，也就是俗话说的厨房、灶房，当时叫"局内"。大酒店的厨房是一个忙碌的加工作坊，也是一个充满创造性的工艺车间。大师傅们称为"铛头""着案"，数量不会少。他们清洗、砍切、配料制作、煎炒蒸熬，要调制出适应各路顾客的千百种菜肴，特别是调制一些本店特有的风味食品，没有相当功夫办不到。有一个地方州官从东京雇请了一名高级厨娘，用四人大轿接到府上。她举止潇洒，气度娴雅，能写能算。州官的亲朋好友纷纷前来祝贺，并且希望能欣赏一下年轻厨娘的身手。她把自己携带的行头拿出来，锅铫盂勺汤盘，都是白银打造，砧板刀具样样精致，旁观者大开眼界。州官点菜，第一道叫"羊头睑"，另配韭菜碟子五个。做这一道菜，厨娘要了十个羊头，五斤韭菜。她运斤成风，技艺娴熟，但每个羊头只切了睑肉，其他统统丢弃，韭菜也只选了类似韭黄的部分，绝大部分舍去。她做的菜虽然耗费很大，可是馨香脆美，济楚细腻，难以尽其形容。从这个厨娘手下，可以看到当时的高级烹饪技术。大酒店的厨师，其烹饪水平自然不会低于这位厨娘，看看菜谱便可说明。

临安分茶酒店的菜肴，随手摘录几样如下：十色头羹、酥没辣、象眼头食、荔枝腰子、奈香新法鸡、小鸡二色莲子羹、绣吹鹅、五味杏酪羊、细点羊头、三色肚丝羹、二色水龙粉、揎望潮青虾、香螺睑、臊子沙鱼丝儿、银鱼炒膳、麻饮鸡虾粉、蜜炙鹌子、野味鸭盘兔糊、枨醋洗手蟹、五味酒酱蟹、米脯风鳗、生睑十色事件、润獐肉炙、犯儿江鱼炙等等。从名称上看，这还只是一些质朴的菜肴名称，没有艺术加工。其实，中国烹饪是一种高水平的工艺，不仅讲究菜肴的质地、健康的养分，而且特别讲究色香味这些刺激性因素的调理搭配。一盘高级菜往往是一件精致的工艺品，绝非等闲之辈可为。

　　三是深层部分，酿酒部门，也就是酒作坊。东京七十二家正店都有权酿酒。官府每年配给樊楼酒曲五万斤，平均每天用曲137斤，可以酿酒5500斤以上。当时的工艺水平，生产五六千斤酒，需要二三十个酒匠，可见作坊不小。这二三十个酒匠不可能都干同样的活，必须有适当分工。

　　一流大酒店，餐厅、厨房与酒作坊加起来，大约有三五十个劳动者，樊楼估计有七八十个。对于每个部门内部的分工情况，我们无法了解，但是，这三个部门之间的专业分工却是极为明晰的。

　　此外，大酒店还必须有采购人员、财会人员以及管理人员，甚至还可能配备"运输班"。脚店的酒是由正店供应的，

《清明上河图》中的酒店

东京街头上就有一种专门运酒的太平车，或者用牛拉，或者用驴拉，车上搁着两个大酒桶，每桶可以装酒三斗。

由此可见，樊楼这些大酒店已经超越了简单商品生产，是一些比较大的商品生产与商业经营单位，其分工的水平与经营的规模，远远超出了小生产范围。

《清明上河图》中的运酒车

商业的角逐

偷安忍耻于江南的宋高宗赵构，做了三十五年窝囊皇帝，五十六岁时从金銮殿退下来，当了个消闲的太上皇。此后，他逍遥了二十五年。继承大统的孝宗赵昚常常在他面前力陈恢复中原的大计，他却一瓢冷水泼了过来，说："等老者百岁以后，你再去研究这个大计划吧！"他的"恐金病"已成绝症，无论用什么药都无济于事。于是，他纵情于西湖山水，但求被暖风吹醉。

在西湖苏堤上，有好几家出名的餐馆，家家都有拿手好菜：宋五嫂的鱼羹，李七儿的羊肉，宋小巴的血肚羹。

有一次，赵构游西湖，点了宋五嫂的鱼羹，并且宣她上船，特别召见了这个半老的女店主。宋五嫂一家原来在东京街上开店，靖康之难那年，跟随南逃的人群流迁到杭州。由于她烧的鱼汤特别鲜美，闻名遐迩，便连帝王家也要试试口味了。赵构尝了她的鱼羹，果然鲜爽可口，便要她日后经常给太上皇宫进送。同时念她是东京故人，便赏她金钱十文、银钱百文、绢十匹。

一个市井烧鱼羹的女店主居然获得如此荣耀，她那鱼羹的美好名声自然更加顺风远扬了。顾客们蜂拥而至，把她的餐馆挤个水泄不通。

市场上的某种商品由于获得某个特殊人物的垂青，其身价大增，这种尾随名人的消费心理，自古至今皆然。

南宋有个太学生叫林外，其外表俊美，文章潇洒，就是有点玩世不恭。某天，他来到西湖边一个小旗亭饮酒。他叫来酒家买酒，掏出虎皮篓子把钱全部倒干净，篓子空了。过了一阵，他又要买酒，再次掏出虎皮篓子，又倒出钱来。再隔一阵，他第三次买酒，虎皮篓子里又倒出钱来。周围的观者都被弄蒙了。再仔细看看他的形貌，果然是位来自仙乡的异人。于是人们敬畏地观察他的一举一动，只见他临走时向店家要了笔墨，在壁间题下诗句："药炉丹灶旧生涯，白云深处是我家。江城恋酒不归去，老却碧桃无限花。"（《齐东野语》）

第二天，临安城里迅速传开，西湖边上小旗亭酒肆有神仙降临。本来这家酒肆很不起眼，这个消息传开以后，人们似乎一下子醒悟过来，快去尝尝神仙尝过的美酒吧！

神仙当然是假的。林外那个虎皮篓子里源源不断出钱的把戏，是他事前准备了好几个同样形状的虎皮篓子，每个篓子里都装了几个钱，略施小技，便把人们耍弄了一番。

在古代，最受人尊崇与膜拜的当然是帝王与神仙。不过要获得帝王的恩赏、仙人的垂顾，其机缘实在太少太少！做生意的，牌子还得靠自己去闯。

南宋佚名《西湖春晓图》

　　在喧闹的市场中，生意兴隆的店铺在消费者心目中逐渐建立起不倒的丰碑，它们成了名牌。"大抵都下买物，多趋有名之家。"（《都城纪胜》）可见当时消费者看重名牌已成一种时尚。

　　《枫窗小牍》谈到北宋东京的不少名牌食品，如：王楼的梅花包子、曹婆婆的肉饼、薛家的羊肉饭、梅家的鹅鸭菜品、曹家的从食点心、徐家的瓠羹、郑家的油饼、王家的乳酪、段家的熝炖食物、石逢巴子的肉食等等。

　　要了解这方面的情况，我们还得通过孟元老的《东京梦华录》。

　　从宋徽宗崇宁二年（1103）到钦宗靖康元年（1126），

孟元老住在东京，这正是他的少年到中年时期。他对东京城里的风物了如指掌，一门一桥、一街一巷、一节一俗，都烂熟于心。关于名牌商号，《东京梦华录》就有不少记述。

除了樊楼这些正店大酒家以及名声很大的曹婆婆肉饼等，孟元老难以忘怀的还有孙好手的馒头、鹿家的包子、李和家的鸡头、海州张家和皇建院前郑家的胡饼。他特别提到，皇城西右掖门之外西车子曲"史家瓠羹、万家馒头，在京第一"。他还介绍说，能接待上流宾客，供应高档下酒菜肴的著名餐馆，第一要数白厨和州西安家巷的张秀家，其次是保康门的李庆家、东鸡儿巷的郭厨、郑皇后宅后的宋厨、曹门砖筒的李家以及相国寺东边的骰子李家与黄胖家。

孟元老一定是个美食家，餐馆的门类、优劣，他如数家珍。此外，他对其他行业的名牌店铺也略有涉猎，如丑婆婆药铺、大鞋任家产科、山水李家口齿咽喉药，还有石鱼儿、班防御、银孩儿、柏郎中家医小儿、无比客店、熙熙楼客店、唐家金银铺等。

南宋临安的名牌铺号，笔记小说中记述更详，仅仅是吴自牧的《梦粱录》卷十三"铺席"一目，就记下了一百多家出名的商店。如：市西坊张家铁器铺，淮岭倾锡铺，铁线巷笼子铺，熙春楼下双条儿铲子铺，彭家温州漆器铺，官巷内飞家牙梳铺，金子巷口傅官人刷牙铺，市西坊北纽家彩帛铺，官巷内马家、宋家领抹销金铺，李博士桥邓家金银铺，三桥街柴家绒线铺，小市里舒家体真头面铺，水巷桥河下针铺，水巷口戚百乙郎颜色铺，修义坊北张古老胭脂铺，市南坊徐官人幞头铺，沙皮巷孔八郎头巾铺，中瓦前彭家油靴铺，大瓦子邱家筚篥，保佑坊张官人诸史子文籍铺，李博士桥汪家金纸铺，狮子巷口徐家纸札铺。

还有不少知名的药铺与饮食店，此处从略。

其实，吴自牧列出的名单并没有囊括所有出名的店铺，例如南宋后期，陈起在临安府棚前北睦亲坊开设的"陈宅经籍铺"，是有宋一朝最负盛名的书店之一，而《梦粱录》里却榜上无名。即便如此，吴自牧所举的名牌商号，已是洋洋大观了。

为什么会涌现出如此众多的出名店铺？这是竞争的产物。

被奉为商人始祖的白圭，战国时期周人，他说得坦率："吾治生产，犹伊尹、吕尚之谋，孙吴用兵，商鞅行法是也。是故其智不足与权变，勇不足以决断，仁不能以取予，强不能有所守，虽欲学吾术，终不告之矣。"（《史记·货殖列传》）白圭形容得很具体，商业竞争就像政治上、军事上你死我活的搏斗，需要权变、决断，也需要沉稳守待和不失时机的进退取予。没有这些本事，做不了大买卖。

千百年来，大小商人都自觉或不自觉地卷入这种求生存、求发展的搏斗，只是所涉范围深浅有所不同。到了宋朝，商业市场在空间与时间上都已大为拓展，白圭的后继者们奔竞的脚步声轰然如潮了。

参与商业竞争，除了高深的权谋以外，还有许多具体的经营手段，这是一门永无止境的大学问。宋朝的商人们已经初步显露了这方面的才华。

　　商家是卖什么的？能提供什么服务？这是消费者最先需要了解的。

　　肩挑手提的小贩，搭小棚摆地摊的小商，其货品让顾客一目了然。这是最原始的商业宣传。张择端的《清明上河图》中，有卖绳索、卖刀凿的摊子，有卖甘蔗、卖小吃的摊贩。还有一名老者用一根小竹子把七八种小商品悬挂出来走街串巷。他们的宣传广告就是商品本身。可是在拥挤的街市中，店铺林立，哪能让顾客家家店店都去看个究竟！

　　最简单的办法就是立一个特殊的标记。这个发明创造，大

《清明上河图》中的摊贩

概要数酒家的酒帘最典型。酒帘，又叫"招子"，《韩非子》说："宋人沽酒，悬帜甚高，即酒旗也。"至少在战国时代就已经出现了这一宣传形式。到了北宋，东京街上的酒帘一般是川字旗，三条蓝布夹着两条白布。

但是宋朝多数商人已经超越了"招子时代"，不少店铺使用了比"招子"更为进步的招牌。这是一种更明确更具体的宣传品。

《清明上河图》生动地描绘了街市招牌的情景。在东水门城门之内的十字街口，东边一家大酒店的川字酒帘上写明"孙羊店"三个字，并且竖立了"正店"的牌子。来往行人举目一望，便知此乃孙家大酒店，有酿酒作坊。

《清明上河图》中的正店酒旗

十字街口周围还有不少全露或半露的招牌，如"刘家上色沉檀栋香""久住，王员外家""××锦匹帛铺""杨大夫××"。有一间店铺，门楣上四块木板高挂，端端正正四个真书大字——"赵太丞家"，太丞，即太医丞，是宋朝太医院的副院长，一流的专家。这位赵太丞退休之后开了个私人诊所，或者他的子孙辈继承了这份家业，继续打出高级太医的牌子。

到了南宋，有些商人又开始在招牌上动脑子。临安修义坊有个"三不欺药店"。"三不欺"，就是要使顾客相信，货品真纯不掺假，斤两足实不少秤，价钱公道不欺人。有了这三条，买药的心里就踏实了。

临安还有一家"染红王家胭脂铺"。招牌上加"染红"二字，比其他牌号显得跳脱、活泼。再说，来买胭脂的，自然是为了涂脂抹粉讲究个漂亮，招牌上对红色加以强调，使消费者心理上产生一种特殊的兴奋。

欧阳修说："京师食店卖酸馅者，皆大出牌榜于通衢。"（《归田录》）酸馅，即有酸馅的包子或饼子之类。《夷坚志》中"景德寺酸馅"一条可证。

《清明上河图》中，"赵太丞家"铺面之外，两侧就有几块牌式广告，一块为"五劳七伤×××"，一块为"×××丸医肠胃×"，另一块为"治酒伤真方集香丸"。

招牌广告毕竟还是一种初级的商业宣传，缺乏生动的诱惑力，而且直接刺激消费者情绪的空间范围比较小。为了竞争，宋朝商家翻出了新的宣传花样。

山东济南城有一家制作缝纫用针的作坊，老板姓刘。他的宣传意识十分强烈，采用了传单式的商业广告进行促销。传单不大，但极为鲜明地强调该店产品是上等钢材制造的"山东济南刘家功夫细针"，并且以白兔作为商标。这是目前发现的我国历史上最早的商业传单。

后来又出现了招商广告。南宋时，某次浙东一带大旱，官府"即书印榜遣人散于福建、广东两路沿海去处，招邀米客"（《朱文公文集》）。传单式广告，在宋朝是一种新颖的宣传形式，不仅可以大范围地扩散商品信息，而且具有一定的指导性，提醒消费者注意防避伪劣产品，购买货真价实的商品。更值得一提的是，这时已经出现了商标，这是指导消费者识别真伪产品的一种标记，也是商家对产品质量保证的一种特殊承诺。传单的设计者已经初步懂得了宣传广告的艺术性要求，在传单上绘有作为商标的白兔，尽管绘画水平不高，色彩单一，但放在当时的商业环境中，它十分有效地刺激了消费者的购买欲望。

在宋朝城镇的街市上，许多商贩与工匠采用吆喝的办法，把商品信息和服务信息传达给消费者。某些吆喝者的叫声富有特色，十分动听，于是艺人们把它们提炼加工成为一种专门的声乐艺术——"叫果子"。悦耳的歌唱式的叫果子宣传，既使听者爽心，又刺激了消费者的购买兴趣。

更高一级的声音宣传是使用乐队。绍兴年间（1131—1162），临安街上的一些大茶坊，夏季经营解暑饮料，如缩脾饮暑药、雪泡梅花酒等。为了招引顾客，有的茶坊组织乐队演奏《梅花引》等乐曲。上门的消费者一边听着舒心的音乐，一边喝几杯凉透了的雪泡梅花酒，实在是难得的享受。

在宋朝，商人们还运用了一种极为新颖的促销策略——"游行宣传"。它是声音、文字与表演等多种宣传手段的特殊组合，效果颇佳。

临安城内外，有十三个官办的酒库子（官营酒厂），还有五个碧香库。官库子的产品不仅满足官府的需要，而且也面向市场，参与市场竞争。每年清明节与中秋节之前，各酒库两次煮酒。新酒煮出之后，都要把样品先后呈献给点检所与临安府检测。各酒库便抓住这个大好机会，力逞风流，组织精彩的游行，为自己的产品做宣传。

早好几天，各酒库都预先打出了广告。到呈进之日，大队伍上街。最前面的是一块高三丈有余的白布牌，由三五个壮汉扶持。有家布牌上写着："某库选到有名高手酒匠，酝造一色上等辣无比高酒，呈中第一。"呈中第一，也就是在呈进皇宫的新酒中排名第一。这个殊荣便是最有力的宣传。

在布牌后跟着的是一个以大鼓为核心的庞大乐队，纵声鼓吹，一派喜气洋洋的气氛。接着便是好几担呈献的样酒。有些酒库子甚至组织一班风流少年，沿街向观众劝酒尝新，并且赠送点心。

在游行队伍中，十分显眼的还是大批妖冶妩媚的官私妓女。排在前面的，头戴冠子，身穿花衫，下系裆裤；跟着而来的，戴的是珠翠朵玉头冠，穿的是销金衫裙，有的拿花斗鼓，有的捧龙阮琴瑟，这是一群秀丽的青楼靓女；最后十多名上等妓女，一色鲜红大衣，头戴皂时髻，称之为"行首"。妓女们骑着的马匹，配着银色鞍子和装缀着珠宝的勒带。在她们的马前马后还追逐着一大批虞候、押番以及游手浪子，有的引马，有的护持，有的为之捧持青绢白扇乃至骑马的坐具，闹哄哄，活跃热烈。

游行队伍中还有不少为之捧场的"社队"，有的抬着活鱼儿，有的抬着糖糕、面食以及各种市食。还有渔父猎户装扮的，还有开赌局的。这些都与酒有着十分密切的关系。

"八仙道人"也在队伍之中，仙人们更是离不开酒。妓女家的婆嫂们也来助兴，她们与酒的缘分也不浅。此外还有一些手执琴瑟的女童与乔扮"绣体浪儿"的年轻哥哥，有的提着花篮，有的拿着精巧笼仗，大有送亲迎嫁的欢快情调。

最为风光的自然是酒库子的专知大公，他们戴新巾，着紫衫，骑着高头大马。在他们的马前，几名彪形壮汉捧着捐着临安府发给的奖金与彩帛、银碗等奖品，甚为荣耀。（《梦粱录》）

在当时，酒队游行是一种高级的促销策略。第一，宣传空间较大，各酒库可以自由选择游行路线；第二，宣传声势浩大，利用诸多妓女与"社队"出场，有效地壮大了声势，吸引了大量观众；第三，推行赠送式的商品尝试，可以建立产品信得过的品牌形象。

竞争使商人们注意运用商业宣传等促销手段。由于市场需求越来越多样化，任何一家店铺都无法满足所有顾客的需要，于是宋朝商人们便不自觉地运用了市场细分的策略，并且采取了相应的营销方式。

以酒店为例：

第一类是综合性大酒家。如樊楼这些超级酒店，根据自己丰厚的财力以及在市场中的醒目地位，把服务的对象分成了几个层次。来这里寻欢取乐的公子王孙、豪商巨贾以及达官贵人不少，在"山上"的许多高级小阁子，就是为这些权贵准备的。同时，又开辟了"门床马道"，为中下层消费者提供了一席之地。这是很有头脑的构思，注意了与公众建立一种融洽关系，而没有把自己打扮成隔绝下层社会的五星级巨人。

第二类是标榜高雅的上流酒店。例如把经营环境装饰成花园或上等人家住宅的花园酒店与宅子酒店。它们服务的对象主要是士大夫之流以及那些自命高雅的墨客骚人。这里没有喧嚣，但也缺少下层社会的直率与憨厚。

第三类是以销售某类食物为主的专门化酒店，如包子酒店、肥羊酒店。它们以独有的食品特色赢得了一部分顾客的青睐。

第四类是价格低廉的下等酒店。有的兼卖豆腐羹或煎豆腐等大众食品，是面向下层消费者的。

第五类是门外挂着草葫芦、银马杓的"打碗头"酒店。它们面向下层，经营更加简易，食品花色单一，规模很小，便于在街市的各个角落生根。

第六类是有娼妓陪宿的下流酒店。临安叫"庵酒店"。

第七类是只卖酒，不卖下酒食物的"角球店"，或叫"直卖店"。

在饮食行业中，还有一些以某一地方食品为主的店铺，例如东京有川饭店、南食店。它们的服务对象具有明显的地域性。

"京师卖生果，凡李子必摘其蒂，不敢触其实，必留上衣，令勃勃然，人方以新而为好，至食者须雪去之。"（《鸡肋编》）

"又有专卖小儿戏剧糖果，如打娇惜、虾须、糖宜娘、打秋千、稠饧之类。"（《都城纪胜》）

南宋李嵩《市担婴戏图》

卖水果注意保留新鲜霜衣，卖糖果注意用些风行市井的戏剧图画进行装饰，说明宋朝商人已经掌握了消费者对产品外观的一些心理要求，懂得了保持产品实体鲜美的外观与改善产品包装的促销价值。

北宋东京的一些小商贩善于用花言巧语促进销售。有个卖环饼的总是宣传自己做的是赔本生意，他常常对顾客叹曰："亏便亏我也！"（《鸡肋编》）一些市井商贩总喜欢用大减价、大赔本这类宣传来愚弄顾客。欺诈，成了部分商人的信条。

宋朝市场上也有不少伪劣产品。易水祖家制作的墨条名闻天下，于是打着祖家名号的冒牌货大量上市。（《文房四谱》）景德三年（1006）三月，监察御史寇玹言："在京市肆所卖银器之属，多杂以铜……"（《宋会要辑稿》）对于这种现象，袁采作了概括，他说："贩米而加以水，卖盐而杂以灰，卖漆而和以油，卖药而易以他物……如此等类，不胜其多。"（《袁氏世范》）可见通过卑劣的欺诈手段进行竞争，已经成了一种传染病。

一名富翁对想发财的穷书生说："大凡致富之道，当先去其五贼。五贼不除，富不可致。"穷书生请教五贼是什么。富翁说："即世间之所谓仁、义、礼、智、信是也。"（《桯史》）商人把正常的诚信原则撕裂了，这对消费者不利，从长远看，并不利于生意的兴隆。

宋朝市场上毕竟有大量的商人注重商业道德，推崇交易的诚信，甚至拾金不昧。

洪迈记述过一桩逸事：南宋乾道七年（1171），韩洙在信州弋阳县开了一家酒肆兼旅店，拾到琼州黎秀才遗失的钱袋，有白银四十四两、黄金五两、金钗一双。这名诚实的店主毫不犹豫地如数奉还给了失主。后来有人写诗赞赏："囊金遗失正茫然，逆旅仁心尽付还。从此弋阳添故事，不教阴德擅燕山。"（《夷坚志》）

这种诚实的商人在宋朝并非绝无仅有，《摭青杂记》也有过一段动人的记述：

东京樊楼旁边，有一家小茶坊，铺面整洁，器皿雅致，生意十分兴隆。

北宋熙宁、元丰年间（1068—1085），一名姓李的士人与朋友在此店饮茶，仓促之间将一个装有几十两黄金的钱袋遗落在桌上。直到当晚夜深，他才发现钱袋丢失。他想起茶肆中顾客往来如织，肯定早被人顺手牵羊带走，便不再去寻找。

数年之后，李某再次来到这个茶馆，与同行的朋友提起这桩往事。店主听见，立即插话说："官人所说的这个钱袋，被小可拾得。如果你说的数额相符，便可领去。"李某极为吃惊，兴奋地说："店家果真拾得，我当奉送一半。"店主笑而不答。

茶坊中有个小阁楼，楼上收藏了大量顾客遗失之物，有雨伞、木屐、衣服、器皿之类，每一件都用纸条标明：某年某月某日，某种形状的人遗失。店主在楼角寻得一个小包袱，原封未动，取下楼来询问李某。李某报了包中黄金的块数与重量，

南宋佚名《饮茶图》

当面打开检点，所言相符。店主立即全数交还失主。李某取出一半要送给这位至诚君子，店主却推辞说："小可如果重利轻义，早就全部藏进自己腰包里了。"李某感激万分，在座的顾客们也都大为称颂。

　　这名店主所说的"义"，实际上就是商业交易中对待顾客的真诚。这些诚实的商人把握了商业竞争的基本法则，以可靠的质量、一流的服务与合理的价格参与竞争，这才是获得长远发展的根本保证。

苏轼说："商贾之事，曲折难行。其买也先期而予钱，其卖也后期而取直，多方相济，委曲相通，倍称之息，由此而得。"（《文献通考》）这里苏东坡说了两种经营方式：一是先付款，包买；一是先交货，赊销。

赊销，是吸引潜在购买力和加速商品流转的一种促销手段。

有大商携带五千匹布来到邢州城，请张牙人相帮。他对张牙人说："我想麻烦您帮着做好这笔买卖。您可以寻访一些靠得住的好铺家，把布匹赊给他们，先立个契约（赊销合同）给我，以后我再来收钱。"这种赊销方式是，卖主通过牙人（中介人）寻找买主，而后由买方与卖方订立赊销合同。

许多卖方与买方之间并无特殊的信任关系，那么，双方的交易往往由第三者（并不一定是中介人）作为买方偿付货款的担保人。

真宗乾兴元年（1022），官府颁布公告：如有大批货物需要赊销者，买主必须寻找三五个有家产物力的人户做担保，并且立契约规定交付货款的期限，如果过期不付款，担保人必须照数赔付。倘若担保人并无家业，串通买主蒙骗卖主，严惩不贷。如果商客不按规矩行事，直接与买方订立赊销合同，没有偿付货款的担保人，出了问题，官府不予理会。（《宋会要辑稿》）

北宋前期，官府已经通过行政干预来保护赊销业务，说明当时市场上已经相当普遍地出现这种销售方式。到了南宋，必然更加盛行。

临安市场上，生产作坊与零售小贩之间也广泛地建立了赊销关系。许多贫困的小贩常常先去作坊赊货，上市把货卖了，晚间才去作坊还清货款。他们之间并不全都需要担保，经过长年的商业往来，他们彼此间建立了充分的信任。

以上所举，还只是商人与商人之间的赊销，不过，这种离直接消费者只差一步之遥的买卖模式，不可能不渗透到商家与消费者之间去。

关于包买，比较典型的是《夷坚志》所记陈泰的事迹。陈泰是江西抚州的一名富商，他事先把钱贷给一些纺织机户，而后包销他们的产品。他经营的规模不小，包买范围包括抚州的崇仁县、乐安县、金溪县以及吉州的一些属县，每个县都有一些牙侩为他经办业务。

从生产经营的角度看，这是商业资本直接介入甚至支配商品生产过程的一种新发展。从商业的流程考察，是买主的预购，是卖主的预销。卖主多半是一些手工业者，他们的产品早已受包买主控制，失去了进入市场自由竞争的机会。而包买主则垄断了大批商品，成为崛起于市场中的一种新兴力量。

侈靡之风

真宗年间，以诗酒逞豪的石曼卿在东京做官时住在蔡河下曲。邻近有一户大财主，高墙大院之内，天天传出悦耳的歌声与钟磬之声，几十个仆人常常在石曼卿门前招摇而过。容易冲动的石大人实在按捺不住，便拦住其中一名奴仆打听："你家主子何许人？"

对曰："敝家主人姓李，方二十岁，并无昆弟，家里侍妾曳罗绮者数十人。"

石曼卿一听如此奢华，不免心动，就对那名奴仆说："我想见见你家主子。"

奴仆回答："敝家郎君素来不结交士大夫。不过，他喜欢喝酒，而且早已听说石大人很能喝酒，郎君似乎也有会见大人的意思。等小的回去禀报一声，请大人等候消息吧！"

一日，财主果然派人来延请石大人，石曼卿立即戴上帽子去见他。石曼卿坐于大堂上，等了老半天，年轻的主人方才出来。他戴的是头巾，腰上系一条勒帛，不具衣冠，更不行拱揖之礼，十分随便。

接着，他把石曼卿带到一幢豪华馆舍，那里丝帷锦帐重重，陈设光鲜明耀，极尽纷华富丽。宾主对坐了一阵，进来两名俏丽的侍女，她们每人持一个小木盘，走至石曼卿之前。每个盘中都有许多块红色牙牌。其中一个盘子里写的是酒名，要石曼卿选择一个牌具。另一个盘子里写的是菜肴与点心，要石曼卿各选五样。

两名侍女退去不久，进来了十多名歌妓侍妾，有的端着果品酒菜，有的拿着乐器。论穿着，论容貌，个个都是上上品色。

轻柔的笙管之声与绵绵的歌声，缓缓飘动。"一妓酌酒以进酒罢，群妓执果肴者萃立其前。食罢，则分列其左右，京师人谓之软盘酒。"

所谓"软盘酒"，就是使女们手捧酒食果肴盘子之意。这种饮酒方式虽然香艳，是一种极为高雅的行为，但太不自在。"五行，群妓皆退，主人者亦翩然而去。"（《墨客挥犀》）

南唐顾闳中《韩熙载夜宴图》（局部）

《清明上河图》中的大户人家

　　酒宴就此匆匆结束，对于最爱豪饮的石曼卿来说，肯定喝得不过瘾。不过，到底见识了这位财主"懵然愚痴"的情状。

　　这种财主，当时人称为"钱痴"。其实，此人是否真的懵然愚痴？未必！恐怕只是对士大夫和他们那套礼节表示冷漠与轻慢。他信奉的并不是商汤文武、周公孔子，而是比干、范蠡和赵公明这些财神爷爷。过后，石曼卿派人下书，表示郑重通问，那财主却闭门不再接纳，可见，他们走的是不同的道路。

　　这种"钱痴"，就是宋朝城市中新出现的富有者。

　　城市，是层出不穷的社会职业的摇篮。随着商潮的蔓延，社会分工不断扩大，商业竞争越来越激烈，可供选择的职业也就逐步地丰富起来。一些新的行业产生，一些传统行业被改造，而这一切总是滥觞于城市。

在宋朝城市中，除了贵族、官僚、胥吏、地主、僧道、军兵、仆役、学生、商贾与工匠这些传统的社会职业以外，一些前所未有的职业出现了，一些过去偶见的职业也逐步形成了较为稳定的从业人群。

有三个方面的新型职业值得注意：

第一，商业方面，出现了腰缠万贯的酒店茶坊大老板，从事兑换以及做证券生意的金银交引铺店主，资财丰饶的承包商，承包税收的揽户，商业仓库货栈的经营者。这些人多半是富裕之家。此外，还出现了在买与卖之间渔利的牙侩群，雇佣劳动中介的行老，还有那些散落在大街小巷的流动摊贩。

第二，文化教育方面，出现了被科举考试淘汰的小学教师，替人帮闲混饭的穷知识分子，投身于通俗文艺创作的书会先生，把观众弄得神魂颠倒的各色艺人以及从方士演化而来的占卜术士。

第三，其他下层，如为顾客服务的各种雇工与帮闲，佐酒助乐的应召女郎，提供性服务的青楼市妓，还有拦街虎、白日贼等偷盗拐骗的黑势力，等等。

这些人物在市井间奔竞钻营，寻觅自己的生存位置和出路。又正是他们，牵动着所有的城市居民，相互依赖，又相互竞争，像一群又一群追逐不休的蜂蝶，把整个城市搅得春意盎然。

从管理的角度考虑，宋朝官府承袭唐制，把城市居民自成系统地编制起来，称为"坊郭户"。这与秦汉以来的"市籍"大有差别。市籍只是工商人户，坊郭户却包括了城市中的大部分居民。

与农村户口不同，坊郭户一般按产业多寡分成十等。在较大的城市里，前五等称为上户，后五等称为下户。由于官僚贵族另立官户簿籍，不在坊郭户之列，因此，上户主要是指大商人、大手工业主、大房主、大高利贷者、住在城里的大地主以及其他富豪。下户主要是中小商人、商贩、手工业者、工匠、文化艺术人员以及其他城市贫民。

有关划分等级的财产标准，各个地区并不一致。像南宋福建漳州的标准是，产钱在七百贯以上者就列为上户，铺前积货七百缗以上者就称为巨商贾户。（《北溪大全集》）在陕西，同一个等级的上户又加以区别，家产一倍以上的叫富强户，三倍以上的叫高强户，五倍以上的叫极高强户。（《河南先生文集》）像兴仁府的万延嗣，有家业钱一十四万二千贯，被列为无比高强户。（《宋会要辑稿》）

上户，加上官户，属于城市上层，在整个城市居民中只是少数，但他们却是城市生活的主宰。他们垄断着政治权力，控制着经济命脉，大部分社会财富落入了他们手中。曾为真宗所倚重的王旦做了十多年宰相，对东京城里上层社会的家底了如指掌。有一天他在朝中讨论金银价格上涨的问题时对皇帝说："京城资产，百万者至多，十万而上，比比皆是。"（《续资治通鉴长编》）

　　拥有巨大财富的豪商四处皆有。南宋建康城里，以房屋出租的大户，最少的每天也有二三十贯钱的收入，一年到头，可以赚钱上万贯。开解库（当铺）的大户，其家业竟有高达数十万贯者。（《景定建康志》）鄂州富商武邦宁做缣帛生意，交易豪盛，为一郡之甲。（《夷坚志》）

　　这些无比高强户，乃至于超级的无比高强户，其经济实力之强，确实惊人耳目。

　　市场上大量的商品是满足人们生存需求的。柴米油盐酱醋茶，竹木铜铁丝棉麻。吃得粗饱，穿得身暖，这是最起码的消费。可是，如果充斥于市场的商品统统都是满足生存需求的消费品，那就说明社会再生产只是一种低水平重复，人类社会就将长期徘徊在垂髫的幼年时代了。

　　宋朝市场上，特别是在高一级的市场上，享受性与发展性的消费已经颇为丰富。发展性消费包括智力投资、社会福利

北宋佚名《人物图》

投资、扩大再生产投资等等。享受性消费也有不同层次。层次较低的好酒好菜，以及比较好的头面首饰的消费，范围比较广阔。而高层次的享受性消费，主要的需求者还是城市上层，如石曼卿会见的那位财主，光是几十个姬妾使女的梳妆打扮，就需要一大堆高级消费品。

其实，这个"钱痴"还算不上是最富有的财主。有的大官僚、大贵族，乃至一些大商贾的生活，更为豪侈。像南宋高宗时的王继先，是一个攀附秦桧得宠于赵构的暴发户。他在临安城里广造第宅，出租收钱。蒲桥之旁是条古运河，王继先为了扩展住宅基地，把古运河填上土，"其宅周回侵占居民数百家及官街二条。见今屋宇台榭，皆高广宏丽。都人谓之快乐仙宫"（《三朝北盟会编》）。

王继先的"快乐仙宫"并不止一处。他在湖州另建了一栋别馆，完工之日，从临安载了二十万贯现钱前往举行"剪彩"仪式，大摆筵席，谓之"镇宅钱"。仅此一端，就可以想见这另一个"快乐仙宫"的奢华了。

宋朝的帝王家也与市场有不解之缘，他们享用的相当一部分高级消费品就是通过购买获得的。

高宗赵构退位以后，特别喜欢收集珍奇玩好。孝宗为了讨这位养父的欢心，派人在民间广泛搜求。临安市场上来了一名北方商人，通过太监这条内线，把一条通犀腰带"进献"给皇帝。这条腰带连接十三銙，带上还镂刻着一个扶杖的寿星老翁。孝宗得了，十分高兴，准备作为元旦大节送给赵构的礼物。这种所谓"进献"并不是无偿的奉献，实际上就是送上门

南宋佚名《松荫庭院》

的一笔买卖。那商人开了个价，要十万贯，孝宗也不嫌贵，成交。后来，由于一名太监向商人索贿而不得，从中挑拨，说寿星扶杖太短，是个不祥之物，最终退货。（《桯史》）这笔买卖虽然没有做成，但可以看出这种高级享受性消费品的交易，其金额是极为惊人的，一条腰带的价格，相当于漳州上户起点钱七百贯的一百四十多倍。

随着经济的发展，宋朝的高消费风气越来越浓烈，占有高级消费品的居民慢慢地超出了高官豪富的范围。在南宋理宗朝颇有名望的王迈说了一段话，十分真切地反映了这种高消费热。他说："士夫一饮之费，至糜十金之产，不惟素官为之，

而初仕亦效其尤矣；妇女饰簪之微，至当十万之直，不惟巨室为之，而中产亦强仿之矣。"（《矔轩集》）

中产之家也要购买上十万钱的首饰，不说是打肿脸充胖子，至少也算是"超前消费"了。其实，这种情况并非南宋后期才有，追求奢华富丽，北宋时早已成风。徽宗大观四年（1110）闰八月，给事中蔡薿在奏章中写道："臣观辇毂之下，士庶之间，侈靡之风曾未少革。"（《宋会要辑稿》）

商潮腾涌之时，总是广泛地把人们提高消费水平的欲望鼓动起来，古今中外，莫不如此。

宋朝高级商品市场中，名气最大的是北宋东京潘楼街的"界身"。这个金银彩帛市场店铺门面宽阔，房屋高大雄壮，森然耸立，买卖做得很大，"每一交易，动即千万，骇人闻见"（《东京梦华录》）。

除了权力与土地以外，最富有魅力的莫过于黄金与美女，"金屋藏娇"这个典故就高度地概括了这两者的价值。其实在许多人的眼里，黄金价最高，有了黄金就可以得到美女，乃至可以得到其他一切，包括权力与土地。所以，在宋朝市场上，黄金成了人们炫耀自己的手段。

头面首饰、服装、建筑、车轿，采用黄金装点涂饰，蔚然成风。泉、福二州妇人的轿子，用的便是金漆。（《鸡肋编》）散布在东京城内外的黄金店铺，数量非常可观，专门打造金箔、铺翠销金的店子就有好几百家，往来贩卖这些黄金装饰物品的商贩，往往至数千人。（《宋会要辑稿》）吃黄金饭的商贾队伍如此庞大，在历史上是少见的。

珠玉同样是人们所崇尚的高贵物品。唐朝皮日休说："物至贵者，曰金玉焉。"《管子》说："以珠玉为上币，以黄金为中币。"有些珠宝玉石价值确实胜过黄金。

北宋末年，宋徽宗举行大宴，他拿出一套高级的玉制酒器对蔡京说："朕很喜欢这套器具，只是担心群下们议论，认为过于奢华。"（《宋史》）一个最爱奢华的皇帝，竟然担心这套酒器引起非议，可见其物之华贵绝非一般。徽宗还有个骆驼形状的玉制酒器，可贮酒数斗，另有一只拳头大的香龟，是晶莹的紫色玉石所雕，焚香时用龟口承受烟雾，尽入其肚，然后把骆驼与石龟用蜡封住。徽宗游幸时，总是把它们带在身边，届时，把蜡去掉，骆驼出酒，龟吐香烟。（《夷坚志》）像这样的高级珠宝玉器，自然贵于黄金。

市场上珠玉交易相当红火。临安自融和坊北至市南坊，就是个珠子市场，每笔买卖动辄上万数。其他城市也有珠宝店开设于街市之中。信州朱彦才得了一块大水晶石，市侩出价六千贯，他不卖，后来临安皇宫里的工匠听说，再增价三千贯买了去。（《夷坚志》）建昌一个无赖捡了一块石头，日光照射可见其中有犀牛状物，卖了十万钱。（《夷坚志》）

福建有个大海商没有儿子，只有一个年幼的女儿。他死后，黑心的官府便吞没了他的家产，仅仅是现存的珍珠就有一百三十担。（《癸辛杂识》）对于一个商人来说，珍珠可以作为储藏品，但主要还是作为营运的资本。珍珠本身也必须作为商品交易，才能实现其价值。这个海商拥有如此巨量的珍

北宋赵佶《听琴图》（局部）

珠，从情理上说，应该是准备投入市场的。

女真出产北珠，较为珍贵。神宗时，一度禁止在市场上交易。可是一名大胆的商人竟敢违犯禁令把北珠卖给皇家的一位公主。（《宋史》）徽宗时，梁子美主管河北财政运输，他为了投赵佶所好，就拿出三百多万缗钱购买北珠进献。（《宋史》）南宋宁宗时，宗室出身的赵师夏依附权臣韩侂胄。韩侂胄生日，百官争着进送珍奇。赵师夏来得最晚，献上一个盒子，打开一看，里面是一个金质的葡萄架，架上垂挂着一百多颗大珍珠。其他官僚都自愧不如。韩侂胄有爱妾十四人，有人献了四顶用北珠装缀的花冠，韩侂胄给了四名爱妾，其他十人也吵着要。赵师夏听到这个消息，立即花十万贯钱购买北珠制了十顶花冠送上。（《宋史》）这些事例都十分清楚地说明，无论是进献给皇帝的，还是送给权相的礼物，很多都购于市场。

享受性消费之热还突出地表现在花卉广泛地进入人们的生活。

临安的花品很丰富，菊花就有七十多种。牡丹有秋天开放的，"阴阳多苦栽培地，不趁春风有几家"；还有冬天开的，"一朵娇红翠欲流，春光回报雪霜羞"。芍药有早绯玉、缀露、千叶。梅花有绿萼、香梅、红梅、蜡梅，"月中分外精神出，雪里几多风味长。折向书窗疑是玉，吟来齿颊亦生香"。

花是人人爱。"每岁禁烟前后，置酒馔以待来宾赏花者，不问亲疏，谓之看花局，故俚语云，弹琴种花，陪酒陪歌。"（《续释常谈》）许多花，其色、其态、其神、其香，常常令人倾倒。历来就有人为花吟唱，为花作画，也为花编织了许多动人的故事，还给花赠送了许多美好而别致的雅号。张敏叔就以牡丹为贵客，梅为清客，菊为寿客，瑞香为佳客，丁香为素客，兰为幽客，莲为净客，酴醾为雅客，桂为仙客，蔷薇为野客，茉莉为远客，芍药为近客。（《中吴纪闻》）

　　也有人对花卉的评价是另一种格调。"余尝评花以为梅有山林之风，杏有闺门之态，桃如倚门市娼，李如东郭贫女。"（《三柳轩杂识》）这不免有些偏颇。

　　为了满足人们对花卉的喜好，花农们便将这些大自然的娇美赏赐加以人工栽培，甚至精心改造，投入市场。临安市场，四季都有鲜花上市。春天上市桃花、瑞香和木香；夏天上市金灯花、茉莉、葵花、石榴花、栀子花；秋天上市茉莉、兰花、木樨、秋茶花；冬天上市木春花、梅花、蜡梅、兰花、水仙等。同时还有用罗绢做的各色小花，也在市场上兜售。（《梦粱录》）

南宋佚名《盥手观花图》

其中茉莉花的叫卖最热闹。初上市时，其价格很高，有的妇人"簇戴，多至七插，所直数十券"（《武林旧事》）。当茉莉盛开之时，买花戴花的妇女更多，尤其是那些青楼女子，总是头戴两三朵。临安城里，提着马头竹篮叫卖茉莉花的小贩，就有好几百人。（《西湖老人繁胜录》）鲜花并不只属于有钱人家，中等人家甚至小户人家的妇女们也想方设法要享受一点大自然香美的赏赐。临安丰乐桥开机坊的周五家，有个漂亮而又爱美的女儿，听到街上卖花声，出门一看，见小贩提的鲜花特别新鲜艳丽，于是买了很多，插在房里，往来赏玩。（《夷坚志》）

洛阳的花卉品种甚多，牡丹被誉为"花王"，许多园林里都种植牡丹。天五院是个专种牡丹的花园子，有牡丹几十万株。该城的花农、花贩子多半住在这里。到了牡丹盛开之日，"列帷幕，列市肆，管弦其中，城中士女，绝烟火游之"。最名贵的牡丹是"姚黄""魏紫"。"姚黄"买不到，一枝"魏紫"要一千钱。（《邵氏闻见后录》）仁宗时，李迪为河南留守，每年都要将四五朵鲜妍的姚黄、魏紫，派遣驿卒连夜兼程送入皇宫。（《渑水燕谈录》）皇帝之喜好，对于社会之喜好大有推波助澜之势。

两宋时期，花农们掌握了植物变异的一些规律。他们把牡丹、芍药以及菊花的品种加以改造，使其花形变异，颜色变异，培植出许许多多新品种。宣和年间，洛阳花工用如玉千叶、一百五、玉楼春等白牡丹的原种培植出一种浅碧色的牡丹，这种新品叫"欧家碧"，价在"姚黄"之上。（《墨庄漫录》）据欧阳修的《洛阳牡丹记》说，洛阳一地的牡丹有90多种，后来张南记载有119种，而后又培植了不少名贵的花种。其中"姚黄尤惊人眼目，花头面广一尺，其芬香比旧特异，禁中号一尺黄"（《曲洧旧闻》）。

四川彭州也盛产牡丹，有"小洛阳"之称。北宋末年，好些花商花农从洛阳引进牡丹品种加以改造，培植了更多新的名贵花种。陆游的《天彭牡丹谱》载，彭州的牡丹有100多个品种，多过洛阳。其中如"祥云"，初出时，一株可卖七八贯；

南宋佚名《牡丹图》

"双头红"刚上市，一株要价三十贯。彭州有名的大户李家、苏家，都是经营牡丹发财致富的。

王观的《扬州芍药谱》说，扬州一地出名的芍药有33种。刘蒙的《菊谱》里，记载了菊花品种35个。

居住条件本是人类生存的基本需求之一，进入文明社会以后，住宅逐渐地超出了遮挡风雨烈日、躲避严寒酷暑之效用。有的权贵"竞为奢侈"，"大治第室，起土山渐台，洞门高廊阁道连属弥望"。（《汉书》）西晋石崇的"金谷园"更是奢靡有名。石崇与王恺斗富，学汉朝未央宫皇后居室用椒桂香泥涂墙，王恺便用赤石脂。这些装饰完完全全是出于自我夸耀的需要。到了宋朝，城市上层的高消费热情也在居止第宅方面充分表现出来。

一些高级官僚出于各种原因，住舍比较狭小，被传为美谈。像宋太祖赵匡胤的亲信楚昭辅，与赵匡胤的作风相近，也是个节俭的典型。到了太宗时，他升为枢密使，已是朝廷中的头面人物之一。他由于足疾告请病假，赵光义便亲临楚府慰问，看到他的住宅竟如此矮小质朴，十分吃惊，便下令有关部门为他扩大增修府第。楚昭辅考虑到要侵占其他居民的房地，便坚决辞谢。赵光义非常欣赏他这种态度，于是赐白银一万两，要他另外买所房子。（《宋史》）真宗朝宰相李沆是个典型的墨守成规派，一切更张的建议，他都不予采用，平日又不轻易发表意见，人们叫他"无口匏"。他在封丘门内盖了一栋住宅，厅堂前面仅可容坐骑转身，颇为狭小。（《宋史》）

　　楚昭辅、李沆这类节俭型的官僚在整个官僚队伍中只是少数，大多数上层官僚以及其他富户都尽可能地经营高级住宅与园林。神宗熙宁年间，太师王拱辰在洛阳的道德坊修建了府第，十分奢华。常州城有个张郎中巷，是北宋初年张佖居宅所在，第宅十分雄伟，园中古木参天，亭阁台榭相当精美，为一方之胜。

　　从建筑营造的发展角度来看，中国建筑到宋朝已形成了一整套模式化、标准化的营造法式，并且形成了特有的建筑风

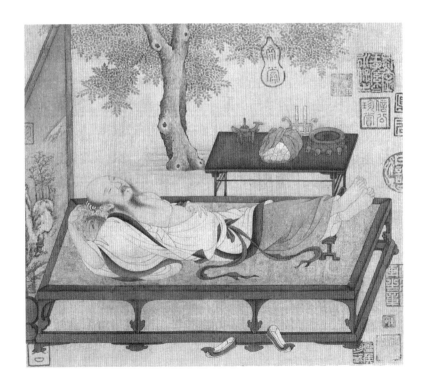

南宋佚名《槐荫消夏图》

格，这是建筑工艺高度成熟的重要标志。宋朝城市里，除临街店铺以外，一般市民住宅，只要稍富资财者，多为有门屋、厅堂以及廊庑相间的四合院布局。不过在具体形制上，仍有严格的等级规定。例如，只有官宦家庭才能造"乌头门"，这是一种特权的标志。

当时第宅豪侈的一个重要表现就是私园的兴建。私园出现于战国，汉晋隋唐已经兴盛，宋朝大盛。宋朝私园一般叫"园池"或"园圃"，富有的士大夫往往辟园池以示风雅，许多有名的私家园池便成了士大夫玩赏咏唱、欢聚醉饮的重要场所。

宋朝城市的著名私园不少，例如：

蔡京在东京建有东园与西园两个园子，西园的修建，毁民屋数百间。

韩侂胄在临安建南园；贾似道在临安建芳园；高宗时，宦官陈源在临安建有适安园，后改为小隐园。

广州有田待制的西园。

贾文元在许昌城北建曲水园，有大竹三十余亩。

绍兴禹迹寺之南有沈园，陆游遇前妻唐氏于此。

真州有东园，欧阳修曾为之作记。

姑苏名园不少。有南园，是钱氏广陵王之旧圃；卫清叔之园池，以假山最大而出名；俞子清侍郎之园圃以山石奇绝而称著；邵郎中园池以莲竹享誉。

最负盛名还是洛阳的园池。李建中建静居园；李公武有静渊庄；张齐贤之午桥别墅，实乃唐朝裴晋公的绿野庄；司马光有独乐园，苏轼曾为之赋诗："青山在屋上，流水在屋下。中有五亩园，花竹秀而野。"这真是仙境般世界。

　　黄金、珠玉、花卉与高级住宅，只是宋朝享受性消费品市场的几个典型品类。其他如高级丝绸、精美瓷器、优等漆器、名贵皮毛、优质茶叶、高贵名酒、山珍海味、舶来香药、上等滋补药材、名家书画，乃至优质的棺木、奇特的石头等等，都是高层次的消费品。

南宋李嵩《画阑游赏图》

通远军有一种石头，谓之"赏石"，一尺多长的就可以卖几十贯。临安钱塘县千顷院有一块石头，叫瑰石，高数尺，四面有各种离奇洞穴，值五百多贯。（《云林石谱》）

大多数高级消费品与下层大众无缘，他们甚至连高级酒家的楼梯也没有爬过，更没机会乘坐奔驰的雕车。人们尽可以对建造快乐仙宫的恶官，对送受黄金葡萄架的贪吏，对购买三万钱一株"双头红"的大户，对躺进优质棺木的富豪，发泄感情上的愤慨，进行道义上的斥责，然而，历史的考察毕竟不能单纯地依凭道德尺度。

不能不冷静地承认，正是高级消费品市场的发展，才增大了宋朝城市中奔竞喧闹的响度。

服务业的兴盛

　　北宋仁宗时，有个女子叫王琼奴。她生于太原的一个官户人家，自幼学诗调弦，举动敏丽，父母怜爱，并将她与大理寺丞张某的儿子订就秦晋之约。谁知风云不测，其父母双双谢世于东京，家产由兄嫂分割干净，留给琼奴的只有贫苦和孤独。极为势利的张家一见王家中落，立即将婚约撕毁，琼奴唯一的退路被截断了。十八岁那年，琼奴不得不屈嫁赵奉常为妾，可悲的是，又不为赵家大妻所容，陷入了冷泪洗面的痛苦深渊。某年，赵奉常赴官荆楚，出淮南，在一间古驿馆歇息。琼奴少时曾跟随父亲赴官，也路过此驿。当年，父居高官，家境温馨，正是春风得意之际；如今，道路坎坷，寄人篱下。抚今追昔，她禁不住感情奔涌，便提笔在驿馆墙上写道：

　　　　昨因侍父过此，时父业显宦，家富贵，凡所动作，悉皆如意，日夕宴乐，或歌或酒，或管弦，或吟咏，每日得之，安顾有贫贱饥寒之厄也！嘉祐初，不幸严霜夏坠，父丧母死，从此家世所有悉归扫地。兄弟散去，各逐妻子，使我流离狼狈，茫然无归。幼乎许嫁与清河张氏，迫其困苦，遽弃前好，终身知无所偶矣。偷生苟活，将以全身，岂免编身于人，遂流落于赵奉常家。其始也，合族皆喜，一旦有行谱之祸，遽见弃于主母，日加鞭棰，欲长往自逝不可得也。每欲殒命，或临其刀绳二物，则又惊叹不敢向。平昔之心皎皎，虽今复过此馆，见物态景色如故，当时之人宛如在左右，痛惜嗟叹，其谁我知也？因夜执烛私出，笔墨书此，使壮夫义士见之，哀其困苦若是。太原琼奴谨题。　（《青琐高议》）

这是一段直抒胸臆的纯真文字，琼奴的悲凄遭遇，使人落泪。许多过往客人写诗题壁，对她深表同情，对她的兄弟，对势利的张家，对赵奉常的妒妇，痛加挞伐。

这就是我国古代独特的"墙头文化"，也可以说是古代旅游文化桂树中层次较高的一枝。漂泊在外的旅人，特别是那些孤独的游子游女，郁积着许多离愁别恨，或者怀着满腔惨淡人生的悲愤，或者揣着对光明前景的美好憧憬。这些情绪常常需要释放，需要获得别人的理解。然而，在逆旅中往往是欲诉无人，于是，胆子大的，文化素养高的，情之所至，兴之所发，便提笔在旅馆客舍、茶坊酒肆的墙头题诗作句，或者书写短文，以吐心声。

有关这类题壁文字的记载，文献中屡见不鲜。"墙头文化"遍布天下，是有其社会背景的。

宋朝社会是一个人口流动较多的社会。有些人口流动是恶性的、灾难性的。如北宋王朝覆灭过程中，大量北方居民向南方逃亡。这是我国历史上第三次巨大规模的人口南流。这种被兵火驱赶的人口流动，是以许多城市被摧毁，以生灵涂炭作为巨大代价的。就连李清照夫妇这种富贵人家也难免其厄。李清照仓皇南逃之后，不到三年，赵明诚病故，从此，李清照孤苦伶仃，在江南蓬飘二十多年。

不过，在两宋三百多年间，占主导地位的人口流动是良性的。大小商贩长途短途的营运，莘莘学子有节奏的乡试会试，路歧人含辛茹苦的冲州撞府，和尚道士的游方，大官小吏穿梭般的调动、述职与接送公事，纯粹的赏玩或者寻朋访友的旅行，再加上从农村游离出来的人们向城市转移，这些平和的人口流动，使城镇之间、城乡之间，频频地往回着一股股经济的、文化的以及情谊的暖流。特别是商业与文化人口的流动，其规模、范围都是以往各朝所难相比的，于是为旅人们服务的相关行业便也兴旺起来。除了饮食店以外，大量的旅店与足够的澡堂应运而生。

东京城的旅馆业，也是一个大行业。在州桥以东，沿着汴河向东南方向走去，一直到东水门内外，这一带街巷布满了客店，南方来的官员、商贾、兵卒都在这一带寄住。

当时的旅馆业是个赚钱的行业，不少富户或客户出身的人家也都跻身其间。像绍兴年间，在建昌城内驿馆之前，就有个"富家创旅店"。（《夷坚志》）又如参政赵侍郎在东京丽景门内有栋大宅子，退休以后回睢阳，东京的这栋宅子便作为旅店，其建筑宏伟雄壮，非他可比，当时便被称为"无比店"。（《墨客挥犀》）《清明上河图》中有块招牌写着"久住，王员外家"，这就等于彰明昭著地声称，此家店主曾经担任过中央某部门的员外郎（从六品或正七品），退休以后，在此经营客店。这无非是想给旅客们一种直觉，官宦出身人家开设的店子，安全、卫生乃至服务都会是一流的，可以放心久住。

宋朝旅店的名号，也像其他店铺一样有两类。一类是个性化的牌号，如"熙熙楼客店"；另一类则冠以店主姓氏，甚至把店主身份搬出来，如"姚氏店""张四官人客店"。以后一类为多。

两宋时期，旅店的经营一般都注意为旅客解决住和吃这两

《清明上河图》中的王员外家

个基本问题。如《夷坚志》载，有五个客商来到淮上，住在颜氏客店，店主对妻子说："明日宰雄鹅一只待众客。"费衮谈道，一个士大夫调来京城当官，所住的旅店，铺面上就是个茶坊。（《梁溪漫志》）另有一些牙侩，也承接安排客商住宿的业务。南宋时，寿春城里有个牙侩叫姜七，他买了对门一所空屋作为客房，同时又用来停放车辆器具，这里还给商客们提供炊具炉灶，供他们自己煮饭做菜。（《夷坚志》）

这样一些旅店，比较容易营造出富有人情味的环境。店主们不但关心旅客的吃饭睡觉，而且体谅旅客感情上的孤独，竟然允许旅客进行墙头文学的创作。从经营管理的角度看，这也是招揽顾客的一种特殊手段。题了一首动人的诗，往往可以招来更多的唱和者和好奇的客人。

古往今来，人们都有表现自己的潜在欲望，就是一般的闲暇消遣之中，这种自我实现的愿望也相当强烈。在古代，科学技术水平和传播手段与今天相比，当然还相当低下与粗糙，旅人们不得不借助旅邸间一方墙土来实现自我。

对于一般旅客来说，看看这些墙头之作，也可以作为旅途放松休息的手段。《清波杂志》说，在邮亭客舍吃一顿午饭或住宿一夜，趁机看看墙头的题字，倒也愉快。要是从题字间得到亲朋的一些信息，那就更惬意了。有些墙头文字抒发旅途之艰辛，颇有可读之处。也有一些好事之徒模仿女人柔弱笔墨，抒发一些哀怨言语。例如在常山道上有一首诗："迢递投前店，飕飗守破窗。一灯明复暗，顾影不成双。"后面落款为女郎张惠卿。一眼可以看穿是冒名之作，而且格调不高。在墙头文化中，这类作品并不少，因为孤寂的旅客最容易抒发的，正是这种"顾影不成双"的情怀。

　　除了私人开设的旅店以外，几乎每个城市都有官办的招待所，即驿馆。"今州县皆驿也。"（《丹阳馆记》）

　　宋太祖削除藩镇，为了加强各地之间的联系，在各地设置公使库，广设招待所。过往的公事人员，乃至吏卒，皆可批支口粮。士大夫来京城办事，沿途可以发给一定的粮食。

　　钱惟演镇守西京洛阳，来往士大夫甚众，驿舍常感不足。钱惟演便盖了一座大招待所，取名曰"临辕"，由尹洙、欧阳修等撰写高水平的修馆记，名闻天下。（《湘山野录》）

　　首都东京官办招待所更为发达。北宋真宗年间，许多来东京报到的升朝官，其中也有一些经济情况不大好的，滞留于私人旅店，开支负担比较重。于是咸平四年（1001），宋政府在朱雀门外专门设置了一个"朝集院"，接待所有从外地来京城的升朝官，出入有马匹供应，并由开封府派兵卒跟班。但这种优待只限于到都堂、省部铨曹官厅办公事，如果要去逛街逛市场，公家不派马匹。到了仁宗景祐二年（1035），朝集院进一步扩大，可见官员的流动日益增多。

　　官办招待所给官员兵卒提供的是非营利性的服务，可是置于商品经济大发展的历史背景上，它们也可以作为服务市场发展的一种衬托。

　　古人说："沐浴所以自洁清。"随着生活条件的改善，这种肌肤上的自我清理逐渐被更多的人所看重，甚至有人把梳头洗脚看成养生之大要。

北宋神宗时，蒲宗孟曾为翰林学士兼侍读，后来以资政殿学士出知亳州、杭州等地。此人在生活上以侈汰出名，在洗濯方面也表现出非同一般的热情。每天，他有小洗面、大洗面，小濯足、大濯足以及小洗澡、大洗澡的讲究。每次洗澡时，要让几个婢女服侍。洗一个澡，要用热水五担。（《宋史》）这些官大人起居条件优越，自然可以在家里洗浴，甚至如蒲宗孟般讲究。

南唐周文矩《浴婴图》

城市中，特别是北方城市，一些居住条件比较差的居民，许多旅居在外的商客、行旅，自然要借助市场中商业性的浴室来进行洗浴。与某些古代阿拉伯国家因宗教关系普遍建立的公共浴室不同，宋朝城市中的公共浴室的开设，是出于纯粹的商业目的。

苏门四学士之中，被苏东坡赞为"瑰玮之文，绝妙当世"的黄庭坚，哲宗绍圣年间以后，一直遭受章惇等新党的迫害，被贬至黔州，晚年又被贬谪到宜州，死于此地。他在这里写了一部日记，叫《宜州家乘》，所记多是日常起居，其中有一些关于沐浴的记述，如：

> （崇宁四年正月）十七日，丙戌，晴。从元明（一位远来的客人）浴于小南门石桥上民家浴室。
>
> （闰二月）十九日，丁亥，晴。沐浴于石桥之湢室。
>
> 二十一日，己丑，晴。与僧惠宗、了观浴于石桥。
>
> （四月）二十四日，辛卯，晴。大腑始和，沐浴于城南民家。

宜州是个偏远的下等州。元丰年间，它所辖的五个县总共还不到两万户。宜州城的规模也比较小，却不缺少商业性的浴室。黄庭坚虽为贬官，但在当地毕竟是上层中人，档次太低的浴室，他未必肯奉陪客人去光顾，可见宜州城里的澡堂不会只此一两间。

东京、临安这些大城市，商业性的浴室自然更为兴盛。临安的澡堂业称为香水行，其名称就十分香美。

自古以来，上层社会就用香水洗浴。东晋时，北方后赵之主石虎，穷奢极侈，他修盖了不同季节的浴室，夏季引渠水为池，用纱縠做了许多囊袋盛各种香料浸泡于水中，他和宠爱的嫔妃在池中洗浴，称为"清嬉浴室"。洗完澡把池水排泄宫外，水流之沟叫"温香渠"，人们竞取香水。《琅嬛记》说，西施身有异香，宫女们争着取用她洗过澡的水，而后用松枝把水洒在房里，满室皆香。其实，西施的洗澡水多半也是加了香料的。

到了宋朝，香水洗澡不再为上层专有，临安的香水行就为

《清明上河图》中的香料铺

广大市民服务。当时，市井间已经使用肥皂。澡堂里能用带香的肥皂，或者用香料浸泡的水，为顾客们涤荡干净一身污垢与汗臭，实在是一个历史的进步。

商业澡堂内部的服务情况，目前还缺少资料，但可以推测很可能有为顾客擦背等服务项目。《东坡志林》记载，元丰七年十二月，苏东坡浴于泗州雍熙塔下戏作的《如梦令》中就说："寄语揩背人，尽日劳君挥肘，轻手，轻手！"

中原地区寒冷期较长，一般市民在家里洗澡较为麻烦，加之东京这些大城市人口众多，更需要澡堂。洪迈就搜集过一些有关东京澡堂的逸事。据说，某浴肆的服务人员深夜收拾器具时，拾得一个手指大的装药膏的黑色角筒。他猜想这是治眼睛的药膏，便大胆地为其母亲医治失明十多年的青眼障。真是奇效！只擦了一次，第二天一早，瞎眼豁然明朗。后来，他妻子患赤眼病，他又胡乱地擦上这神奇的药膏，结果，一宵之间，双目皆枯。第二年，那名丢失药膏的顾客又来洗澡，说起一年前失掉的黑色角筒，里面装的是消除黥墨之药，至毒。（《夷坚志》）这名顾客多半是个常来东京的行旅。又如，宣和年间，一个外地官员来东京吏部参选，他在街边一个茶肆小憩，茶肆的中部就是一个澡堂。（《夷坚志补》）看来，这是一种多功能的商业浴室，也许更适应当时市场的需要。

在东京桥头街市巷口，每天一早就有许多竹木泥瓦匠人等待雇主召唤。他们主要是替人修整房屋、泥补墙壁以及为设斋打醮做些泥木活计。许多竹木作坊里的泥木匠人也可以为雇主

《清明上河图》中的木工作坊店铺

做些上门的服务。

　　其他城市同样有这种从事修缮服务的匠人。其实，当时修缮服务的项目分得很细，这些活计，多少要一些专业方面的技术。像陶瓷的钉铰匠，在他们手下，一个破碗破瓮钉上几个小铜钉，又可以使用。

　　宋朝市场中非技术性的劳动服务项目也不少。庆历年间，东京城有个叫马吉的，以杀鸡为业，每替人杀一只鸡，得佣钱十文。（《青琐高议》）临安人口众多，街巷小民之家多半没有厕所，各自备个马桶拉屎拉尿，每日一早，由收粪人接去，叫"倾脚头"。从这些情况可以看出，当时服务市场确已相当广阔。

许多服务项目，同行之间分了地段，各自在一定的范围之内寻找服务对象。不过争抢码头之事总有发生。例如有些收粪人抢了别人地盘，最后不得不打官司，乃至出现由临安府裁决的争粪大案。

修理服务的对象主要是中下层居民，这些阶层的消费能力还比较低，消费品更新的周期自然延长。一个破陶瓮为什么还要修补？无非是难以更新。

在市井间，还有一些为人奔走服务的下层人众。在饮食店，常有一些街坊妇女，腰系青花手巾，绾高髻，为酒客换汤斟酒，人们称之为"焌糟"；既为食客换汤斟酒，又献些果子香药，甚至唱唱小曲的，叫"厮波"；小心侍候酒客，为之买物命妓、取送钱物，或者为妓家书写请柬、送递奔走的，叫"闲汉"；出入宅院，趋奉少年郎君子弟，为之干杂事、插花挂画、说合交易

南宋刘松年《茗园赌市图》

的，称为"涉儿"。这些人一般也只是临时性的为服务对象奔走营干，得几个赏钱了事。

在服务市场混饭吃的劳动者，成分比较复杂。他们服务的对象也比较复杂，中下层有之，大户上层也有之。不过有一点是十分清楚的，包括技术性的修理工匠和非技术性的劳作者，他们与上层社会的仆役相比，在身份上、劳动性质上都有重大的区别。他们并不依附于服务对象，而只是用自己的服务去换取货币。

吕南公《灌园集》中的《达佣述》，写了一个十分达观的佣工的生活。这个佣工没有读过书，也不懂得仁义礼乐那套大学问，住的是茅草屋，却与世无争，替人家干些力所能及的劳动活，每日得一百文钱来维持一家生活。如果偶尔比平日多得几个钱，就买些酒肉回来，跟妻儿痛痛快快吃一顿。他还会点吹弹小技，时常弄个小曲儿以助嬉笑。

这个快活佣工，是当时较为典型的城市下层劳动者，每天的工钱一百文，可以勉强满足一家妻小的生存需求。就是杀鸡的马吉，虽然一天可以得几百文，但就其基本的生活水平来看，也还是相当贫困的。

随着城市规模的扩大，交通工具的使用便成了居民生活中不可缺少的了。当时最流行的交通工具是车船驴马。许多大户人家自己备有这些工具，然而大多数居民毕竟无力拥有它们，于是租借便成了解决问题的重要手段。

唐朝以前，车船马轿作为商业性的租赁物尚不多见，到了

南宋江参《盘车图》

宋朝就比较普遍了。

东京城里，平日上街办事，路途稍远的，都需要找个代步的工具，于是街巷桥头，到处都有鞍马租借，价格也比较便宜，不过百钱。（《东京梦华录》）

《东轩笔录》的作者魏泰，北宋后期人，与王安石父子以及黄庭坚这些名士交往颇密。青年时代，他流连于东京，对这里的城市生活十分熟悉。他记录了这样几件事：

东京城里人出出进进多喜欢租马乘骑，这当然是中上层人家的风尚。当时人们都讲个实在，租马之前总要把价钱讲好，赶马的也先要问清只是骑去还是又骑回，来回双程的租金比单程要增加一倍。

军巡判官孙良孺家境并不富裕，自己养不起马，可大小又是个官，架子拉不下，每次出外，总要租匹马来装点门面，甚至连押送死囚去闹市问斩这类公事，他也租马乘骑。

神宗时，开封府通判许将因受一件考试舞弊大案牵连，被关进御史台大牢，一个月以后释放出狱。临走前，御史中丞蔡确认为还有一些情节需要审理清楚，又叫他留下来，等到盘查完毕，已入二更。前来御史台迎接许将的家仆以为许大人这一天出不来了，连人带马早已离去，而饱受铁窗之苦的许将归心似箭，不愿再在这里多留一刻。他走出御史台大门，却是进退两难。恰好有巡逻街卒走过，许将相求说："敝官从御史台放出，有病缠身，行走不便。烦请诸位在街市桥头为我叫来一匹脚力。"街卒见他如此狼狈，便生怜悯之心，替他叫了一骑出租马匹。

当时，许将已经罢去通判职务，家里在甜水巷另外租房住下。赶马的看看已经夜入深更，便甩开大鞭子驱马疾走，痛马腾蹄高跃，许将摔了下来，腰膝受伤。赶马的把他扶上鞍子，又匆匆赶路。到了甜水巷，宅门紧闭，许将坐在台阶上，动弹不得，叫赶马的去敲门，半天无人答应。赶马的说："最好用大人的名号去喊门，敢问大人怎么称呼？"许将说："你只说内翰已经回来就行了。"赶马的一听，得知这位租马的就是大名鼎鼎的开封府通判许内翰大人，想起刚才让他摔在马下，不禁吓出一身冷汗，租钱也不敢要，急忙驱着马跑了。

上述魏泰所谈及的几件事说明：第一，东京城里驴马租赁服务十分兴旺，王得臣的《麈史》也提到"京师赁驴，涂之人相逢，无非驴也。熙宁以来，皆乘马也"；第二，这种服务是全天候的，不论风雨，不分昼夜，都能满足顾客需要。

租马并非与女顾客无缘，但这种工具主要适宜于男顾客。像许将那样的遭遇，女乘客碰上就惨不堪言了。

东京街头有一种牛拉的车子，车厢前后都装上栏杆，可载六人。这是十分流行的极为平稳安全的车子，特别适宜于妇女乘坐，市井间可以租赁。

其实，不仅私人乘坐出租车辆，紧急时，官府也花钱租用民间车辆。真宗景德元年（1004）十一月，就颁发过诏令："官所僦京畿车乘，并籍其数，每乘赐千钱，以雪寒故也。"（《续资治通鉴长编》）

至于商业性的搭乘船只，无论是短途还是长途，在宋朝都

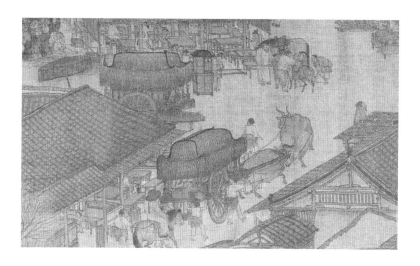

《清明上河图》中的宅眷车

更为常见。张择端在《清明上河图》中用最鲜明的笔墨描绘了汴河航道上这种服务的生动场景。

宋朝城市中的租赁服务远不止交通工具的范围，例如在临安就有搬运粮食的叉袋租赁户。最突出的还有两项服务：一是婚丧宴庆器用的租赁，二是货物贮存空间的租借。

子息的嫁娶与家庭成员生命的终结，这是每个家庭都不可回避的重大事件。在古代社会遇到婚丧，无论是人们主观的心理需要，还是舆论与风气的外在压力，都促使当事人在物质上、礼仪上充分表现出应有的欢乐或哀痛。这种大型活动往往需要使用大量的器物与某些特殊的工具，这不是每个家庭都能够自备的，于是租赁这些器物的专业户应运而生。

关于这些租赁业务的记载，在宋朝的一些文献中明显可

《清明上河图》中的船只

见。《武林旧事》把这方面的租赁器用分为十二类：花担、酒担、首饰、衣服、被卧、轿子、布囊、酒器、帏设、动用、盘合、丧具。

除了消耗物品以外，几乎所有的器用都可以租，"凡合用之物，一切赁至"。

举办吉凶宴会是一个庞杂的系统工程，需要高超的组织能力，才能办得有气势而不紊乱，有声色而不虚耗。如西汉初年的名相陈平，青年时代就在主持大丧事中显示了他的组织才能。然而，光有一个天才的指挥者是不够的，大量具体细微的事需要人手去做。在宋朝城市中，这些具体工作都可以雇请人力完成。

富贵人家的婚丧举措，常常需要组成一个"四司六局"的庞大机构，具体分工如下：

帐设司。负责搭盖席棚，张挂帷幕、书画、绣额、屏风。

茶酒司。负责端送茶汤，暖酒斟酒，导请宾客休息、入席。

厨司。负责饮食制作。

台盘司。负责托盘送菜，提灯劝酒。

果子局。负责果品的装盘，看守果品，应时上送果品，以备劝酒。

蜜煎局。负责蜜饯果脯、咸酸甜品。

菜蔬局。负责盆钵陶器、菜蔬及其浸泡。

油灯局。负责壁灯、挂灯、烛台剪花，装香火，添加薪炭。

香药局。负责各种香料、香球、香饼以及醒酒汤药的供应。

排办局。负责挂画、插花、洒扫、拭抹。

另外，还有专门抬灵柩的，"送丧为业，世所谓仵作行者也"（《清尊录》）。正如《东京梦华录》所说："若凶事出殡，自上而下，凶肆各有体例。如方相、车舆、结络、彩帛，皆有定价，不须劳力。"由服务人手承办了这些差事，主家就省了大半气力。

货物贮存空间的租借，也就是商业性的仓库经营，是商品经济长足发展的产物。唐朝长安的东、西二市，有许多邸店，兼有旅馆与仓库两种功能。宋朝市场中，除了这种复合功能的邸店以外，独立的商业仓库也发展起来了。这类仓库，有的叫廊、廊屋（平房长仓），有的叫楼店（有楼的仓库），主要叫堆垛场、垛场或塌房。

许多仓库设在城郊。通津门，就是北宋东京的东水门，这座城门之外的汴河边上设了许多仓库。元丰年间，都大提举导洛通汴司宋用臣建议将通津门外的官仓改为商业性的堆垛场。

南宋临安，商业性仓库的数量与规模更为可观。在北关水门，有周回数里的辽阔水面，叫白洋湖。有些富户以及某些官宦内侍在这里起造塌房数十所，每所为屋数千间，小者也有数百间，专门租借给市井间铺席、宅舍以及客旅寄藏货物与动具器用。由于四面是水，不仅利于防火烛，而且有利于防范偷盗。塌房主还雇用保卫人员，日夜巡查。另外，宋朝市场中还有一种类似仓库的寄附铺，这多半是客旅寄存小批物件的店铺。

大规模商业仓库的出现，表明宋朝商品流通的规模增大了。肩挑手提的小商贩，其商品一般在市场上直接消化，用不着进塌房。只有大批量的商品，在运转过程中，往往有停放交接的环节。商业仓库的兴旺，也表明市场中的竞争与投机活动加强了。有些货物不能立即脱手，或者不必立即脱手，都可以暂存塌房，待价而沽。有的巨商为了垄断货物，也需要利用塌房，囤积居奇。

至于宋朝城市中房屋出租极为兴盛的现象，其性质比较复杂，不完全属于一般的租赁服务，此处略而不述。

隐秘的角落

红颜多薄命

一名来京城转官的年青官员，在东京鸡儿巷物色了一个高级妓女。他自我介绍说是正七品宣德郎，姓李，发誓要娶她，与她白首偕老，永不变心。对于这个长期被人玩弄的青楼女子来说，梦寐以求的正是脱籍从良，何况向自己伸出救援之手的还是一个风度翩翩的青年官员，又是如此这般温情。于是她打开了金光熠熠珠宝交缠的私囊，"分其半以给姥"，另一半作为自己的嫁妆交给了宣德郎，跟随他离开繁华的京都，同去南方的小城。

他们乘舟沿着汴河向东南出东水门，行了数里，小舟停靠在岸边。他们相与登岸，宣德郎在旗亭里摆下酒肴，一起小酌。她开怀畅饮，醉眼蒙眬。突然，宣德郎奔出旗亭，跳上小舟，解了缆绳，立即东下。妓女被吓醒，她跑到河边哭号诅咒，呼天抢地，可是小舟渐渐消失，她只得仓皇还家。

数年之后，宣德郎再次来到京城，而且大摇大摆又去鸡儿巷。上过当的妓女与其鸨母一眼就认出了这个骗子，立即叫巡街卒子把他扭送到开封府。

知府开堂审问。骗子说："卑职以前从未到过京师，根本不认识她们。"知府便问妓女:"你要找的骗子究竟是什么人?"妓女说:"就是他!他是宣德郎李某。"骗子大笑:"卑职不是什么宣德郎,更不姓李,而是右班殿直康偓。"随即从怀里取出吏部文书,姓名身份写得一清二楚。知府拍案大怒,以诬告之罪把妓女与鸨母打了一顿棍子,而且布告通衢,以儆效尤。骗子康偓安然无事。(《挥麈录》)

再说仁宗天圣年间,一个叫解普的来到东京城候官补缺,时间久了,"赀囊竭尽",欠一身债。妓女李云娘与他有旧,解普便向她表白:"吾赴官,娶汝归。"云娘为人良善,便"罄箧中所有,以助之"。

一天,解普邀云娘去酒楼中饮酒,云娘大醉。入夜,他们沿汴江走到无人处,"普乃推云娘汴水中",云娘一声惨叫,被河水卷去,卑鄙的凶手竟然"诈惊呼号泣"。(《青琐高议》)

《青琐高议》又载一事:陈叔文骗娶了妓女崔兰英,而后又把她连同她的婢女一起杀害。《倦游杂录》载:杨子文来到京城,骗得一个妓女的钟爱与资助,中进士以后便将她毒死。

这些善良的女性为什么竟遭如此悲惨的厄运?就因为她们是妓女。在一般人眼里,妓女存在的价值就是为男性提供婚姻之外的性服务。因此,她们本身就是正常生活之外的一种补充。尽管有的妓女物质生活丰裕,穿尽绫罗锦绣,吃尽山珍海味,但丝毫改变不了她们的卑贱地位。

我国古代,妓,通"伎"。最早的伎是巫,有男巫,也有女巫，他们能够与神沟通，社会地位很高。这种巫伎一直存在了好几千年，虽然社会地位在逐渐下降，但总不像妓女那样卑污。随着私有财产的出现，从巫中分离出了歌舞艺伎，他们的主要使命是为奴隶主提供娱乐服务。女性艺妓一般是经过挑选和训练的女奴。天生丽质、能歌善舞的，随时都有可能受到奴隶主的性暴虐。这种妓女不是卑污的，却是悲苦的。

到了宋朝，至少存在四类女妓，她们在不同的角落里为不同的人们提供服务。

一是由官府直接控制的官妓，包括北宋时期教坊中的艺妓和各州县官府管理的官妓（又叫营妓）。有的以娱乐服务为主，有的以性服务为主。

二是官僚和富豪们私人拥有的声妓。她们以技艺或者色相为主人及其朋友服务。

三是文化市场中的艺妓。她们主要以技艺为观众服务，有时也承担一些官差。也有一些艺妓附带从事性服务。

四是纯商业的商妓。其中有的是以陪酒为主，有的是以卖淫为主。不过，这两者之间，有时也很难加以区别，陪酒的也可能卖淫，卖淫的也常常陪酒。

官妓是帝王与士大夫们娱乐的工具，也是"女性外交"的重要筹码。到了宋朝，官府对于这种工具和筹码的运用较过去有了许多变化。

最重视教坊建设的要算唐玄宗。当时宫中设立了内教坊，又在延政坊、光宅坊设立外教坊，男女艺伎达11409人。（《教

北宋佚名《四美图》

坊记》）北宋时，教坊仍存在，规模却缩小了。南宋时，教坊被废除，但是各州县的官府仍然直接控制着不少官妓，不过她们的生活方式稍有改变。

作为官妓，必须无条件地应承官差，随喊随到，这一点与以往相同。但是，官妓们不再向官员们提供义务性的性服务；宋政府也下令禁止官员们随意征调官妓陪宿，同时也禁止官员娶妓女。蔡久轩说："公举士人，娶官妓，岂不为名教罪人？岂不为士友之辱？不可！不可！大不可！"（《名公书判清明集》）这一点与唐朝大异。那么，宋朝官妓的生活费用由谁负担？官府把这个包袱甩了，妓女们只得自谋生路，只得把香闺向社会开放，仰仗文人和商人的垂顾。在这一点上，官妓向商妓靠拢。对于官差的应承，主要表现在侍候官府以及有关方面的各种集会、游乐与宴享。

"或官府公筵及三学斋会、缙绅同年会、乡会，皆官差诸库角妓祗直。"（《梦粱录》）退休官员也可以召聘官妓为之服务。文彦博退休后居洛阳，就有营妓十余人为他的游赏与宴集执事，不过给予了一定的报酬。（《蒙斋笔谈》）在这些场合，她们多半是浅斟低唱，或者伴酒嬉玩，或者诗词唱酬，与节日、庙会、勾栏中的大演出相比，形式与气氛都不大一样。

我国古代的官妓，其才智与艺术趣味高出一般妇女水平，其中大有超群出众的女性。《梦粱录》中提到，南宋末年临安著名的官妓有唐安安、金赛兰、范都宜、倪都惜、潘称心、梅丑儿、钱保奴、吕作娘、康三娘、桃师姑、沈三如等。她们不仅长相身段很美，而且技艺高超，"歌喉宛转，道得字真韵正，令人侧耳听之不厌"。

宋朝不少官妓的才智与学识都非同寻常。

成都官妓赵才卿就是个才女。有一次，帅府举行宴会，欢送兵马都钤，她与许多官妓出席陪酒。知府大人素知她的诗才，便叫她即席作词，为都钤大人饯行。才卿应命，稍加思索，便挥笔写下一首《燕归梁》："细柳营中有亚夫，华宴簇名姝。雅歌长许佐投壶。无一日、不欢娱。　汉王拓境思名将，捧飞诏欲登途。从前密约尽成虚。空赢得、泪如珠。"（《词苑丛谈》）

赵才卿在这里用了一种近乎白描的手法，从一个女性的角度写了周亚夫在时的欢娱及周亚夫去后的空虚，这种写法与当时的环境以及她自己的身份都十分贴切。

成都是块出才女的风水宝地，唐朝官妓薛涛就是一流的女诗人。有人辟她为"女校书"，胡曾赠给她诗："万里桥边女校书，枇杷树下闭门居。扫眉才子知多少，管领春风总不如。"（《云溪友议》）

长安名妓曹文姬自少徜徉翰墨之间，笔力为关中第一，享誉为"书仙"。仙也者，飘逸潇洒之至，可见其书法之妙。

关中官妓温琬更是一位饱学而又聪灵的才女。她每次应差侍宴，一名仆人带着书箧笔砚跟随。她精熟《孟子》，写过《孟子解义》八卷。她的读书笔记《南轩杂录》，"其间九经、十二史、诸子百家、自两汉以来文章议论、天文、兵法、阴阳、释道之要，莫不赅备"。她还善谈吐，机锋甚健。其书法甚精妙，"有得之者，宝藏珍重，不啻金玉"。其诗作十分丰富，曾写有五百首诗，自编成一个集子，被人窃去。后来有人收集到三十首，其中一些篇章，抒其胸臆，颇见情真，如：

咏莲

深红出水莲，一把藕丝牵。

结作青莲子，心中苦更坚。

雪竹

一簇修篁小槛中，可堪和雪更玲珑。

数枝压亚尤增秀，莫惜轻绡命画工。

（《青琐高议》）

温琬是青楼史上罕见的学者式妓女，有人赞许她："桂枝若许佳人折，应作甘棠女状元。"当时士大夫中流传："从游蓬岛宴桃溪，不如一见温仲圭。"乃至司马光者流也慕名而访。

温琬之卓立，还在于其精神风貌之不同凡俗。她心地善良，轻财好施，乐于称道别人之美行，己过则不惮改。（《青琐高议》）

当时能诗善词的妓女远远不止赵才卿与温琬。贺梅子恋一妓，久别之后，多情的妓女作诗寄来："深恩纵似丁香结，难展芭蕉一寸心。"李之问在长安热恋妓女聂胜琼，临别之时，聂胜琼赠诗说："枕前泪共阶前雨，隔个窗儿滴到明。"陈梦和任福州古田县尉，狎一周姓妓女，妓女作诗把县尉的名字嵌入："梦和残月过楼西，月过楼西梦已迷。唤起一声肠断处，落花枝上鹧鸪啼。"可见当日的烟花女子中，才情韵致比较高的大有人在。

北宋佚名《仿周昉宫妓调琴图》

在长安狎妓女叫"吃冷茶"，因为她们走的是小步履，一杯茶端过来就凉了。东京的妓女，人们称她们为"录事"，相国寺之东，就有录事巷。妓女们陪酒，往往担任"酒纠"之责，盖谓录事也。成都的妓女也称"录事"，苏东坡称自己的家妓为"搽粉虞候"。

只要妓女们入籍课税，封建官府在法律上保护她们的营生，士大夫、文人和商贾又都比较广泛地出入秦楼楚馆，于是宋朝的色相买卖像流疫一般蔓延到了所有的大小城镇。当然，这股花潮是在商业大潮的广阔背景下掀起的。

在大城市中，风月场所的密度更大。唐朝长安的妓女集中居住于平康坊，"平康里入北门，东回三曲，即诸妓所居之聚也"，后来"平康"便作为妓女的雅称。（《北里志》）妓馆集中的这种遗风宋朝仍有。一天夜里，成都富春坊发生火灾，第二天，有人写打油诗一首："夜来烧了富春坊，可是天公忒肆行。只恐夜深花睡去，高烧银烛照红妆。"原来，这里就是妓女聚居之处。（《清波杂志》）

《东京梦华录》行文所及，提到东京城内的商妓中心有八处：朱雀门外龙津桥西的院街，皆妓女馆舍；朱雀门外东去大街，直到保康门街多妓馆；旧曹门外，过朱家桥，南北斜街多妓馆；马行街鹌儿市，东西鸡儿巷皆妓馆；相国寺南录事巷皆妓馆，寺北小甜水巷，妓馆亦多；景灵宫东门前街，脂皮画曲，皆妓馆；旧宋门里景德寺前桃花洞，皆妓馆；新郑门外，金明池西道者院前，皆妓馆。

这些记载肯定是不全面的，姑且不说是否还有别的"平

康里"，至少还有大量的零散妓馆散落在全城各个角落。陶
穀《清异录》卷上《蜂巢巷陌》说："今京师鬻色户将及万
计。"陶穀是北宋初年人，那时东京城卖色的妓女数以万计，
到了北宋后期，其数量可以想象。

临安也是妓女云集之地，商妓中心有上下抱剑营、漆器
墙、沙皮巷、清河坊、融和坊、新街、太平坊、巾子巷、狮子
巷、后市街、荐桥等十一处。此外，市西坊南潘节干、俞七
郎茶坊、保佑坊北朱骷髅茶坊、太平坊郭四郎茶坊、太平坊
北首张七相干茶坊，"专安着妓女，名曰花茶坊"（《梦粱
录》）。还有清乐茶坊、八仙茶坊、珠子茶坊、潘家茶坊、连
三茶坊、连二茶坊、金波桥等。各个瓦子中，也都有不少商妓
"靓妆迎门，争妍卖笑"（《武林旧事》）。另有一种"水
茶坊，乃娼家聊设桌凳，以茶为由"，也是妓女活动之处。
（《都城纪胜》）

至于酒楼中的妓女就更普遍了，不仅樊楼、任店这些大酒
店妓女云集，有些小酒店"又有下等妓女，不呼自来"（《东
京梦华录》）。所谓庵酒店，"有娼妓在内，可以就欢，而于
酒阁内暗藏卧床也"（《都城纪胜》）。

从数量上说，宋朝妓女总数大大超过以往各朝，其中艺
妓、色妓居住比较分散，不仅在商业繁盛的热闹街区周围，而
且在较为偏僻的街巷都可见到她们的身影。

在商业市场中，妓女的营生也受商品竞争规律支配，加
之酒客、嫖客在金钱的投入上差别不小，因此，妓女们很自然
地被分成了高、中、低等层次。高等妓女一般称为"上厅行

首""都行首"或者"行首"。嫖客们上高级妓馆，开销十分可观：一进门，立即有人提瓶献茶，一杯茶也要赏几千钱，谓之"点花茶"；上楼后，饮一杯酒，又是几千钱，谓之"支酒"；然后点菜肴果品，开宴叫妓女来陪酒；一些赶趁的、帮闲的和叫卖小贩纷沓而来，又有不少浮费；如果要点其他的妓女来陪，即使她住在街对面，也要用轿子去接，谓之"过街轿"。且不说明码标价的妓女服务费用以及暗下送给妓女的私房钱，仅仅这些场面上的花销已经是个不小的数目。

　　某些名妓，包括官妓、艺妓与商妓，各自独立门户，其排场自然更大。临安花魁唐安安，其家之豪侈不亚于公侯，"凡酒器、沙锣、冰盆、火箱、妆合之类，悉以金银为之。帐幔茵褥，多用锦绮，器玩珍奇，它物称是"（《武林旧事》）。与唐安安同时的苏州花首徐兰，她的住宅，堂馆曲折华丽，亭榭园池样样都有，厅堂居室铺的是锦织，挂的是销金帷幔，金银宝玉器玩、名人书画、饮食器用，无不精妙，打杂的、奏乐的婢女就有十多个。

　　中等、低等妓女的规格相应地降低，但其数量更多。低等妓女一般为中小商人服务。由于妓女本身粗劣，或者不善弹唱，或者年老色衰，收入不多，甚至难以维持生计。"有营妓丧夫，家极贫。"（《闲窗括异志》）"元祐末，安丰县娼女曹三香……贫甚，为客邸以自给。"（《夷坚志补》）

　　妓女既然被当成了商品，而商品交易的基本原则就是等价交换，因此，妓馆里一般只认钱，只认这个等价交换的媒介。

高等妓女服务的对象大多是达官显宦、豪商巨贾，甚至皇帝。

宋徽宗与李师师的故事已是妇孺皆知，其实嫖妓的帝王并不只此一位。唐宣宗就常常微服私访平康坊；南唐后主李煜也爱"微行娼家"（《宋稗类钞》）；南宋后期的理宗也有这个雅好，在宦官董宋臣的教唆之下，他在宫中筑起广梅堂、芙蓉阁，秘密召进民间艺妓演出，一年元宵夜，召进了花首唐安安，其美色与歌技，绝伦无比，"帝爱幸之"（《东城杂记》）。

理宗的小舅子贾似道是个风月场中著名的老嫖客，他从小就养成了游手恶习，姐姐入宫当了贵妃之后，他就是国舅爷，更加有恃无恐，几乎天天都在妓馆里鬼混，后来官越做越大，胆子也越来越大，抢尼姑，狎妓女，更无顾忌。其宠姜潘氏与倪氏都是烟花女子出身。他当了宰相以后，旧习仍然不改，还与妓女潘称心闹得满城风雨。北宋末年的浪子宰相李邦彦，自诩为"赏尽天下花，踢尽天下球"，也是个寻花问柳的老手。

从北宋中期起，按政策规定，士大夫不准宿娼。实际上，偷越这条边界的大有人在。皇帝、宰相都可以胆大妄为，效尤者自然不少。只要没有人公开告发，便也相安无事。"石曼卿为集贤校理，微行倡馆，为不逞者所窘。曼卿醉，与之校，为街司所录。曼卿诡怪不羁，谓主者曰：'只乞就本厢科决，欲诘旦归馆供职。'厢帅不喻其谑，曰：'此必三馆吏人也。'杖而遣之。"（《梦溪笔谈》）

　　吴兴县乌墩镇有个巨富沈承务，他的这个官衔说不定就是花钱买的。他仰慕徐兰之芳名，驾大舟专程去苏州游赏她的香闺。徐兰招待他十分客气，于是他第一次就送徐兰白银五百两、彩缣百匹，流连半载，花钱数百万而归。（《癸辛杂识》）

　　东京曲堤有个周家，是山东的巨富。其家成员周高，当秘书丞，官不大，只是个从七品，但恃其富有，骄纵不法。他曾经携带几十名东京的妓女与侍妾，千里迢迢去杭州游玩。（《龙州略志》）

　　商人们宿妓或携妓远游的更为普遍。第一，他们有钱；第二，他们不受政策的束缚。当时，出现了一种新的现象："江淮闽楚间商贾，涉历远道，经月日久者，多挟妇人俱行，供炊爨薪水之役，夜则共榻而寝，如妾然，谓之婢子，大抵皆猥娼也。"（《夷坚志》）这些商人一举而多得，可真够精明的。

　　这种性开放的风气，对于"万恶淫为首"的伦理世界是一种冲击。

　　妓女们被当成商品，但毕竟又不同于一般商品，她们长期浸染在污浊的大染缸中，但也还有许多不甘堕落的灵魂。她们仍然保持着一颗对爱、对人的尊严、对美好生活热烈向往与追求的心。

　　作为妓院老板的赚钱工具，妓女们，尤其是中下等妓女，根本无权去选择狎客。但是，她们在感情上却可以有区别地施与自己的好恶与爱憎。一般来说，宋朝妓女比较倾心于文化素

南宋佚名《玉楼春思图》

养较高而又风流多情的知识分子。与知名文士游，固然有提高自己身价的好处，但更重要的是可以得到趣味上的熏陶与情感上的交融，有时甚至可能获得真挚的爱。

奉旨填词的柳永就是被妓女们宠爱的一位大才子。"所至，妓者爱其有词名，能移宫换羽，一经品题，声价十倍。妓者多以金物资给之。"有一次，柳永路过樊楼大酒店，忽然听到楼上有呼"柳七官人"之声，抬头一看，是名妓张师师。"及柳登楼，师师责之曰：'数时何往？略不过奴行。君之费用，吾家恣君所需，妾之房卧，因君罄矣！岂意今日得见君面……且为填一词去。'……柳方拭花笺，忽闻有人登楼声。"柳永把纸藏于怀，一看，来者乃刘香香。"言曰：'柳官人，也有相见。为丈夫岂得如此负心！当时费用，今忍复言……若为词，妾之贱名，幸收置其中。'柳笑出笺，方凝思间，又有人登楼，柳视之，乃故人钱安安。安安叙别，顾问柳永：'得非填词？'柳曰：'正被你两个姐姐所苦，令我作词。'安安笑曰：'幸不我弃！'"柳乃举笔……"（乃云）'师师生得艳冶'，香香、安安皆不乐。欲掣其纸，柳再书（第二句）云'香香于我情多'，安安又嗔柳曰：'先我矣！'捋其纸，忿然而去。柳逐笑而复书（第三句）云：'安安那更久比和，四个打成一个。（过片）幸自苍皇未款，新词写处多磨，几回扯了又重捋，奸字中心着我。'（曲名《西江月》）三妓乃同开宴款柳。"（《醉翁谈录》）

苏东坡在妓女的心目中，既是一个富有人情味的高官，更是一位才高情茂的文豪。妓女们最爱求他作诗留念。"东坡在黄冈，每用官妓侑觞，群姬持纸乞歌词，不违其意而予之。"（《清波杂志》）有的甚至求他帮助解脱风月柳锁。有一回，苏轼寓于京口，润州官妓郑容、高莹两人侍宴。东坡很欣赏这两名妓女，她们也趁机求他帮助解脱妓籍。东坡欣然应允，写了一首《减字木兰花》，叫她们去找知州大人。词中有"郑容落籍、高莹从良"八个字。（《扪虱新话》）知州是否看苏东坡的面子放了这两名妓女，不得而知，但至少东坡为她们尽了心。

与妓女建立纯真情爱乃至生死与共的士子，在宋朝不乏其人，他们的故事可以写一部香艳的情史。哲宗元符年间，饶州举子张生进了太学，与东曲妓女杨六交往甚深。张生落第回乡，相约半年再来会聚，出于身不由己的缘故，他耽误了约期，而杨六随其母离开了东京。等张生终于赶到了东京履行诺言，但杨六已经走了，痴情的张生便远游四方去寻访她的踪迹。

淮上名士仲弥性来湖州任通判，深深地爱上了色艺称著的妓女杨韵，发誓要与她白首偕老。杨韵生日，仲弥性代她写的醮词就饱含了他的真切情爱："身若萍浮，尚乞怜于尘世；命如叶薄，敢祈祐于元穹。适届生初，用输诚曲，妾缘业如许，流落至今。桃李半残，何滋于苑囿。燕莺已懒，空锁于樊笼。只影自怜，寸心谁亮？香炉经卷，早修清净之缘；歌扇舞衫，尚挂平康之籍。伏愿来吉祥于天上，脱禁锢于人间。改往修来，收因结果。辟纑织屦，早谐夫夫妇妇之仪；堕珥遗簪，永脱暮暮朝朝之苦。人之所愿，天不可诬。"不久，仲弥性便丢弃了那顶不大不小的乌纱帽，携恋人远走高飞去了。（《玉照新志》）

在封建社会里，一般女性对于理想婚姻与情爱的自由追求，障碍是极大的，何况是低人一等的妓女呢？她们即使遇到意中人，这种爱恋也常常被无情地摧毁。临安妓女陶师儿与王生相恋，被妓院老板刁难，"一日王生招师儿共游西湖，舟泊净慈寺藕花深处，王生、师儿相抱入水"（《宋人轶事汇编》）。南宋绍兴年间，"台州黄岩营籍有谢姓妓，与杨生情好甚笃，为其妪所制，不遂其愿，乃相约投江"。南徐妓女韩香的结局尤为悲惨，她色艺冠一时，与大将叶氏之子炽热相恋，于是她闭门谢客，发誓终身追随叶家公子，可是权势赫赫

的叶大将军勃然狂怒，强行将她许配给一名羸弱的老卒，这个可怜人最终自刎。（《本事词》）

宋朝秦楼楚馆之所以充斥城镇，主要有以下的缘由：第一，商业与文化流动比较频繁，大量行旅要解决性需求的问题。第二，商人或者其他富有阶层财富多了，享受性的生活需求也提高了，其中满足心理和生理上需要的娱乐活动处于十分重要的地位，而在当时的文化环境中，狎妓是一项十分重要的娱乐活动。第三，宋朝理学形成，对性爱的外抑进一步强化。实际上，封建士大夫本身同样逃脱不了性的诱惑，而且大多数是巫山神女的崇拜者。这种阴阳两面的虚伪风气对于市场上性服务的兴旺起着巨大的支撑作用。第四，人们长期以来认为"惟女子与小人为难养也"，歧视女性已成根深蒂固的传统，因此并不同情妓女们人格上的沦丧，反而在政策上庇护这种人肉市场。

这些女子不是因为家贫，就是因为遭遇不幸而坠入了苦海。一旦她们被编入了妓籍，就难以解脱了。她们依附官府或妓院老板，没有自由，甚至没有人身安全。

有些贫困家庭把女儿卖给妓院是有期限的，但到期之后，妓院老板并不一定如约放她。如袁州娼女冯妍，年十四岁，姿貌出于辈流，且善歌舞，本谢氏女，其母诣郡陈状云："卖此女时才五岁，立券以七年为限，今逾约二年矣。"（《夷坚志》）

妓女的身份低下，随时都可能遭到欺凌、迫害。郑獬，仁宗时中过状元，一次路过陈州，镇守陈州的是曾经当过宰相的刘沆，派遣妓女上街欢迎他。有个穿红衣的艺妓迟到了，刘沆淫威大发，在众目睽睽之下把她棒打了一顿。（《东轩笔录》）淳熙四年，魏昌贤作宰乌江，坐厅办公，家人于帘幕内遥望见美女在其侧，以告魏妻，"时官妓王道奴以色称，颇蒙邑僚顾眄，妻不复审其实，呼之入宅，痛加杖笞。明日，自往幕内，所睹如初，但不能辨其容状，又呼道奴，则正病创困卧，始知其非"（《夷坚志》）。

以色相为业的妓女，红颜易逝，其色业的周期是不会很长的，某些红极一时的名妓结局凄凉。关于李师师的后半生，有的说被女真贵族掳掠去了，有的说流落在临安，还有一种说法，她潦倒于湖湘之间，总之，晚景不妙。王明清的朋友陆升之说，他客寓临安时，在雨中见到一老妇人，蓬头垢面，行乞于市井，正在接屋檐淌下的雨水洗脚。她向陆升之泣诉说："官人曾经听说过秦妙观吗？妾身就是。"秦妙观也是北宋宣和年间红极一时的名妓，当时，许多画工抢着绘制她的图像，销售于四方。（《玉照新志》）

当然，历史不会只用一种色调来涂抹生活。两宋时期，因着商业大潮的冲刷，社会等级流动的现象有加无已。"贫富无定势"，贵贱并非不可跨越。由贫而富，由贱而贵，已是一种常见的现象。就在这样一种背景之下，有些妓女机遇较好，终于跳出了火坑。有的甚至挤入了富贵者的行列。京口（今镇江）妓女梁红玉嫁给韩世忠，后来被封为杨国夫人。韩世忠的另一姬妾周氏被封为蕲国夫人，原来也是个妓女。与韩世忠齐名的张俊，有个爱妾也是临安的妓女，后封为雍国夫人。国夫人在当时是第一等

南宋李嵩《桐荫对弈图》

爵位的命妇。尽管她们仍然不过是其丈夫的附庸，但在人们的眼里，这可是一步登天了。不过，这种幸运儿在万万千千的青楼女子之中只是凤毛麟角。

黑道的嚣狂

　　秦桧专政时期，临安城里出了一桩轰动朝野的奇事。有个窃贼每每在他作案的人家中，于门壁上写上"我来也"三个大字。这可把临安府的手脚搅乱了，虽然布下密网，但是久久不能破案。

　　一天深夜，街坊巡检胥吏抓了一个窃贼，都说他就是"我来也"。于是立即送往刑事部门审讯，府尹大人也亲自过问这桩要案。但并无赃证，窃贼本人也矢口否认，只得把他收押在监，待细细查审。

　　进了牢狱的窃贼悄悄地对一个狱卒说："我固然是个贼，但不是'我来也'。一下子也说不清，脱不了身，就拜托大哥你多多关照。小弟有些银子藏在宝叔塔上的某层某处，你可以去取着用了。"

　　狱卒说："塔上人来人往，你这不是叫我去找死？"

　　窃贼说："这个你放心。那寺庙里敬佛作缘事不多。你去点一晚的塔灯，整夜地在塔里盘旋，就可以乘机取到银子。"

　　果然，狱卒按他的主意行事，取了银子，十分高兴，便秘密地给窃贼送酒送肉，彼此满意。

过了几天，窃贼又对狱卒说："我还有一坛子首饰珠宝放在侍郎桥下某处水里，你再去取了。"

狱卒又问："那是热闹地方，如何取？"

窃贼告诉他："叫你家里人用箩筐装些衣服到桥下去洗濯，取了坛子放在箩筐里，盖上衣服便可。"

狱卒按照他的办法，果然又得了不少珠宝金银，连眼睛都看花了，于是对窃贼越发恭敬了。

有一天深夜二更，窃贼忽然对狱卒说："小弟想要出狱办点事，四更以前一定赶回来，绝不连累你。"

狱卒吓坏了，说："这可使不得！"

窃贼说："我说不连累你，就一定做到。再说，即使我不再回狱来，你顶多获个流配之罪，小弟送给你的黄白货也足够你全家受用一辈子。如果你不答应我这个请求，到时候只怕后悔也来不及了。"

狱卒坐了一屁股屎，无可奈何，只得替他开了枷锁放他出狱。这一夜，狱卒不敢合眼，既烦躁恼火，又心惊胆战。不到四更，只听到瓦檐响动，随即，窃贼纵身轻轻跳下。狱卒大喜，重新给他戴上枷锁。

第二天一早，又有人来官府报案，说昨夜三更，某某街上张府失窃，大门上又写上"我来也"。素来以判案清明而称著的临安府尹赵师睪听说"我来也"又在作案，不由抚案而叹，说："我差一点误判了这桩案子！怪不得那个被关押的窃贼矢口否认自己是'我来也'，他的确不是！"于是以犯夜之罪打了窃贼一顿棍子，把他驱逐了事。（《谐史》）

　　看来，这个窃贼飞檐走壁的身手、解困脱身的计谋都是一流的。宋朝城市中，"我来也"一级的高级窃贼是个别的，但是，积淀于黑道上的各种社会沉渣颇为不少。

　　宋朝城市的黑道，是一个非常复杂的恶性社会，它的大多数成员是从各个阶层中被挤压、被筛漏出来的贫者和恶者。有的的确是生活所迫，铤而走险；有的则是好逸恶劳，贪婪成性而走上罪恶道路。

　　商品经济的发展，无情的竞争，又使一些失败者、失意者从正道上滑落下来。成千上万破损的、扭曲的乃至充满血污的灵魂混杂搅和在一起，社会就难以安宁了。

　　宋朝城市中最常见的黑道活动自然还是偷窃。有的穿户凿墙，勾檐跳垣，像"我来也"一样，干些大买卖。也有一些剪衣探囊、捉鸡盗猫的小偷。在临安，这类小偷叫"觅贴儿"。临安和宁门口的野味店，实际上就是以小偷们偷来的猫犬之类充当野味。（《桯史》）成都府使用交子最早，人们喜欢把交子藏于腰间，手脚麻利的小偷"善以小刃取之于稠人中如己物"（《二程文集》）。

　　偷窃，是宋朝的一个社会性隐患。除了经过长期训练的高级窃贼以外，一般小偷从事的是小出手的扒窃，并不需要太多的训练，而且作案迅速，容易得手，可以轻松得到一定的财物。加之个案的破坏性又常常不足以引起较大的震动，于是，吸引了较多的小蛀虫投入了这种无本生意。

　　当年，城市间的黑道活动主要有五类。第一类，行窃；

第二类，诈骗，临安叫行骗的歹徒为"白日贼"；第三类，抢劫，打家劫舍，杀人越货；第四类，开黑店，谋财害命；第五类，强霸勒索，为害地方。

虽然某些歹徒在作案过程中兼施多种手段，但多数黑道人物只专一道。有的善骗，有的善偷，有的主要从事劫杀。黑道活动的分工，充分反映了黑社会也在竞争中发展。

偷窃毕竟要背着人干，一来是为了减少失主的抗争，二来也想躲避刑法与舆论的制裁。而抢劫则不同，强盗们迷信暴力，威逼着被劫对象不敢反抗，或者灭了口，彻底消除了对象的反抗。强盗们的杀人手段往往是十分残忍的。当年有个叫黄麻胡的强盗心肠极为狠毒，他常常叫那些被劫的对象自己挖个土坑，然后把他们倒着活埋，让双脚留在坑外，他以看那些被埋者的双脚抖动为乐。（《孙公谈圃》）

令人发指的恶性事件很容易引起社会的震怒，因此，强盗们不敢轻易地在官府统治实力比较强的城镇中公开行事。而有一定伪装的黑店却较容易躲过常人的眼睛。因此，谋财害命的狼窟不仅存在于地广人稀的村野之中，就在人口密度很大的城市里也是有的，甚至连大宋天子的眼皮底下也有黑店杀人之事发生。

宣和年间，一个外地官员来到东京参选，要去吏部陈状。可是这一天他起得太早，街上行人寥落，尚书省大门未开，于是他走进了街边的一家茶坊。茶坊之内，又经营澡堂。

他坐在茶厅里，叫了杯茶。突然，这个官员的颈上被皮

《清明上河图》中的茶坊与小食店

条套住勒紧，顷刻之间就不省人事了。他被拖进澡堂的帘子后面，气息顿绝。

站在旁边的歹徒们高兴地说："姑且不说他这身值钱的皮裘，就这胖子的一身肉也值不少钱。"

离天亮还早，歹徒们没有立即把他开膛破肚，便又转到外厅去了。过了一阵，皮带松散，这个官员竟奇迹般苏醒过来。他一时还不敢乱动，正在犹豫之间，忽然听见街上吆喝，兵卒们在为开封府尹开路。他立即爬起来奔出大门，站在街上连声大叫："杀人！杀人！"澡堂里的歹徒们万万没想到这"死了"的胖子还能跑出大门，他们故作镇定地说："这位官人得了疯病啦！"

不久，大尹乘马而来，遭难的官员在马前投诉了被害之事。大尹立即叫缉捕盗贼的兵卒冲进茶坊搜查，掀开澡堂里的木板一看，里面还有三具尸体尚未僵冷，原来都是昨天夜里杀害的。于是大尹把这一家恶贼全部抓住，依法处置了。据说，他们往常杀害的客人，其人肉都被一些恶少年买去。（《夷坚志补》）

宋朝城市中，强盗竟敢如此猖狂，可见黑势力已成了一定气候。随着社会财富的增长以及财富分配差距的扩大，合法的掠夺、受特权保护的掠夺以及诡秘的强暴的掠夺，都会不可遏阻地发展。

诈骗，既要公开行事又要蒙上一层伪装，既要使你落入圈套又要使你放下戒备，待到被骗者清醒时，早已落花流水东去也，甚至弄得你有苦难言。歹徒们在这里玩弄的就是一个"诈"字。《晋书》说："背信藏巧谓之诈。"诈者，就是运用奸巧使人上当。

骗局有大小，手段有高低。

有一个年轻人在街上遇到一个老妇人，她抱着家织的一两匹绢，正要出卖。年轻人说愿意出高价收买，便把她引到一个茶坊厅堂坐下，对老妇说："您老先在这里等着，我叫老娘来做这笔生意。"

不久，这个年轻人又出高价要收买另一个老太婆的家织绢，也把她引到茶坊来，叫她在茶坊外边等着。他指着厅堂里坐着的那个老妇人对这个老太婆说："那位就是我的老母，钱在她那里，我把你的绢送进去给她看，马上送钱出来。"

他抱着绢匹进了厅堂，便附耳对老妇人说："外面等着的那位婆婆就是我的老娘，我拿了你的绢去取钱。"于是把这个老妇人的绢也抱走了。眨眼之间，这个年轻人就在闹哄哄的茶坊之中消失了。（《随隐漫录》）

有的骗局隐藏的奸巧就高明得多，连一些阅历相当丰富的人也不容易识破其机关。

有一位士大夫从外地来到临安等候调官，所住的旅店前厅铺面上是个茶馆。候官期间无事可干，他就坐在茶桌旁观看街景消遣。

茶坊对面有个染坊，染坊临街高挂着许多染色布匹，只见几个人鬼鬼祟祟地在染铺前东张西望，转来转去。突然其中一人走进茶坊来，悄悄地对那名官员说："我们要弄走那几匹晒着的染布，请官爷留情，好歹别作声。"那官员说："这事与我何干？我不会饶舌的。"他心里想，这几匹布挂在大庭广众之中，窃贼们有什么高招可以偷到手呢？这倒要看个稀奇，于是他坐着不动。

只见这几个人不时地在街上晃过，或左或右。后来，这些人慢慢地走得稀疏了，到了黄昏时分，这些人都不见了。

官员笑道："这些家伙也不是什么高手，原来都是些草包，只不过是说些大话。"他坐了大半天，也感到乏了，便走回住房去，准备吃饭。推开房门，天哪，他所带的行李被偷得一干二净！（《梁溪漫志》）

草包者，正是这个"人上人"自己！骗子们是个团伙，其手段比诈骗两个老妇人的小骗子略高一筹。他们充分地调动了这个官员的好奇心理，声东击西，十分从容地达到了目的。

至于"美人局""柜房赌局"的诈骗形式，就更让人难防。

北宋宣和年间，东京城里发生过一桩高级的诈骗案。

一个姓沈的将仕郎，姑苏人，也来东京调官。此人十分富有，随身带了大量的硬通货。他正当壮年，有钱有闲，便打算在这个繁华的都市里美美地过几天舒心日子。

就在下榻的客店近处，他交识了郑生、李生两名士子，三人意气相投，过往甚密，半年里，常一同出入歌楼酒场、青楼妓馆。

某天，三人相约出城游玩，路过一个水池子，几个养马人正在洗刷马匹，见了三名士子，恭敬异常地打招呼。沈十分诧异。郑、李解释说："这几个都是我们的老朋友朝议大夫王公的仆隶。"

李生对沈将仕郎说："我们与其信步浪游，泛泛然没有目标，何不骑上王公之马去拜访一下那位老大人呢？王公曾经主持一个大郡之政，门第殷实，榻前姬妾成群，他本人又喜好宾客。"

沈将仕郎听说有这等高雅去处，哪能不动心？加之郑生也在一旁撺掇，沈将仕郎便拍手赞成。于是他们便要了马，三人并辔而行，转了两个坊曲，来到一座大门前。门内，宅宇华丽深邃。

李先入，报曰："主人闻有客，喜甚，但久病倦懒，不能具冠带，愿许便服相延。"

南宋刘松年《四景山水图》中的庄院

　　已而主人出，乃一衰翁也。容止固如士大夫，而老态殊甚。揖坐东轩，命设席，杯盘肴馔，咄嗟而办，虽不甚腆侈，皆雅洁适口。小童酌酒过三行，翁忽嗽且喘，喉间痰声如曳锯不可枝梧，起谢曰："体中不佳，而上客惠顾，弗能尽宾主礼，奈何！顾郑生代居东道，幸随意剧饮。仆姑小歇，煮药并服，少定复出矣。"沈大失望，而兴亦阑矣。

　　傍晚，沈、郑、李于后园中漫步，忽然听到内堂喧笑，并有投掷骰子之声。沈将仕郎从屏风缝隙中窥视，只见明烛高照，堂中摆了一张大案桌，七八个美女环立聚赌。

　　李生径直走入内堂。美女们说："李秀才，你又来这里厮混啦！"李生便与她们搅在一起，且掷且笑。

　　沈将仕郎在门外看了，神魂颠倒，顿足说："真是神仙境界，怎样才能使我也参与这个胜会呢？"

郑生说："这些美女都是王公侍儿，王老大人刚刚入寝内休息，恐怕她们很难接待你，不像我与李生跟她们惯熟无间。"

沈将仕郎便央求郑生说："小弟随身箧子中还有些茶引（当时的一种有价证券），你进去替我说说，也让小弟得一阵子快活，就心满意足了。"

郑生迟疑了一阵，便进入内堂，侦伺了许久，终于把馋液欲滴的沈某带到赌局之前。

众女咄曰："何处儿郎，突然到此？"郑曰："吾友也，知今宵良会，愿拭耳目。"姬曰："汝得无引狂子来诱我耶？"

一个美女给沈某满满地倒了一杯酒，将仕郎一口饮干，美女惊诧说："俊人也。"她便叫小丫环去伺候王老大人歇息，有什么动静，立即来报。

乃共博。沈志得意逞，每采辄胜，须臾得千缗。诸姬钗珥首饰，为之一空。

郑生推推将仕郎的肘腕说："你赢了这么多，可以收场了。"可是，已经陶醉的沈某，其心思并不全在几个钱上，便不住地要酒喝。

有一姬最少艾，败得多，愠而起，挟空樽置前，曰："只作孤注一决，此主人物也，幸而胜固善，脱有不如意，明日当遭鞭棰，势不得不然！"同席争劝止，皆不听。

沈将仕郎将骰子一掷，骰子跳了几跳，停了下来，这回可是将仕郎输了。年轻的美姬把那"空樽"往桌上一倒，满桌子的金钗珠玉，估其价，值三千贯。沈将仕郎把所赢的全部赔上，又从腰间取出茶引赔上，所剩无几了。他正准备再决胜负，突然听到王朝议大声咳嗽，急着要唾壶，众美姬立即把客人推出内堂。三人回到之前喝酒的地方，王公派人来向他们表示敬意，相约过几天再来做客。

沈归邸，卧不交睫，鸡鸣而起，欲寻盟再往。再召二子，云已出。候之至午，杳不至，遽走王氏宅，审之，空屋无人。询旁舍居者，云："素无王朝议者，畴昔之夜，有恶少年数辈偕平康诸姬饮博于此耳。"

到这个时候，沈将仕郎才明白自己堕入了一个蓄谋已久的圈套，可是钱囊已经告竭。（《宋艳》）

这种骗局编织得十分精巧，花费的时间，参与的人员，扮演的角色，选择的环境，表演的细节，以及整个骗局的缜密构思，远非一般诈骗可比。可见黑道上已经接纳了一些智慧头脑。像以士子面貌出现的郑生、李生，大概就是从科举场屋中筛选下来的知识分子，他们是骗局的主谋。半年的交游乃至这次郊外诈骗的每一个环节，他们都牢牢地控制着"猎物"。他们不仅摸清了沈将仕郎的经济状况，而且摸透了他的心理轨迹，设置的圈套是那样丝丝入扣。

宋朝黑道作案水平的提高，还表现在人力物力调动方面有了较大的规模。郑生们的骗局，就有十多个同谋参与，包括扮演马夫、退休官员及其美妾、小丫环者，动用了马匹、器具以及大量的珠宝钗钿。虽然这可能是临时凑合的班子，却配合得天衣无缝，而且技巧纯熟，如赌局上的输赢，叫输就输，叫赢就赢，恰到好处。这些绝不是一般小骗子所能做到的。

由此看来，宋朝黑道的作案水平，从一个阴暗的侧面反映了社会经济、文化发展水平的上升。

历史上每个王朝都把危害本王朝统治秩序的人视为盗贼，这里夹杂着集团偏见、阶级偏见。宋王朝同样把人民群众的反抗斗争说成是盗寇暴乱。王小波、李顺、钟相、杨么领导的那些著名的农民起义自不必说，许多小规模的、零星的抗争，甚至一些政治意识模糊的民间结社也都被说成是大逆不道。

北宋中期，京畿东西、河北一带，所谓妖教炽盛，如"里俗经社"之类，在各州县市井间、军营，乃至乡村，无不风靡。在某种宗教的外衣之下，老百姓聚集起来了，就在东京城里，也闹起了这种"经社"。

京城中有游惰不逞之辈李清等，私自集结二三百人，夜聚晓散，以诵佛为号，民间曰经社。（《赵清献公集》）

北宋末年，在扬州，有一群"不逞为侠于闾里，自号'亡命社'。（州官）公弼，取其魁桀痛治，社遂破散"。（《宋史》）可见这一类民间秘密结社已成风气。

所谓盗贼，应该是指那些用卑劣、残暴手段危害社会、危害人们正常生活的黑恶势力，但其作为一种历史现象，常常是杂芜纷乱的。

真宗时期，东京城里董德昌、董利用父子勾结皇城司巡察亲事卒，伺人阴事，诈取钱财。市井的老百姓都怕了他们，称他们父子为"大虫""小虫"。（《续资治通鉴长编》）

东京城里河渠不少，两岸又有不少隐蔽之处，一些亡命歹徒藏匿其间，称之为"无忧洞"。歹徒们劫盗一些妇女，也藏匿其间，谓之"鬼樊楼"。

《续湘山野录》中记载，张秉出守冀州之时，一个巨盗劫了一家百姓的钱物，而且趁机强奸了这户人家未出嫁的女儿。

这些"大虫""小虫"，这些"无忧洞"里的匪类，他们卑劣凶残的行径，不仅危害了一些家庭、一些妇女，而且严重降低了市井的安全感。

丑恶总是与美善相对立而存在的。阶级社会中丑恶的一面，包括王侯财主的凶残与贪婪以及黑恶势力的诡秘与狠毒，总会不可遏制地滋蔓。

黑道的嚣狂，从一个侧面折射出两宋时期的城市生活正在商品细胞的裂殖中获得发展，但也生出了不少烦恼。

赈灾与救济

北宋末年，太湖边上的吴江县城里，狭窄的街市中有一溜单位：

一是与孔庙结为一体的县学，学生称"生员"。

二是居养院，在县学之东。在这里收养了一些无依无靠的鳏寡老者。

三是安济坊，在居养院之东。安置在这里的是失去依靠的残疾人与病人。

四是漏泽园，位于安济坊之东。这是一个墓地，埋葬的是一些无力入土的死者。这一路走去，从县学到漏泽园，真是生、老、病、死都有了着落。（《中吴纪闻》）

当年"生老病死"设置整齐的城市，何止一个吴江县城。从《宝庆四明志》可以看到，庆元府（北宋叫明州，即今浙江省宁波市）及其所辖慈溪、定海、奉化、象山和昌国各县都有官学，也都有居养院、安济坊、漏泽园等设置。

如庆元府城里，养济院在西门里，收养的孤寡老人，每人每天支米一升、钱十二文。收养的一二十个孤儿，米钱减半。

安济坊也在西门里，北宋大观元年建，收养病者。

南宋李唐《村医图》

漏泽园在城南柳亭，崇宁三年置。

《琴川志》是苏州常熟县的县志，也有这些方面的记载：

养济院有两个，一在县城东北，一在县城西南。

漏泽园在县城宣化门外。

此外，还有义阡，也在宣化门外，为一些没有葬身之地的死者提供墓地。

可见，在宋朝城市中较为普遍地建立了社会福利救济设施。

我国各朝统治者都比较重视社会救济。这里说的主要是微观的社会救济，特别是由"敬天保民"思想发展到"民为主体"思想以后，社会救济的理论武装就更加完备了。

当然，他们提倡或者实施社会救济的真正动机并不是出于对人的尊重，而是为了缓和社会矛盾，巩固自己的统治，宋朝帝王自然也深谙个中奥秘。不过，我们不能忽略社会生活重心下移所带来的各个方面的影响。人的价值在社会观念中逐渐提高了，这是不以宋朝帝王意志为转移的。相反，宋朝帝王的意志却不能不受社会观念的影响。

《宋史·食货志》认为，宋朝的统治以仁爱为本，救济贫弱、体恤疾患的观念比以往各朝都更为强烈。的确，从赵匡胤开始，宋朝皇帝们都花了很大的气力来开展赈灾以及其他救济工作。

两宋三百多年，较大的自然灾害达874次，差不多平均每年有三次。面对这些吞噬人民的旱魃、淫雨、渺涛与瘟瘴，皇帝们也坐不住了，不断地颁发诏令，令地方政府开官仓赈贷。

太平兴国八年（983）三月，同州发生饥荒，"发仓粟四万石赈之"。

端拱二年（989）八月，"乾宁军言民饥，诏以官粟二万石赈之"。真宗咸平二年（999）四月，两浙一带闹饥荒，"两浙转运司言，先拨常、润州廪米五万石赈贫民，尚未足，请更给五万石。从之"。

景德二年（1005）二月，"京西转运司言，襄、许、陈、蔡等州民饥，请减价粜仓粟赈救。从之。十日命太常丞艾仲孺乘传诣澶州，以陈粟四万石分赈饥民"。

北宋王居正《纺车图》（局部）

大中祥符五年（1012）十二月二十二日，"泗州饥，官给米十万石以赈之"。

仁宗嘉祐四年（1059）正月，雨雪不止，民饥寒，死于路上的很多，还有投井投河的。于是皇帝派官员分别视察京城街巷，查孤穷老病者，每人赐钱一百，小儿五十，并且发放糜粥。（《续资治通鉴长编》）

以上这些救荒活动，一般都是权宜措施，主要的救济方式为：减价出售粮食、减免赋税、停止徭役的征发、免费供应稀饭、发放救济金。随着社会经济的发展，从社会保障来说，仅有这些权宜措施已很不够。到了北宋中后期，终于全面推行了居养救济，使一些失去生活依靠的人们得到基本的生活保障。

东京城里原来设置东、西两个福田院，收养一些"老疾孤穷丐者"，规模不大，给钱米的才二十四人。英宗时，命令再增设南、北两个福田院，增大规模，每天供养三百人，每年由内藏库拨钱五千贯供开支，后来增加到八千贯。

神宗时，"凡鳏、寡、孤、独、癃老、疾废、贫乏不能自存应居养者，以户绝屋居之；无，则居以官屋，以户绝财产充其费，不限月"（《宋史》）。这个口子开得很大，所有失去劳动能力不能自养的，福田院全部收养，而且不限年月。

到了宋徽宗崇宁年间，皇帝颁发诏令，要求地方监司守令在各州县城市以及千户以上的城、寨、镇、市设置居养院、安济坊与漏泽园。（《宋会要辑稿》）这就是使居养救济制度化。

　　回过头来看看两宋以前的救济。

　　西汉武帝时期，承袭文景之治的余惠，国家也十分富有。当时对于鳏寡孤疾的救济主要是派遣一些官员巡行各地，给予借贷，或者进行一些权宜性的救助。如元封元年（前110），"加孤寡帛，人二匹"；元封二年（前109），"赐孤独米，人四石"。

　　被誉为封建社会黄金时代的唐朝，的确也花了大力气来救荒赈灾。据《中国历代天灾人祸表》统计，唐朝出现365次较大的自然灾害，由官府出面赈灾106次。唐太宗时期赈灾26次，玄宗时期30次，文宗时期18次。

　　以上资料说明，汉唐时期实施的只是一些临时赈救。北宋时逐步推行了收养救济，并且使这种常年性的社会保障制度化。在社会救济的发展史上，这是一个新的进步。

　　皇帝慈父般的恩需挥洒得最多的地方自然是京都。辇毂之下，就像四季都能得到阳光和雨露一样，时时都能领受君王伟大的仁慈。吴自牧说，在南宋临安"需泽常颁，难以枚举，姑述其一二焉"（《梦粱录》）。所述一二即：

　　一、遇到求雨、求雪，或者日食、淫雨、酷寒，或者皇帝生日圣节，或者大型庆典与祭祀，统统颁发黄榜，每次赐给军民二十万贯恩赏。并且减省一些房地租：大的房地产，减租三至七日；中等，减租五至十日；小者，减租七至十五日。遇上大明堂这种大祭祀，原房租一贯，只准收七百文。

　　二、年岁荒歉，官府设立米场，以官米赈济。适量地收点成本钱。

三、遇上火灾，官府立即对灾民进行登记，按人口老小分散钱米。

四、拨钱十万贯，设立施药局，对一些患病的贫苦百姓，施行救济性治疗。

五、设立慈幼局，收养弃儿与孤儿。由官府雇奶妈喂养，或者每月支给钱米绢布，养育成人。如果民间有愿意收养者，官府每月给钱一贯、米三斗，三年为期。这是古今罕见的特殊救济。

六、设养济院，收养贫乏不能自存的老疾孤寡。此外，对于年岁很高的老人，实行长期定额的补助。《名公书判清明集》有坊市阿张"状述九十以上乞支给钱绢"一事的记载。可见，至少在城市里，九十岁以上的老人，官府每日发给一定的钱米。

七、置漏泽园十二所，掩埋寺庵寄留的无主棺柩以及暴露街市的遗骸。

这一系列的官方社会救济，表现了人与人之间救疾扶弱的关切。从市政建设的角度而言，救助老弱，扶助贫困，不仅表现了城市领导者的精神风尚，而且也体现着国家公共职能的正常发挥。

从更深的层面上考察，社会救济的普遍实施也反映了宋朝市民社会的发展。

贫苦无依的孤寡老弱，有的就是社会竞争的失败者，或者与失败者、落伍者有着千丝万缕的联系。城市经济发展，市场竞争激烈，失败者走投无路，跳楼上吊的事情时有发生。但是，绝不能把所有失败者都逼上死路。如果大量的贫苦人铤而走险，那么社会将陷入可怕的动乱。

宋朝的市民与分散居住缺少交往的农民相比，群体意识上要强得多，对自身社会价值的认识要高得多。农民尚且可以揭竿而起，市民间难道就没有潜藏着更炽烈的反抗意识吗？宋朝的统治集团不可能不了解这种潜在的危险，因此，除了在城市中加强镇压力量以外，还大力推行这种消弭反抗意识的社会救济。供养不能自存的老弱孤独，减省房租，平价救荒，也都是为了抚慰正在积累愤懑的市民社会。

一般社会救济都是降价粜卖救济粮，发放救济款，散发糜粥，收养孤弱，瘗埋路边尸骨。可是，宋朝某些地方大员的做

《清明上河图》中的乞丐

法却十分特别。

范仲淹当谏官时，江淮、京东一带发生大虫灾、旱灾。他建议朝廷立即派官员前去救灾。可是，他打的报告，中枢部门未予理睬。于是他找机会直接对仁宗说："这么多老百姓挨饿，挣扎在死亡线上，能无动于衷吗？如果宫禁之中半天不吃饭，将会怎么样？"

仁宗被他一席话说得动了情，便派遣他去江淮救荒。范仲淹所到之处，开官仓赈粮，禁止淫祀，奏请皇帝减免庐州、舒州的折役茶钱和江南东路的丁口盐钱。这一系列措施终于减轻了灾民的困苦。不过这次救灾的手段基本上还是常规的方法。

范仲淹在推行庆历新政失败后，一度被任命为河东、陕西宣抚使，去主持边政。皇祐元年（1049），他来到杭州，出任两浙路安抚使兼知杭州。第二年，这里发生了大饥馑，饿殍枕路。

范仲淹面对这一次灾荒，审度吴中的具体情况，大胆地采用了一些反常规的做法。

第一，提倡城市居民大搞龙舟竞赛。

第二，率领僚佐们天天在西湖举行宴会，以此为榜样，在富裕阶层中推行高消费运动。

第三，告谕各佛道神庙，趁荒岁劳力低廉、建材低廉之机，大兴土木。

第四，新建、改建、修缮官府仓库与官吏房舍，每日役使上千民夫。

第五，不是压低市场粮食价格，而是由官方出面把已经迅速腾升的谷价，由每斗一百二十钱，再提高到每斗一百八十钱。

范仲淹的这一系列措施把一些人弄得莫名其妙，转运使等监司衙门立即上奏朝廷，控告杭州长官"不恤荒政，游宴兴作，伤财劳民"。这些罪状，只要有一条被追究，范仲淹非罢官降职不可。

为了说明这些举措的用心，范仲淹只得如实陈奏。他说，这一系列措施的根本目的，是想要开发那些"有余之财"来救济贫者，使工匠们、出卖劳动力的劳动者能够得到公家或私人的一份救命之粮，不至于流离失所，转死沟壑。这才是最积极的办法。

果然，相当一部分面临死亡的贫苦人民得到从业自救的机会。这里粮价上涨，贪利的商人从四面八方载运粮食来杭州发财，结果粮价很快从高峰上跌落下来。当时，杭州虽然受了大灾，却没有造成巨大的伤害。（参见《宋史》《鹤林玉露》《能改斋漫录》《咸淳临安志》）

活跃的商品经济，使宋朝的城市生活变得异彩纷呈。一方面，人们在竞争中相互角逐，尔虞我诈；另一方面，又相互依赖，"人皆笃高谊"，"甚者出力与之扶持"。（《梦粱录》）因此在微观的社会救济方面，并非只是官方的活动。城市中的一些富有者，除了向那些沿街乞讨的穷人给予施舍以外，有的还主动地去救助穷困潦倒的下层居民。

赣水之滨的临江军，曲水桥富室张二十四，兄弟四人都以孝顺出名。有一年涨大水，道路阻绝，张家兄弟便驾着船，载着柴米，去救济那些被洪水围困的穷困人家。被他们救存的有八十家。（《夷坚志补》）

黄州城里的董助教也是个富户，大观三年（1109）大干旱，董助教为饥民提供饭食，做些饼子送给饥饿的小儿，连续搞了一百多天。（《夷坚志补》）

临安城里有个凤凰山，又叫客山，因为这里居住着许多外地迁来的富户，一些江商海贾也寄寓于此。这些大商豪贾中，有不少好善乐施之人，他们散发一些绵被絮袄，或者用钱物周济一些贫老孤苦，甚至援助一些买卖失利的小商贩。对于某些死无周身之具者，或者施舍棺木，或者助其火葬。

大雪严寒之日，不少贫困人家处于死亡边缘，富家常常在

南宋佚名《柳荫群盲图》

黑夜里把一些金银碎块或者纸币塞进贫困者的门缝。

这种私人救济的能量远远小于官方的救济，但对城市的风尚影响很大。官方的救济，人们可以理解为一种不可推卸的责任。而私人的救援，人们认为这完全是一种出于无私的惠爱，出于人道同情的高尚行为，使人们在冷酷的奔竞中感受到一股人性的暖流。